2011中国金融年度论坛研究报告

北京国际金融博览会组委会 编

河南人民出版社

编　委　会

目录

前　言

第一篇：宏观经济形势分析与金融业发展

加快发展金融业，打造具有国际影响力的金融中心城市 /14

——北京市市长郭金龙

我国宏观经济形势与农村金融问题 /18

——中央农村工作领导小组副组长，办公室主任陈锡文

提高金融服务水平，推动首都经济社会协调发展 /26

——中国人民银行副行长刘士余

搭建银企交流平台，推进金融产业创新，助推首都经济的发展 /28

——中国银监会副主席周慕冰

坚定不移地推进资本市场的稳定健康发展 /32

——中国证监会副主席刘新华

发挥经济助推器和社会稳定器作用，为首都经济建设服务 /36

——中国保监会副主席周延礼

城乡一体化进程中的金融服务创新 /40

——中国农业银行总行行长张云

回顾与展望 2011 年的中国经济形势 /46

——国务院参事室特约研究员姚景源

后金融危机时代的世界经济走势 /54

——世界银行中国蒙古韩国局局长罗兰德

经济转型与金融发展 /60

——国际货币基金组织驻华首席代表李一衡

后危机时代的中国政策决策：中国经济稳步增长 /66

——亚洲开发银行经济学家冯幽兰

深化改革、应对挑战、把握机遇、推动发展 /70

——中国工商银行副行长李晓鹏

构建后危机时代商业银行可持续发展之路 /74

——中国银行副行长岳毅

中国直接债务融资市场发展的现状、问题与前景 /78

——中国银行间市场交易商协会执行副会长、秘书长时文朝

基于客户导向的 2012 年银行策略 /84

——华夏银行副行长黄金老

宏观审慎管理：发展中国家的视角 /94

——国务院发展研究中心金融研究所所长、中国人民银行货币政策委员会委员夏斌

全球宏观经济与中国货币政策走向 /100

——清华大学金融系主任、中国人民银行货币政策委员会委员李稻葵

中国的货币政策应该逐步回归常态 /112

——中国人民银行研究局局长张健华

第二篇：金融中心城市建设

首都金融街的建设成就与前景 /118

——北京市西城区政府代区长王少峰

天津在应对金融危机中推进创新的认识与做法 /126

——天津市政府副秘书长陈宗胜

上海国际金融中心建设的配套环境 /134

——上海市浦东新区金融服务局副局长董勤发

积极发展中国的债券市场 /140

——高盛亚洲区副主席马勤

打开中东欧(CEE)开放金融市场的经验教训 /146

——国际金融市场协会总裁曼德尔

香港人民币离岸中心建设，挑战与机遇 /152

——北京大学金融系主任宋敏

金融中心建设中的制度与政策 /160

——中国经济体制改革研究会副会长、前任中国人民银行货币政策委员会委员樊纲

对首都金融创新与发展的思考 /166

——首创集团总经理刘晓光

让金融关注新区，让新区引领转型 /174

——北京经济技术开发区管委会主任张伯旭

发挥比较优势，加快建设东北亚区 域金融中心 /182

——黑龙江省哈尔滨市副市长焦远超

将昆明建设成东南亚、南亚区域性国际金融中心 /188

——云南省昆明市副市长朱永扬

中国金融中心城市发展态势与战略机遇 /194

——中国社会科学院金融研究所研究员王力

第三篇：资本运营与资产管理

在创新中积极稳步推进中国金融业综合化经营 /202

——中国华融资产管理公司总裁赖小民

以中小企业综合服务为特色，推进长城公司的改革与发展 /214

——长城资产管理公司总裁郑万春

深化改革，锐意创新，推动资产管理公司持续发展 /220

——中国信达资产管理有限公司副总庄恩岳

加快金融租赁创新 助推经济转型发展 /226

——工银金融租赁有限公司总裁丛林

积极推动我国金融资产公开流动 /232

——北京产权交易所董事长熊焰

社会经济问题的信托视角 /238

——山东省国际信托有限公司总经理相开进

产业运营与金融资本有机对接的探索与实践 /248

——北京汽车集团公司副总裁王敏

改革国际评级体系推动世界经济复苏 /254

——大公国际资信评估有限公司总裁关建中

第四篇：全球资本市场

北京金融业和资本市场发展前景广阔 /266

——北京市政协副主席黎晓宏

成长市场与亚太区资本市场投资机会 /270

——中国证券业协会副会长林义相

欧元危机和国际货币体系 /276

——新布雷顿森林体系执行长官马克·让

美国宏观经济：货币，汇率及美联储的政策意图 /284

——法国农业信贷银行高级外汇专家亚当·迈尔斯

衰退趋势下的世界经济增长中心 /288

——太平洋投资管理公司董事总经理布赖恩·贝克

日本股票的投资价值——

日本企业先进技术对新兴国家高速成长的重要性 /294

——日本中央三井资产信托银行常务执行董事坂田俊一

复杂多变世界的新兴市场前景 /298

——西班牙对外银行副首席经济学家马里奥·尼葛瑞尼斯

流动性泛滥与新兴市场泡沫 /302

——道富环球市场副总裁,宏观策略专家艾万斯

危机下的发达经济体资本市场的投资前景 /306

——劳埃德 TSB 集团首席经济学家特雷弗·威廉姆斯

碳的未来 /312

——高盛中国固定收益、商品及货币部董事总经理张懋麒

当前经济形势与我们的投资策略 /316

——中国外汇投资研究院院长谭雅玲

第五篇：中国资本市场

2012 年中国宏观经济展望 /328

——北京高华证券执行董事、中国经济学家宋宇

2012 年中国股票市场之展望 /334

——北京高华证券执行董事、中国策略研究员王汉锋

未来中国经济展望 /338

——明富环球亚洲首席经济学家高路易

中国通胀加速的结构性因素及预测 /344

——野村证券亚洲区首席经济学家苏博文

对通胀趋势的判断和展望 /348

——安信证券高级固定收益分析师景晓达

后刺激时期经济的新格局 /354

——中金公司首席经济学家彭文生

中国银行业面临的机遇与挑战 /360

——高华研究总监马宁

中国金融发展和宏观经济分析 /368

——瑞士信贷(香港)中国研究主管陈昌华

中国股市投资机会展望 /372

——广发基金管理有限公司副总经理朱平

前言

北京国际金融博览会是北京市人民政府批准的大型活动，由北京市金融工作局、西城区人民政府、中国人民银行营业管理部、北京银监局、北京证监局、北京保监局、中国金融学会、中国银行业协会、中国证券业协会、中国保险行业协会等单位共同主办。

作为首都金融界的年度盛会，北京金博会已连续举办七届，成为国内组织规格最高、参展机构最多、展览规模最大、参观观众最多、社会影响力最广的金融博览会，被誉为“中国金融第一展”。北京金博会以“迈向世界城市的首都金融业”为主题，以“金融发展、金融创新、金融服务”为目标，通过金博会的展览和系列论坛活动，全方位展示中国金融产业发展成果，宣传金融机构品牌，加强国际间交流合作，搭建省市区域经济和金融的合作平台，搭建金融机构与企业、百姓之间的交流服务平台。

第七届北京国际金融博览会于2011年11月3-6日在北京展览馆隆重举办。北京市市长郭金龙、中国人民银行副行长刘士余、中国银监会副主席周慕冰、中国证监会副主席刘新华、中国保监会副主席周延礼等领导出席开幕式并发表演讲。

中国金融年度论坛是北京金博会的高端理论研讨活动，也是中国金融业领导者们一年一度的顶级交流盛会。有关政府部门领导、金融监管机构领导、世界著名经济学家与国内外金融机构和大型企业集团领导共同探讨宏观经济和金融领域的前沿性重大热点问题，特别是对中国经济产生深刻影响的国际宏观经济、全球一体化、金融开放等相关论题。本届论坛分为中国金融中心城市发展峰会、中国金融产业年度峰会和全球资本市场峰会，围绕当前国内外复杂多变的经济形势和金融环境，以

“金融中心城市的发展环境建设”、“金融市场与金融产业的发展”和“全球经济预测与展望”为主题，通过深度探讨与广泛交流，为全球经济的发展提出前瞻性意见，打造全球资本市场的沟通交流平台，分享国际投资大师的交易策略和投资经验，研究和预测国际资本市场发展趋势，捕捉中国等新兴资本市场的重大投资机会，为中国和首都金融业发展提出建议。

本届金博会及其系列论坛活动受到了广大媒体和社会各界的高度关注。据统计，共有160余家国内外媒体对北京金博会及其系列论坛进行预热及追踪报道。中央电视台、北京电视台、第一财经等多家电视台的十多个栏目组做了大量持续性报道。新华社、人民日报、经济日报、中国日报、光明日报、中新社、中国证券报、上海证券报、金融时报、证券日报、证券时报、国际金融报、中华工商时报、香港文汇报、香港大公报、台湾工商时报等国内外专业媒体对北京金博会进行大量深度报道。北京日报、北京晚报、北京青年报、京华时报、新京报、北京晨报、法制晚报、精品购物指南、北京娱乐信报、北京商报等多家首都都市媒体均对展会进行了多次大篇幅的专题报道。新浪网、和讯网、金融界、财讯网、新华08网等主流网络媒体对展会及其论坛活动进行直播报道并设有专题。中央人民广播电台、中国国际广播电台、北京人民广播电台特别针对本届金博会做四天现场连线报道。

出席“中国金融年度论坛”和“中国国际资本市场论坛”的政府领导、国际著名专家学者和国内外金融机构及大型企业负责人对当前中国及世界经济形势的分析与探讨，对过去一年经济及金融工作经验的总结与评判，对未来国内外金融发展趋势的预测与展望，吸引了社会各界的热切关注，同时也引起了决策部门和理论研究机构的高度重视，势必将对我国经济、金融等相关政策法规的制定与调整产生深远的影响。为此我们将2011年度“中国金融年度论坛”和“中国国际资本市场论坛”的精彩演讲以论文集的形式整理编辑成书，并收录了在2010年度“中国金融年度论坛”上少数几篇被一年来的经济活动实践所验证、而且至今仍在产生着积极影响的演讲稿，以及第七届北京金博会上其他论坛的个别优秀演讲记录。希望能对政府部门、金融界、企业界、学术界的具体的理论与实际工作提供参考。

感谢在北京金博会各项论坛活动中发表精彩演讲的各位嘉宾！

感谢各主协办单位对“中国金融年度论坛”的支持！

最后，特别感谢对“中国金融年度论坛”提供大力支持的新华人寿保险公司、北京经济技术开发区、北京汽车集团有限公司和高盛高华证券有限责任公司！

北京国际金融博览会组委会

2012年2月

加快发展金融业，打造具有国际影响力的金融中心城市

郭金龙

现任北京市市长

今天，以“发展首都金融业、促进中国特色世界城市建设”为主题的第七届北京国际金融博览会隆重开幕了。我谨代表北京市人民政府，向中国人民银行和中国银监会、证监会、保监会领导，各兄弟省区市代表团和金融界、企业界、新闻界的朋友们，表示诚挚的欢迎！对大家长期以来给予首都金融创新发展的关心和支持，表示衷心的感谢！

加快发展金融业，打造具有国际影响力的金融中心城市，是北京市立足城市功能定位，发挥首都优势，实现科学发展的重要战略举措。近年来，我们抓住机遇，深化改革，完善政策，金融业发展取得显著成绩，首都金融在决策监管、资产管理、支付清算、信息交流、标准制定等方面的功能更加凸显。“十一五”时期，全市金融业增加值年均增长 11%，法人金融机构的数量实现翻番。金融业总资产增长近 4 倍。今年 1-9 月，全市金融资产累计交易额超过了 6.2 万亿元，同比增长 9.5%，金融业实现增加值 1500 亿元，占地区生产总值的比重达到了 13.2%。

随着金融业的快速发展，现代金融体系日益完善，首都的金融产品不断创新。中关村代办股份转让试点稳步推进，中国技术交易所等国家级交易平台成功启动运行，北京产权交易所已成为全国第一大产权交易市场。科技金融、农村金融、中小企业集合票据和集合债券发行等都取得突破性的进展。北京市在信用保险及贸易融资、保险资金投资社区养老和城市基础设施建设、住房公积金贷款投资保障房建设等方面，都已成为全国首批试点城市，金融优化资源配置和服务经济社会发展方面的作用进一步提升。

“十二五”期间，我们将坚持把金融业发展摆在更加重要的位置，作为深度调整产业结构，率先形成创新驱动、城乡一体化发展格局的重要支撑，进一步强化总部金融、特色金融的发展优势，做好金融总部和后台的配套服务，大力引进国际一流的新型金融机构，培育离岸金融、券商直投、信托租赁等新型业态。衷心希望通过本届博览会，全面展示国家和首都金融发展成就，促进金融界和企业界的广泛合作，多角度交流探讨金融改革创新的新鲜经验，为北京建设具有国际影响力的金融中心城市提供强有力的支持。

最后，预祝本届北京国际金融博览会取得圆满成功！祝各位来宾、各位朋友生活愉快、身体健康！

谢谢大家。

本文系作者在第七届北京国际金融博览会暨2011中国金融年度论坛开幕式上的致辞

宏观经济形势与农村金融问题

陈锡文

中国著名农业问题专家，博士生导师。曾任国务院发展研究中心副主任，现任中央农村工作领导小组副组长、办公室主任。

非常高兴参加中国金融年度论坛，在这里结合农业讲一讲我国的宏观经济问题。随着我国工业化、城镇化的进展，农业问题、农民问题、农村问题正和宏观经济联系越来越紧密。农业的生产情况、农产品的供给情况对CPI影响非常大。一些重要的农产品价格不断波动，对居民生活的影响比较大，比如今年1-9月猪肉的价格对CPI影响占到20%左右。所以农业生产情况越来越引起居民、国家管理层面的关注，因为它和宏观经济是紧密联系在一起的。

应对国际金融危机将近三年以来，中国之所以取得比较好的成就，是和近几年农业增长一直处在上升阶段有关系的。中国农产品的价格水平在全球的涨幅处在一个比较低的层面。但是我们现在也面临着很深的矛盾和很严峻的问题，就是由于国内经济的快速增长、人民生活水平的明显提高，对农产品需求也快速增加，即使在连年丰收的情况下，国内农产品也出现了一种跟不上经济发展和人民生活水平改善要求的情况。今年是我们粮食产量第八个丰收年，其他的主要农产品今年也全部都丰收。在这样的情况下，农产品的进口还是在不断扩大。我国去年进口大豆5480万吨，差不多把全世界出口大豆的60%都运到中国来，这种现象就表明在大豆方面我们的缺口是比较大的。中国是把大豆作为粮食来看待的。进口大豆第一是榨油，第二是做饲料。从这个角度就可以理解近些年来市场上植物油、肉禽蛋奶价格波动比较大，因为70%来自国际市场，国际价格决定国内价格。国际市场大豆价格涨国内就会涨，大豆价格涨植物油就要涨价，饲料就要涨价，肉禽蛋奶就都要涨价。我们的棉花、油料等等都得进口，这意味着一方面经济快速增长，另一方面作为基础的农业产业现在还是力不从心，对农业问题应当引起更大的重视。

第二点大家可能体会不是那么太直接，但是事实是放在那里。中国作为一个有13亿人口的大市场，为什么在经济的发展中比较多的依赖外需？很重要的就是国内市场还不够大，还没有能够全部开拓出来。其中一个很重要的原因，就是占中国人口一半左右的农民，他们的收入水平比较低，他们缺乏足够的购买力，因此国内市场很难打开。按照现行的统计口径，农村居住人口去年年底6亿7千多万，占53.1%的人口总数，按户籍来算是要远远大于这个数字。根据国内消费品市场的统计，县和县以下的人口估计9亿左右，其中刚才讲6亿7千多万是农民，还有两亿多人生活在县城和小城镇。有9亿人口的县和县以下的消费品零售额去年的实现部分仅是全国的32%，也就是说差不多占到2/3的人口才消费了不到1/3的消费品。这说明相当大程度上，中国的基层市场，县和县以下的市场没有打开，所以消费品主要只能靠地级以上的城市拉动。在整个经济周期上升的时候，产品销往国际市场门路很开阔，但是在目前这个情况下，大家都已经感觉到难度越来越大。因此开拓国内市场对中国经济未来的发展意义将越来越大。已经讲到之所以农民缺乏购买力主要是因为收入低，去年是中国农民收入历史上水平最高的一年，全国平均每个农民的纯收入是5919元。这和改革开放初期比确实有了非常大的提高，但是和城市居民相比差距却非常大。去年城镇居民的人均可支配收入是19109元，差不多要3.23个农民的收入才能抵上一个城镇居民的收入，这也是中国为什么县和县以下市场所占的比重在不断下降的一个重要的原因，要想使中国经济真正走上主要依靠内需带动的增长模式，我们应该把更多的精力放到增加农民的收入上去。

第三点大家应该也感觉到了，城市的发展和占用新的土地、占用农村的土地是分不开的。最近大家比较关注房地产，有一种议论认为房地产问题主要是供地少了。这里面有个结构问题，今年是中国国务院批准的历史上供地最大的一年，总规模680万亩，其中一半需要占用新的耕地。其实在座的各位中有很多人在房地产界做了很长时间，情况很熟的。在680万亩的供地中，真正用于房地产的比重并不是很高。之所以要强调这个问题，很重要的原因是：在中国，特别是2003年以后，国家是把建设用地的供给看作宏观经济管理的一个有效手段。因为建设用地供给的多少和银行贷款紧密联系在一起，和钢材、水泥等建材联系在一起，和能源、基础设施、各种各样的服务设施都联系在一起。要想使宏观调控按照预期目标前进，在建设用地上就要有更加严格的管理。实际上现在很多地方都有违法违规用地现象存在，既然出现的这种情况超过了原定的供给计划，宏观调控要实现它的目标难度就会越来越大。除了宏观经济方面的影响外，最直接的是土地的减少对农产品供给带来相当大的影响。所以今后的宏观经济管理中，我想对于土地的严格管理会进一步加强。

第四方面是农民的转移。当前我们处在工业化、城镇化快速推进的过程中，而工业化、城镇化的本意最重要的就是农民转变为市民。这个过程中城市就承担这样一种责任，除了自己规模的扩大、产业提升，原有城市居民生活改善之外，非常重要的就是要给转移进城的农民提供比较稳定的就业机会、居住场所，并且使他们能够纳入到当地的社会保障体系当中。在这些方面我们已经做了很大的探索，也取得了不小的成就。但是我想和真正的城市化的目标差距还是相当远的。国家统计局的统计，按我们现在的口径，去年年底被统计入城镇居民的人口达到6亿6千多万人，占整个国民的比重是49.7%。按照这个统计口径，现在的农村人口的数量只有6亿7415万人。我是长期管农业的，但是现在有人要问我现在中国到底有多少农民，我也只能非常遗憾地说我说不上来，因为到底按哪个口径统计好像不是非常清楚。统计局的这个统计口径我觉得是有依据的，因为按国际惯例来说，一个人在什么地方居住够了半年就被统计在当地。正是按照这个口径统计，离开农村半年以上的人将被统计进入城镇，留在农村半年以上的人将被统计进入农民。中国还有另外一个口径就是户籍管理，去年到户籍管理的农业人口有9亿7312万人，很容易得出这样一个差额，9亿7312万的户籍农业人口减去仍然居住在农村有半年以上的居民就是6亿7415万，有2亿8897万农业户籍的人被统计在城市人口中。每个城市外来人口越来越多，来自农村的数量特别大。这些人为城市的发展做出巨大的贡献，但是他们并没有能够真正成为城镇的居民，很重要的就是在住房、社会保障和其他一些应该享受的政府提供的公共服务方面存在比较大的缺失。

很多经济学家都有一个共识，认为城镇化将是中国在今后相当长的时间内能够不断增长的强有力的引擎。这个判断是正确的，但是我们如果不能解决在这个过程中逐步进入城镇的农业人口转变为市民的问题，不仅经济增长受到抑制，社会的稳定也会带来相当大的问题。

关于我国明年宏观经济走势的问题，今年前三季度的经济状况大家基本了解，宏观经济比如说GDP指标正按照预期向一个合理的区间逐步回落。但是今年大家都估计在9%以上，可能在9.3-9.4%这个水平，比年初政府工作报告提出的8%的目标还是要高。物价水平前三个月的综合统计在5-6%之间，比年初提出 4% 的水平也要略高一些。前不久召开的国务院常务会议已经非常明确，基本的宏观政策不会改变，就是积极的财政政策和稳健的货币政策不会改变。但是明年，包括从现在开始在货币政策方面会更加强调敏感性、前瞻性、灵活性和微调性，这种变化我想不会对明年整个大的经济走势发生什么突然性的变化。我自己觉得在明年整个经济发展的过程中，农业、农村的状况仍然会起决定性的作用。主要是我刚才讲到的，第一个问题是粮，包括主要农产品的供给状况，决定明年物价的基本问题。第二问题是钱，农民的收入问题将决定中国的国内市场有多大，对很多产业也是至关重要的。第三个问题是地，明年的土地供给将会决定宏观经济的很多指标，比如说高投资、高耗能、高污染产业的发展前景。第四个问题是人，对于农民转为城镇居民明年到底在实际上能做些什么。正是从这个角度看，财政也好、金融也好，对中国农业、农村的发展应当有更加有力地支持。这些年应该说财政年年增收比较快，对农业、农村、农民的支持力度也是不断加大。金融这几年也有了很大的改善，但是和农民的实际需求相比还是不够的。

在各个高层论坛上经常听到流动性过剩。前段时间很多地方钱贷不出来，现在还是发展变化的。但是在农村似乎从来贷款就非常困难，从来没有解决好这个问题。当然已经有了一些变化，但是差距还是比较大的。所以正是从这个角度去看，我觉得要保证中国经济的稳定，就要保证农业、农村能够健康地发展，农民的收入能够不断地得到提高。我觉得金融界可以做出非常巨大的贡献。很多人已经知道我们现在真正用于农业的贷款，贷到农户的农业贷款，根据我多年来所做的跟踪，占所有金融机构每年贷款余额的比重是 6% 左右。但是中国农业在 GDP 中所占的比重去年年底是 10.2%，要从这个角度去看，农业的资金收益率比很多产业都高。怎么去发现这个问题，怎么找准农业的发展途径，通过金融为农业、农村的发展提供更好的服务，我觉得这个非常重要。

顺便还要提到一个问题，农村金融新一轮的改革从信用社改革开始，从 2003 年改革开始到现在应当肯定成效是很大的，但是也存在着一定的误区，就是普遍认为农村金融业是要采取商业化的模式，这个问题是值得讨论的。据了解，在农业农村发展方面比较成功、和我国的国情又比较相近的一些地方，比如说日本、韩国，也包括我们国家的台湾省，农业农村金融中占主要地位的都不是商业金融，而是以合作金融和制度金融为主。所以今后怎么发展农村金融，怎么使金融更加适应农业、农村的需要，在制度设计上还有更多的事情要做。我觉得召开这个金融年度论坛是非常重要的，会议的组织者让我来给大家介绍一下农村情况和宏观经济的联系，也是一个很有意义的课题。希望金融界的朋友能够更多地把目光向农村基层、向农民们延伸一点，那个地方是非常缺乏金融服务的，如果能起到这样一个作用，我觉得这个会议就有非常重大的意义。

占用大家很多时间，谢谢大家。

本文系作者在第七届北京国际金融博览会暨 2011 中国金融年度论坛上的演讲

提高金融服务水平，推动首都经济社会协调发展

刘士余

清华大学水利工程系毕业，清华大学经济管理学院管理工程专业研究生。现任中国人民银行副行长。

首先我代表中国人民银行对本届北京国际金融博览会的成功举办表示祝贺！多年来北京市委市政府高度重视金融工作，致力于建设有国际影响力的金融中心城市，相继出台了一系列促进首都金融业发展的政策措施，全面改善金融业发展的外部环境。首都各界对金融改革发展创新予以大力支持，提供了坚强的保障，实现了地方经济与金融共同发展的共赢局面。在此我代表中国人民银行及北京营业管理部和在京的各家金融机构向北京市委市政府，向金龙市长和首都各界表示衷心的感谢和崇高的敬意！

当前首都的经济社会发展已经进入了一个新的历史阶段，经济发展方式的转变、经济结构优化升级、城乡一体化建设的任务十分繁重。这既对金融业服务首都的实体经济提出了挑战，也是首都金融业发展的一个好的契机。希望在京各家金融机构认真学习贯彻党中央国务院关于经济金融工作的一系列方针政策，紧紧围绕首都经济社会发展的需要，切实改进金融服务，提高为首都金融服务的水平，推动首都经济社会协调发展。北京国际金融博览会的连续举办大力推动了首都及中国金融业的国内国际形象，已成为首都金融业、经济界和社会各界相互学习的重要窗口，已成为中国金融国际交流合作的重要平台。我坚信在各家金融机构和北京市各方面的共同努力下，北京国际金融博览会将越办越好，最后预祝本届金融博览会获得圆满成功。谢谢大家！

本文系作者在第七届北京国际金融博览会暨2011中国金融年度论坛开幕式上的致辞

搭建银企交流平台，
推进金融产业创新，助推首都经济的发展

周慕冰

经济学博士，高级经济师。曾任重庆市副市长，现任中国银行业监督管理委员会副主席。

今天第七届北京国际金融博览会在这里隆重开幕，在此我谨代表中国银监会向本届金博会的顺利召开表示热烈祝贺！向出席开幕式的各位领导、各位专家、各位来宾表示诚挚的问候！

作为目前国内展出规模最大、参展机构最全、参观人数最多、活动最为丰富的金融盛会，北京国际金融博览会已经成为中国金融业展示、交流最重要的平台之一。在全方位展示首都金融业创新发展成果，搭建金融机构与企业、百姓之间的交流、服务平台，提升金融服务经济、社会和民生的能力等方面都发挥着不可或缺的重要作用，得到了各级政府、金融机构及广大企业的高度重视和大力支持。

2011 年国际金融危机的冲击刚刚过去，但复杂的世界经济发展形势导致的深层次影响及潜在的风险依然存在。国内经济总体运行平稳，但不确定因素较多。部分企业和行业经营状况恶化，CPI 涨幅高位反复，热钱流入势头不减，金融机构尤其是银行业金融机构发展形势依旧面临着重重考验。在这种情况下，本届金博会的适时召开聚集了众多中外金融机构，将促进广大金融机构开展深度探讨，广泛交流，围绕经济转型加强沟通合作，进一步完善金融产业发展创新，为中国和首都金融业的发展提出前瞻性建议并产生积极影响，加快推进北京成为世界城市的建设进程。

银监会始终高度关注银行业金融机构的风险防范和金融服务工作，注重维护广大存款人和消费者利益，不断通过宣传教育，增进公众对现代金融的了解，提高公众的金融安全防范意识和金融消费水平，督促银行业金融机构认真落实科学发展观，履行社会责任，加强金融服务。希望通过本届金博会，各银行业金融机构能够展示出更有特色的金融产品和服务措施，打造品牌，练好内功，用好金博会这个重要的平台。同时要继续加大信息披露力度，营造良好的市场环境，努力为广大金融消费者提供更加积极、稳健的金融消费产品和更加安全、便捷的金融服务。

2011年宏观经济形势和政策对广大首都金融机构来说既是挑战更是机遇。首都的银行业金融机构应当在进一步加强风险管理的主动性与前瞻性的基础上，提高发展质量和可持续性，同时应当准确地把握经济金融形势及货币政策内涵，加强与经济综合部门及企业的沟通，建立金博会等多种层次、多形式的银企对话活动，搭建企业、银企交流平台，推进金融产品的创新，进一步加强对首都企业，尤其是小微型企业的金融支持，助推首都经济的发展。

最后衷心的祝愿本届国际金融博览会获得圆满成功！谢谢大家！

本文系作者在第七届北京国际金融博览会暨2011中国金融年度论坛开幕式上的致辞

坚定不移地推进
资本市场的稳定健康发展

刘新华

经济学博士。现任中国证券监督管理委员会副主席。

很高兴再次参加北京金博会。本次金博会以发展首都金融业、促进中国特色世界城市建设这一主题进行探讨和交流，对在复杂的经济金融形势下抓住和用好机遇，推动金融业与北京经济的良性互动具有重要的意义。借此机会，我代表中国证监会对本次论坛的召开表示热烈的祝贺。

近年来世界经济形势复杂多变，国际金融市场动荡加剧，不稳定、不确定性增加，给包括我国资本市场在内的新兴市场发展带来了新的挑战。按照中央的决策部署，我们坚定不移地推进资本市场的稳定、健康发展，始终坚持资本市场服务实体经济，积极推进公司债券市场的发展。今年前三季度，上市公司债券融资达到了1439亿元，同比增长了219%。在期货建设方面，新上市了铅、焦炭、甲醇三个期货新品种，已上市的期货品种达到27个，不断健全以市场化为导向的运行机制的建设。随着股指期货、融资融券等改革创新的深入推行，市场的约束作用日益显现，市场风险管理和信用交易机制逐步发挥作用。持续加强了市场透明度的建设，升级建设了资本市场诚信档案数据库，积极推行上市公司并购、重组、审核和基金公司行政许可流程阳光化，促进了市场运行质量的提高，稳步提升了市场整体服务功能。据初步统计，前三季度，2294家A股上市公司实现营业收入约16万亿元，同比增长了24%。前9个月完成了47项并购重组的许可审核，涉及金额1948亿元。有利于产业整合与结构调整的市场化并购重组日趋活跃。总体上看，我国资本市场今年以来基本保持了平稳运行，继续朝着国九条提出的向透明高效、结构合理、机制健全、功能完善、运行安全的目标迈进。

当前和今后一段时期，我们将坚定不移地贯彻好、落实好国家“十二五”规划对资本市场改革发展提出的部署和要求，着力改善市场体系和结构，大力发展债券市场，推进统一监管的常态市场建设，强化资本市场培育和发展战略性新兴产业的作用，增强资本市场的弹性和包容性，发挥好资本市场优化资源配置的功能。着力完善市场运行机制，在股票发行的询价、定价、发行、承销等过程进一步强化市场的约束。继续大力发展机构投资者和长期投资者。着力于诚信系统建设，加快完善诚信数据库和诚信监管机制，丰富诚信监管的执法手段，依法严惩内部交易、虚假信息披露、市场操纵等违法违规行为。着力防范和化解市场风险，坚守服务本位，稳步推进证券、期货产品的创新，加强监管协调，健全外部风险预警防范和处置，更好地维护经济和金融市场的安全。

我们高兴的看到经过七年的不懈努力，北京国际金融博览会已经发展成为内涵丰富、影响广泛的金融盛会，为国内外金融同业相互交流、合作提供了重要的平台。希望通过这次博览会金融业各界人士广泛交流、深入探讨、充分借鉴，加强与各方的沟通合作，共同推进我国资本市场平稳、较快的发展，在新形势下为经济社会发展全局做出更大的贡献。最后预祝第七届北京金博会取得圆满成功。

谢谢大家！

本文系作者在第七届北京国际金融博览会暨2011中国金融年度论坛开幕式上的致辞

发挥经济助推器和社会稳定器作用，为首都经济建设服务

周延礼

现任中国保险监督管理委员会副主席

很高兴参加北京市第七届金融博览会。我代表中国保监会对本次博览会的顺利召开表示热烈的祝贺!

本届博览会以发展首都金融业、促进中国特色世界级城市建设为主题,为金融业的发展、为金融服务经济社会发展、服务城市建设搭建了一个很好的平台。近年来,我国保险业立足于服务社会经济的发展和保障、改善民生,不断地拓宽服务领域,丰富服务内涵,在服务中赢得了社会的广泛认同。我国保险业已成为国民经济各行业中发展最快的行业之一,我国已成为全球最重要的新兴的保险大国。我们高兴地看到,近年来在北京市委市政府的大力支持下,北京市的保险业在服务首都经济发展、支持新农村建设和开拓、参与多层次社会保障体系方面做出了许多新的探索,取得了较大的成绩。2010 年在京经营业务的保险分公司和总公司达到 88 家,资产总额达 2558.8 亿元,保费规模近千亿元,保险的密度是 5201 元,保险的深度为 7%,全行业承担各类保险风险已超过 41 万元,北京已经成为我国重要的区域的保险市场之一。目前我国已成为世界第二大经济体,国际地位和全球影响力显著提高,建设中国特色的世界级城市是发展的必然。

进入“十二五”,北京战略性地提出建设中国特色的世界级城市的宏伟目标。保险作为经济助推器和社会稳定器在构建人文北京、科技北京、绿色北京的中国特色世界级城市中可以大有作为:

第一,为首都城市管理服务。保险业作为社会管理的辅助手段可以在城市管理中发挥有效的作用,创新城市的管理机制，降低管理成本，分担社会责任。例如发挥保险的价格杠杆作用，服务于首都道路交通管理，利用责任保险付诸于社会管理，通过发挥商业健康保险和养老保险促进多层次、多支柱的社会保障体系的建设。

第二，为首都国际金融中心战略服务。保险业是现代金融的重要支柱，保险的服务和保险市场是衡量金融业发展指数的重要因素。世界主要的金融中心例如伦敦、纽约无一不是保险服务和保险市场高度发展的城市。从目前来看，北京保险业相对于北京的金融业来讲发展还相对滞后，下一步保监会将积极引导保险业参与北京市金融中心城市建设，加快北京保险业的发展，与城市其他金融行业共同构建分工合理、结构完善、协调发展的市场化的金融体系。

第三，为首都创新驱动战略服务。创新是经济社会发展的不竭动力，是提升首都中国特色世界级城市服务水平和竞争力的关键。保险业将围绕着科技北京战略，大力创新和开发科技保险和文化产业保险产品，提高保险在科技创新和文化产业中的覆盖面和渗透度，为高新技术、文化创意产业企业提供风险保障服务，支持首都国家创新中心建设。

第四，为首都城市建设提供投融资服务。近年来保险资金积极投资地铁、土地储备等基础设施建设，保险资金先后投资了北京地铁 10 号线等项目。未来保监会将继续加强与北京市政府的沟通和联系，建立保险资金运用与北京市城市建设的投资项目之间的信息沟通机制，在风险可控的基础之上，鼓励保险公司发挥保险功能和资金的优势，支持北京市市政基础设施建设和民生工程建设。为首都中国特色世界级城市建设提供中长期的投融资服务。

各位来宾、朋友们，北京金博会已经举办了六届，社会影响与日俱增，已经成为中国最具有国际影响力的金融盛会，在推动行业的发展，促进金融创新，开展交流合作，普及金融知识等方面发挥了积极的作用。我们期待北京金博会在推进我国金融业创新发展方面能够做出新的、更大的贡献。

最后预祝第七届北京金博会能够取得圆满成功。谢谢大家！

本文系作者在第七届北京国际金融博览会暨2011中国金融年度论坛开幕式上的致辞

城乡一体化进程中的金融服务创新

张 云

武汉大学经济学博士，高级经济师。现任中国农业银行股份有限公司行长、副董事长、执行董事。

很荣幸参加此次论坛，与在座的各位专家、学者一起探讨中国金融产业的发展问题。此次北京国际金融博览会，集中展示了近年来我国金融业的重大创新成果，深刻感受到中国多层次的金融市场正在快速成长，金融服务模式发生了革命性的变化。借着今天这个机会，我想就“城乡一体化进程中的金融服务创新”问题，谈一些体会，与大家交流。

改革开放30多年，中国农村经济取得了巨大成就。应该说，我国30年农村改革发展，就是逐步拆除城乡分割藩篱、朝着城乡经济社会一体化发展不断迈进的历程。“十二五”规划进一步确立了城乡一体化发展的基本方略，明确提出要“建立健全城乡发展一体化制度”。这是在“后危机时代”我国加快经济结构调整、扩大内需、实现城乡经济“包容性增长”的重要政策选择。

城乡一体化作为经济结构的变化过程，必然会带来土地、资金、劳动力等生产要素在城乡之间的加速流动和重新组合，由此衍生了巨大的金融需求。比如，与实体经济相关的金融需求主要体现在以下几个方面：

一是横跨城乡基础设施建设需要多元化融资服务。城乡基础设施一体化是城乡经济社会一体化发展的重要条件，也是城乡公共服务均等化的重要基础。城乡水利、交通、通讯、电网等基础设施的一体化规划、布局和改造，伴随着巨大的投融资需求。以城镇化为例，按照目前城镇化率每年提高1%的速度测算，未来十年小城镇基础设施预计需投资4.5万多亿元。这么大的资金投入，单纯依靠财政投资难以满足，更多地还要依靠金融部门加大资金支持。

二是城乡“龙型”产业发展需要全方位跟进服务。城乡一体化实际上是工农、城乡互为市场、逐步融合的过程。在此过程中，出现了一批龙头在城市、龙身在县域、龙尾在农村的“龙型”产业，以及基地在农村、市场在城市的现代农业企业和矿产企业，要求银行在组织、管理、业务和工具等方面进行一系列创新，满足企业资金、人员、产品的跨区域流动，引导生产要素向农村聚集。

三是连接城乡的商贸流通体系需要供应链金融服务。商贸流通网络是连接城乡资金流、信息流和物流的重要纽带。城乡各类商贸和物流企业的发展，要求银行提供供应链金融服务，帮助客户规避各类贸易风险，加快资金周转，降低交易成本，提升履约能力和自身信用度。

四是创业农民和小微企业需要差异化金融服务。正如大家所看到的，大量涌现的小微企业和创业农民是活跃城乡经济、构造多元化市场主体的重要力量。随着越来越多的新生代农民工融入城镇，变为城镇居民，以及县域经济、镇域经济、社区经济和小型微型企业发展，迫切要求银行提供个性化、便捷化的金融服务，增强城乡经济发展的活力。

总的来说，城乡一体化已成为我国经济社会发展不可逆转的趋势，是未来中国经济持续发展的强大引擎。要求银行加快建立城乡一体化的金融服务体系，完善金融服务功能，支持城乡一体化特别是城乡实体经济的发展。

第一，完善市场化融资。前面已经谈到，城乡一体化过程中，必然伴随着巨大的基础设施建设融资需求。从现阶段我国基础设施建设的运作方式看，投资主体以政府为主导，融资方式又以银行信贷为主，融资渠道比较单一，迫切需要建立市场化、多元化的融资机制，开辟新的融资渠道。当前可以考虑发展地方政府债券、基础设施产业基金和资产证券化产品等融资工具，吸引更多的民间资本参与。当前要加快落实鼓励和引导民间投资新“36 条”，鼓励和引导民间资本进入城乡基础产业和基础设施建设。这个领域的资产证券化试点，应当以收费权、价格管理权等为基础，努力盘活存量经营性基础设施项目。

在这里，重点探讨一下地方政府债券。从国外发达国家的经验来看，无论是美国以市场为主导的金融体系，还是日本以银行为主导的金融体系，发行市政债为基础设施融资，都是最为重要的市场化融资手段。从国内债券市场发展情况看，近年来，我国债务资本市场扩容迅速，为市政债发展奠定了市场基础。2010 年，债务资本市场的存续规模已经处于世界第四、亚洲第二的位置。与此同时，“十二五”规划纲要明确提出“探索建立地方政府发行债券制度”，也为市政债发行打开了空间。因此，地方政府债券有望成为我国政府市场化融资的主要方式之一。当然，需要在发债规模、信息披露、信用评级、偿债机制建设等方面予以规范与完善。近期，国务院批准广东等 4 地试点地方政府自行发债，在推进我国市场化融资机制的建设上，迈出了重要一步。

第二，实现综合化服务。面对城乡一体化进程中衍生的多元化金融服务需求，银行业有必要加快产品创新和服务手段创新，实现从资金供应者到综合服务商的转型。一方面，要加快创新，及时推出新的服务手段和产品，特别是适合“三农”及城乡小型、微型企业的信贷产品，支持农民就业创业；另一方面，要充分利用投行、租赁、保险等综合经营平台，围绕境内外资本市场、银行间市场、产权市场和私募市场等领域，为“龙型”企业、农业产业化龙头企业、产业梯度转移项目提供涵盖信贷、现金管理、理财、咨询等一揽子金融服务。还要加强同业协作，比如在横跨城乡的水、电、路、网等项目银团贷款、债券承销、股权融资方面，发挥各自比较优势，实现风险共担，收益共享。

第三，运用信息化技术。目前城乡金融资源配置不均，农村地区金融服务能力明显薄弱，即使在北京这样金融发达的大城市，部分偏远郊区也难以完全依靠物理网点，来实现基础金融服务的覆盖。当前信息化技术已在农村地区广泛运用，银行可以借助现代化的信息技术手段，加大转账电话、POS 机、ATM 等电子机具投放，有效弥合城乡金融基础设施的差距，推动城乡金融服务均等化。同时发展手机银行、网上银行等电子银行业务，积极构建农村电子商务平台和物流体系，实现资金流、信息流和物流的有效融合，提高交易和结算效率，支持城乡资源双向流动。

第四，加强国际化合作。经济金融全球化的进一步深入，客观上要求我们加强国际合作，特别是要加强与跨国公司、大型国际金融机构的合作，利用好两个市场和两种资源。一方面，借助银行的境外网络和客户资源，引导城乡产业在资本、产品、技术和管理等方面与国际加强合作，为加快城乡一体化建设注入新活力。另一方面，银行在推进自身国际化过程中，吸收借鉴国外金融机构在支持城乡一体化建设中的经验和做法，进一步提升境内金融服务能力。比如在支持北京发展都市农业、城中村改造和文化休闲等产业，以及要素高度聚集为基本特点的工业园区、新型城市综合体发展等方面，可以加大国际资本的引进力度。

农业银行作为横跨城乡的大型国有商业银行，在服务城乡一体化方面，具有独特的资源禀赋和有利条件。我们的愿景就是建设城乡一体化的全能型国际金融企业。近年来，我们积极推进体制和产品创新，在构建城乡一体化的金融服务体系上做了积极探索。

在战略导向上，推行三农事业部制改革，实现“三农”金融业务的专业化经营和单独管理，打造城乡双线经营的管理体制和业务架构，确保县域和“三农”贷款高于全行平均水平，从体制上保障以工补农、以城带乡。在服务能力建设上，积极推进惠农服务“村村通”工程，在乡村布放转账电话和POS，构建“网点＋ATM＋三农金融服务站＋电子银行”多层次、广覆盖的农村金融服务渠道体系，目前农行电子机具乡镇覆盖率已达59%，行政村覆盖率达34%，较好地提高了农村金融服务的覆盖率和可获得性。同时依托惠农卡，主动与商务部“万村千乡市场工程”、供销社“农村新网工程”等流通网络对接；加大代理新农保、新农合的力度，代理新农保、新农合的县总数达到834个。同时加大了农村电网、农村水利的贷款投入。在产品创新上，专门研发了“城乡一体化综合建设贷款”产品，支持城镇化建设和“城中村”改造，城镇化建设贷款余额达800亿元。推出了林权抵押贷款、土地承包权抵押贷款等，盘活农村资源，增强农村集体资产的流动性和财产性，缓解农村融资担保难问题。

农行在支持城乡一体化上做了一些积极探索，但任重而道远。由于城乡二元结构及制度壁垒的影响，在农村担保体系、诚信机制和风险分担机制等方面还面临许多难题，需要社会各界共同努力。特别是要加快建立健全农村金融政策扶持体系，推进农村金融体制机制及外部环境建设。

各位来宾，我国城乡一体化已进入加速发展时期。中国农业银行愿与社会各界携手共进，加强协作，开拓创新，不断推进城乡一体化与金融服务的良性互动、共生发展。

谢谢大家！

本文系作者在第七届北京国际金融博览会暨2011中国金融年度论坛上的演讲

回顾与展望 2011 年的中国经济形势

姚景源

吉林大学世界经济系硕士研究生。中国经济 50 人论坛成员，曾任国家统计局总经济师兼新闻发言人。现任国务院参事室特约研究员。

我在去年年底、今年年初的时候曾经讲过，2011 年中国经济有两个风险、一个不确定性。我当时讲的这个不确定性是指世界经济，特别是欧洲和美国，现在看中国确确实实是处在一个继续复杂的国际环境当中。我曾经讲过我小的时候受的教育叫做“帝国主义一天天乱下去，我们就一天天好起来”，现在不是了，现在是经济全球化，在全球化状态下发达国家的经济真的要烂下去我们肯定得遭殃，我们不能好起来。所以在经济全球化下我们确实得高度关注欧洲经济、美国经济。欧洲是中国第一大贸易伙伴，它出了问题对中国经济不是个小事，这是一个不确定性。尽管现在 G20 会议在召开，但是应当讲对欧洲整个经济的前景还是一个不确定。

我讲国内经济有两个风险，一个风险要防止经济增长速度过快甚至过热。大家知道今年是“十二五”开局之年。在“十二五”期间国家设定的目标是这五年平均每年增长 7%，但是现在没有一个省是 7% 的，都高于这个数。一些省在“十二五”期间的目标还是要翻一番，大家劲头都很足，都要大干快上。所以我们要防止经济增长速度过快甚至过热。为什么要防止经济增长速度过快过热，如果经济增长速度过快甚至过热的话，我们会遇到两个问题，一个是通货膨胀会恶化，第二是结构调整又会贻误时机，这是一个风险。第二个风险恰恰和第一个风险相反，要防止中国经济出现的问题恰恰和过快过热相反，就是要防止经济下行。为什么我去年年底今年年初说要防止中国经济往下掉？大家知道用支出法分析国民经济的话就要分析三大需求，投资、消费、出口，常言叫做拉动经济增长的三架马车。国民经济的增长要靠三架马车在拉。如果分析拉动中国经济增长的三架马车，从去年到现在三架马车都遇到新情况、新问题。

先说投资。大家知道投资是拉动经济增长非常重要的一架马车，特别是2008年在战胜世界金融危机当中发挥了积极的、了不起的作用。但是在去年第四季度当中投资出现了新情况，我们在投资中新开工的项目数量出现负增长。现在新开工的项目就是下一阶段在建和续建项目，新开工项目数量减少就意味着下一阶段在建和续建的投资规模要减小，就可以推导出投资对整个经济增长拉动力是要减弱的。分析投资当中新开工项目的数量变化，特别是分析它的减小，就和分析这次全国人口普查数据一样。这次普查数据发布后我讲过有两个数据最值得我们关注，一老一小，一个“老”，我们这十年80岁以上老人数量翻了一番，中国老年人1亿7800万，是全世界唯一老年人口过亿的国家。发达国家到了我们这个老龄化程度，人均GDP在上万美金，我们现在4000刚出头。我再讲“小”，小也非常值得我们关注，这次人口普查全国14岁以下的孩子数量是占整个人口16.6%，要和十年前比下降了6.29个百分点，一个百分点上千万，现在14岁以下的孩子再过十年、二十年不也坐在我们的会场上吗？不也是我们社会创造财富的中坚力量吗？常把孩子比做祖国的花朵，花朵少了将来的果不是会出问题了吗？孩子数量的减少就像我刚才讲的新开工项目投资当中新开工项目数量减少是一个道理。另外投资分三大块，一块是基础设施投资，一块是企业扩大再生产更新改造投资，还有一块就是房地产，这三块也都遇到新问题。比如说基础设施投资，2008、2009年战胜世界金融危机，基础设施我们干“铁公基”，现在我们确确实实在基础设施方面缺少一些领域、缺少重点，所以我也经常接触一些同志，大家问我现在搞投资投什么，缺少好的项目。

另一架马车就是“消费”，消费在经济学上有个概念“消费结构升级”，就是说人的消费结构不是一成不变的，会随着收入的增加，文化和文明程度的变化不断发生变化，经济学叫做消费结构升级。中国的消费结构升级最重要的转折点是2000年，我们可以很清晰地看到2000年之前中国人的消费更多的放在衣食，以2000为转折点，中国人消费更多放在住行。应当讲2000年是个转折点，中国的消费结构由衣食向住行升级。可千万别小看这个升级，正是由于衣食到住行消费升级，导致汽车、房地产两大产业红红火火。我曾经和企业家们讲过，你千万别以为你是伟大的企业家，当然也很伟大了，我是说中国企业发展处在由衣食向住行升级的历史阶段，就决定了谁干汽车谁有辉煌业绩，谁干房地产谁赚钱，这是客观经济规律，是经济学原理。我也说过汽车和房地产这两个产业有特点，产业链条长、相关行业多、对整个经济增长拉动力大。比如一个汽车行业可以拉动相关150多个行业，可以拉动钢铁、电子、化工，汽车的轮胎可以拉动橡胶工业，玻璃可以拉动玻璃工业，汽车座椅拉动纺织品和制革工业。正因为拉动力强，谁当省长谁上汽车，31个省市自治区除了西藏没汽车工业，剩下全上汽车，整车生产厂全国100多家，日本、美国都是个位数，所以汽车这么干来干去干到去年，中国汽车总产量1827万辆，世界第一，超过美国了。我们加入世贸的时候200万辆，1978年改革开放那年15万辆，我讲的是年产，去年到1827万辆，超过美国，世界第一。

我说我们汽车产量世界第一来的太快了，方方面面都没做好准备，问题就出来了。第一个问题，堵车，现在都说北京不叫首都叫“首堵”，现在中国堵车都堵到县城了。第二环境污染，现在环境污染中汽车排放是大头。第三能耗，十年全国新增加的炼油能力，都让新增加的汽车喝了。这样的话各个地方就出现了对汽车行业要采取一些调控办法，比如北京摇号，上海拍卖牌照，好像是52000块钱一个牌。显然一些措施对汽车工业有影响。影响有多大，我举一个例子，今年6月份全国汽车日产5万台，去年12月每天日产63000台，今年6月份比去年12月一天减少13000台。

第二是房地产，大家知道两年多前我讲过一句话，我真的没想到引起那么大的反响。我说房地产产业是重要产业、支柱产业，我真的没有别的意思，后来挨了很多批评。我之所以讲这个产业重要还是讲它的经济意义，因为这个产业也是和汽车一样相关行业多，可以拉动钢铁、建材、水泥等等，还有它吸纳就业。现在全国跨省流动的农民工1亿4500万，男性农民工的一半在建筑业工作，应当讲这个行业对吸纳就业也是有用的，我是讲它的经济意义。我说这个行业是重要产业也好、支柱产业也好，不等于说可以有问题，这是两码事。越是重要我们越需要它健康发展，越是重要越得对它进行调控。现在房地产这个产业不是疯了一样吗？在北京买房子都没有看房的阶段了，这还了得吗？买房没有看房的阶段不就相当于结婚没有恋爱阶段一样嘛，性别对了就行还了得吗？所以确实是疯涨。很多人买不起房子，建了那么多房子还闲置，这是一个很大、很严重的社会问题，所以一定要调控房地产让它健康发展。

消费马车经过这样分析也受到一定的影响。现在马上十个月过去了，如果盘点一下中国经济的话有两个热点问题，一个是出现了下行趋势，从GDP和经济增长率来分析北京，上半年GDP增长8%。8%是什么概念，一个汽车往下掉把北京经济增长拉了一个百分点，一个房地产拉了0.7，还有为了保护北京环境首钢搬迁影响北京市经济增长0.3，就这三件事影响北京经济增长2个百分点。我们现在就全国来说GDP增长，去年第四季度

9.8，今年一季度9.7，二季度9.5，三季度9.1，大家可以很清晰的看到是个下行趋势。全国工业规模增长一、二、三季度分别是14.4、14.1、13.8。出口一季度22.5%，二季度22.1%，三季度20.5%，其中9月份只有17.1%，这是出口增长速度。这些数据告诉我们确实有下行的状况。现在有人说中国经济要硬着陆了，我不赞成。大家看到经济增长下行，首先是我们主观主动调控的结果，08、09年面对世界金融危机，我们为了支撑整个经济保增长，采取了一系列的措施：积极的财政政策、宽松货币政策、4万亿投资。现在我们最重要的工作就是要使经济由政策刺激的增长转为一种常态，就是要让经济内生的力量支撑经济增长。这个就和人一样，人不能靠吃补药，真是有病的时候身体太虚了吃点补药，但是不能长时间靠这个，归根到底一个人的健康还是要靠自己内生的力量。过去汽车1.6排量以下的购置税减半措施我们现在取消，实际上是让我们的经济从过去刺激性政策支撑的增长转为内生的自主力量的增长，转到常态。在这个过程当中经济的增长速度出现适度回落，我认为这是正常的，这不是个坏事，这不是中国经济硬着陆的所谓标志。

第二，如果讲全年中国经济的话，中国经济今年保持9%以上的增长没有问题，大家到全世界看看这个速度仍然是全世界最好的水平之一。

第三，我们一定要防止经济增长速度过快或者过热，过去我们旧的增长方式主要是追求增长速度，追求数量、速度。中国经济经过30多年的改革开放，到今天速度问题已经不是中国经济的主要矛盾，就和我们现在吃饭一样。30多年改革开放到了现在，中国吃饭的主要矛盾不是吃饱、数量吃多少的问题，而是食品安全、健康问题。中国经济增长到了现在，关键问题也是一个增长的质量和效益问题。如果我们还是像过去那样追求速度、追求数量的话就会导致物价通货膨胀，导致分配差距过大，导致整个经济增长受到资源与环境的约束日益加剧，导致社会不和谐甚至不稳定，所以我讲我们一定要防止经济增长速度过快过热。现在经济增长速度能够适度有所回落不是个坏事，这个时候正是加大结构调整力度、转变经济增长方式的重要时机。

各位很关心的一个很重要指标就是 CPI，从下半年开始到今年上半年 CPI 一路攀升，大家都非常焦虑。我讲这次物价上涨最重要的特点是结构性特征，主要是吃的东西价格上涨，高峰在 CPI6.5 当中，7 月份 4.38 是食品价格上涨，4.38 除以 6.5 约等于 70%，现在推高物价上涨 70% 是吃的东西。吃的东西上涨有个特点，谁都得吃，所以谁也躲不过去物价上涨，而且我们要天天吃，要一天吃三顿，每一个人每天都要面对物价上涨，顿顿面对通货膨胀，所以我说它是个民生问题，我们一定得把调控物价总水平放到宏观调控第一位。现在应当看到 6 月份 6.4，7 月份 6.5，8 月份 6.2，9 月份 6.1，CPI 开始出现掉头向下，大家一致意见后三个月 CPI 价格整个还是下行的基本趋势。当然物价问题还是不能掉以轻心，因为事关民生，我们想总的来说稳定物价总水平上涨的目标是没有问题的。

我就讲这么多，谢谢大家。

本文系作者在第七届北京国际金融博览会暨 2011 中国金融年度论坛上的演讲

中国在全球经济中的新角色

罗兰德

毕业于德国马尔堡大学，2002年担任世界银行越南局局长。2007年担任世界银行俄罗斯局局长。现任世界银行中国、蒙古和韩国局局长。

非常感谢大会的邀请。金博会已经成为北京一个很重要的会议了。今天很多专家都会讲到金融方面的问题，我还听到有人讨论人民币的国际化以及各种各样的国际金融机构起到的作用。今天我想从宏观的角度讲一讲中国和世界的金融领域以及实体经济发生的一些情况，把焦点聚集在中国谈谈自己的观点。

当今中国和世界的发展变化都非常快，有时候令我们感到目不暇接，而且世界和中国的关系越来越密切。演讲的最后我要给大家做一些结论，谈谈过去、现在发生的一些变化。中国对外开放 30 多年了，人员流动非常自由，很多农村人口到城市工作。中国还有户口制度，但是中国的户口制度并没有阻碍农村人口到城市居住，而且中国进行了很多基础设施的改造和提升。在中国我们可以看到在八十年代的时候基础设施是怎样的。90 年代三环就是北京最大的面积了。现在又有了更多的环，环线覆盖的面积更大、更多了，过去本来是一些农村地区，现在都划归城市了。而且这些变化是非常巨大的，中国积极地加入到国际一体化的过程当中。

过去 30 年中国在各个领域做出了非常大的努力。中国入世已经十年了，而且现在还将继续地融入世界大家庭。因为中国进入世界大家庭能够对世界有益，对中国也有益。中国现在劳动生产率也在不断提高，我们知道的各种要素的配置增长也非常快并更加合理。国营企业和私营企业的竞争也越来越呈现良好的势头，新技术层出不穷。技术已经是一个非常重要的竞争点。中国现在年均经济增长率 10%，贸易不断扩展，成为世界第二大经济体，是重要的出口国，更重要的是中国和世界的关系已不再是单向的。中国需要世界，世界也需要中国。

在 80 年代，世界形势的变化对中国会发生作用，但中国发生的事情对世界的影响力就没有那么大了。现在情况则不同，现在国际上已经在谈论中国是否可以帮助欧洲渡过主权债务危机。中国经济增长非常快，在投资消费方面具有强劲的发展势头。中国储蓄率很高，这是因为保险制度不够完善，民众有担心。把储蓄率降低就可以使中国消费市场进一步扩大，因为经济总量现在已经非常大了。与其他国家相比，中国是世界最大的出口国，很多国家购买中国的产品，从而引起贸易保护主义的抬头。因为他们担心中国产品冲击本国市场。中国的企业正在逐渐走出去，在世界上也起到越来越重要的作用。我们希望中国也成为对外投资的国家。中国政府要进一步研究，在国内企业出国投资时应该扮演什么样的角色，起到什么样的作用。

关于人民币结算，世界上有 5.1% 的贸易是由人民币结算，这种变化非常大。世界银行也用人民币签订订价合同，也资助人民币结算项目，更多地参与香港以及大陆人民币市场，并用人民币做业务。中国在逐步实现人民币国际化，有关这点会有其他的专家给大家做介绍。这件事不是一夜之间发生的，也不是通过政府指令实现的，而是通过市场力量，使人们对人民币的信任越来越多，从而使人民币成为世界货币。中国现在在世界的影响力越来越大，并由此引起了一系列的变化。这对中国意味着什么呢？我们认为中国保持了独特的国情。但是中国有 15 亿人口，自然会对世界产生重大的影响，中国的文化、习俗也会使我们的世界逐步发生变化。全球众多的矿产品输入中国，中国要保障大宗矿产品安全必须走绿色、集约化发展的模式。能源是有限的，中国必须提高能源利用效率。五年计划迈出了第一步，这也是受全球欢迎的。中国在讨论气候变化,通过五年规划也有具体措施的规定。中国的出口达到80%,由此可见世界对中国出口产品的吸纳性,中国必须由出口导向转向消费导向型。

人口正在迅速老龄化。中国有一个独特的问题——未富先老。到 2020 年的时候,不会有多余的劳动力,甚至比现有劳动力数量更少。由于未来劳动力供应短缺,中国不能再依赖廉价的劳动力发展。俄罗斯也面临着同样的问题,但情况更糟糕。当然俄罗斯的情况和中国略有区别。已实现富裕的老龄化国家比未富先老要好得多,这是中国决策者需要关注的问。应对老龄化要更多地发展服务业,当然人民也需要更多的服务。计划生育实施多年,很多家庭没能力给自己的父母养老,所以针对老龄化服务也非常重要。很多人预测 2030 年的时候中国会取代美国,成为世界第一大经济体。我们做了一个全球基尼指数,通过观察全球数据我们发现美国的穷人比世界上其他国家 70% 的人更富裕,仍属于高收入群体,相信世界上有相当大的群体希望自己是美国的穷人。2030 年中国的收入分配会更加均衡,虽然中国现在的整体收入多了,但还是发展中国家。当然中国也面临着更多的机遇,因为在全球经济分配中中国有自己的地位,我们需要了解国际形势,以便产生积极的力量。未来外部环境会越来越具有挑战性。根据过去上百年的实政研究,巨大的金融危机后,经济发展速度会放缓,在发达国家这个时间通常是 5 到 10 年。中国要更多地采用新科技,增长速度也会放缓,因为过渡期通过技术的调整,可能会有一些跳跃式发展。但还要面临技术发展极限的挑战,增长速度会减慢,这也会影响全球的增长速度。

再来看看其他因素,中国的出口不可能持续增长。如果中国出口占到全球百分之百的生产,其他人也没资源买中国的产品了。中国必须向生产链的上端走,未来不能再单纯依赖廉价劳动力。中国的未来必须寄希望于高科技，要在教育领域、创新方面增加投入，这样才能有发展。区域贸易也是中国未来发展需要考虑的，研究数字显示中国向周边国家出口份额越来越大，特别是东南亚国家。全球的贸易赤字体现出了中国的贸易盈余，我们在中国沿海地区生产电脑，但相当比例的 iPad、iPhone 是来自日本。现在全球贸易的确存在不平衡，中国要加强这方面的沟通，改善贸易逆差的情况。

当然我们也看到，中国有很多改变，比如吸引全球投资的比例在下降，由 2010 年占全球投资额的 40%，下降到 2011 年的 27%。中国国内消费市场在逐步增长，但数额没有那么大。中国不可能用几个月时间由出口型拉动转向消费型拉动。2030 年 70% 的人口将进入城镇，这个过程中有 3 亿人口转移，这个数字相当于美国全国人口，如何对人口迁移进行有效管理是一个巨大的挑战。中国的沿海产业要逐步从沿海向中西部转移或者转移到东南亚其他国家，那里的劳动力成本更低。产业链低端大量转移到非洲，农业、FDI 会减少。中国企业必须走向国际化，在不同的国际金融市场上市，对披露和报告有不同的要求。中国原来的投资集中于矿业，现在要更多地投入到制造业、服务业。人民币在市场上会扮演更重要的角色，中国的金融市场会与世界金融市场逐步衔接起来，这是一个缓慢、渐进的过程。

中国也需要在环境保护方面起到更重要的作用，无论中国发生什么，都会对世界环境产生影响。如气候变化，只有在中国有效参加的情况下才可能得到有效的应对。中国是发展中国家，但即将成为全球最大的经济体，大家都有这方面的意识，要尊重中国自主的意愿，但也要承担国际责任。世界各国正在逐步接受中国的国际化，中国在世界上的影响力将逐步恢复到 19 世纪前的状况，世界其他国家必须对此做出调整，因此要加强交流。

中国的软实力，对外文化交流也是非常重要的。现在很多国家都成立了孔子学院，这只是一个很小的事，对于世界更好地了解中国、理解中国，就像中国需要了解世界的重要性是一样的，感谢各位。只有通过这样才能实现全球的和谐。

本文系作者在第七届北京国际金融博览会暨2011中国金融年度论坛上的演讲。根据录音整理，未经本人审阅。

经济转型与金融发展

李一衡

国际货币基金组织驻华首席代表。英国华威大学经济学博士。

非常感谢邀请我来这里演讲。我今天主要跟大家谈谈中国的“五年规划”。为什么“五年规划”如此重要？我们认为五年规划对中国中长期经济增长发挥了非常重要的作用。有很多因素使得中国经济必须转型，由于今天会议的主题是金融，我就把重点放在金融角度。我主要讲四点，第一是未来五年经济展望，第二中国经济增长策略转变的原因，第三金融市场在中国经济增长转型过程中扮演的作用，第四保持经济持续增长的措施。

首先中国需要金融服务，金融市场更独立才可以使资源配置更加合理，收入分配更加均衡，它可以促进中国向消费型社会发展。全球需求、投资、消费情况都不乐观，新兴市场发展也有所放缓，发达国家私人消费已有所下降，固定资产投资也有下降迹象，特别是美国，企业在工厂设备投资额方面有所下降。我们预期未来五年，经济会缓慢增长。欧洲经济也不乐观，未来五年经济增长将比较缓慢，但可能要花很长的时间才能够回弹，这种状况必须得到国内强有力的消费支撑，中期增长不会达到 4%，金融稳定的风险也在增长。2008 年雷曼兄弟破产，现在全球金融市场展望不乐观，这也导致经济增长的下滑，使得信贷减少，我们认为在中国会实现软着陆，零售额下降，PMI 指数也显示出同样的趋势，未来发展速度会放缓，通胀有所抬头。但我们认为通胀已经到了高峰，接下来就是工业方面受到的冲击。中国在房地产市场采取了强有力措施，交易量大幅下降，特别是在一线城市，有些地方的交易量下降了 40%-50%，目前房地产市场看起来已经稳定了，这样的发展停滞可能会导致房地产行业进入兼并期。

下面我们来看一下中期展望，为什么中国需要转变发展模式？投资支出占 GDP 比重已增长两年，这意味着中国过去两年的经济发展都是依赖于投资拉动。农村消费不断下降，城市地区消费有所增长，但从 2000 年开始占比也有所下降，因此中国经济增长绝大多数是由投资拉动。尽管消费占 GDP 的比例在下降，我们看实际人均消费无论在城市还是农村地区都有所上升，城市人均消费在过去三十年时间年均增长 5%-7%，这是很强劲的势头。我们看的不是消费绝对值的下降，而是相对值的下降，这主要是由于投资增长过于快速。从另一个角度分析中国投资拉动型经济模式，尤其关注投资与出口占 GDP 的比重，六、七十年代投资和制造业有很强的相关性，那就意味着很多投资都进入制造业，他们都是针对国内的市场，很多资金投入到基础设施。到 80 年代有一个转变，更多的投资进入了出口制造业，90 年代和 2000 年的时候我们可以看到在投资和出口之间有很强的关联性，那就意味着大量的投资进入制造业，而且制造业主要针对出口市场。中国投资拉动型经济增长，开始针对国内市场，后来针对出口市场，这导致了一个问题，国外市场可能会快速增长，但预期在接下来的五年会下降，这就意味着当前面临很大的挑战，中国不能再依赖大量出口制造产品。中国已经成功使出口市场多元化，特别是到欧美以外的地区，但欧美仍然占了中国出口 40% 的份额。另外一个问题是如果考察递增投资效益，有两个比较重要的指标，第一生成 1% 的增长需要更多的投资，第二资本对 GDP 的贡献，即 1% 的增长需要多少资金，这个比例在下降。这张片子显示 5% 的投资增长，可以获得 1% 的 GDP 增长，这就意味着需要更多的 GDP 增长，需要更多的资金。消费增长和 GDP 增长的下降是同步的，2020 年的时候，消费对 GDP 的贡献可能降至 30%，投资对 GDP 的贡献要增长到 60%，投资对于 GDP

增长的边际效应在下降，这是直线展望，这意味着出口还要再增长 10%，但由于全球经济衰退，很可能无法实现出口增长。那就只有另外一个选择，即消费或投资对 GDP 的贡献增加 10%，但要想保持现有的增长速度，这两者都很难实现，因为中国已存在过度投资的问题。

这是一个两难的境地，中国由于外部需求减少，如何才能不影响国内的经济增长呢？中国过去的增长战略主要依靠投资拉动，制造业是资本密集型产业，要想形成 1% 的就业，就需要 GDP 大幅增长，比其他国家的速度都要快。这张曲线体现了 GDP 增长超过 10%，对就业增长只有 1% 的拉动作用。如果内需继续疲软，对就业增长的压力非常巨大，这是目前中国面临的重大挑战。我们很难在短期内改变消费，投资会导致收入不均衡恶化。当然这是一个相对化的概念，中国基尼系数从九十年代开始恶化，如果想抵消欧美经济衰退的影响，还需要平衡收入，但加大投资会导致收入不均衡，而不加大投资就会有失业问题，这就是金融市场改革的原因。

再来看一下中国金融体系的现状，尽管过去几年金融体系有所改变，但还是由银行业主导，银行业占中国金融资产的 80%。银行间市场大部分的流动性都是由各大国有银行提供，其他企业利用资金，由商业银行提供短期的流动性，固定收益产品市场特别小。从使用者的角度，持有固定收益产品的主要是商业银行，金融体系由商业银行主导。股票市场资本化率对 GDP 贡献的比例很高，但中国股票市场没有足够的流动性，很多企业的持股没有在市场流通，分红也没有充分发放，红利只占利润的 6%。银行真实的利率有法律监管，红利比例非常少，因此中国资本成本非常低。由于资本成本低，资本贡献占 GDP 比例非常高，但这对就业率非常有限。与上市公司资本比较，可以看出中国资本效率很低，缺乏有效的市场配置，利率是固定的，债券发放也导致了宏观调控的难度。中国于 2009 年推出了 4 万亿经济刺激政策，它对全球经济增长发挥了积极的作用，但与此同时也造成了一个问题，中国在收回流动性方面面临难度，目前采取的手段是提高银行准备金率。

第三季度的数据表明表外增长非常有限，中国金融市场有很大的波动性。三个月期间的波动性，与雷曼兄弟破产前相比，波动性大幅增长。由于控制成本、收紧银根，使得很多有需求的人没有获得相应的资金，只能转向非银行渠道，当正规渠道不能提供资金来源，只能寻求非正规资金渠道。虽然银行供应资金量比例下降了，但整体资金需求量在上升，这可能是由于政府控制过严。我们认为应该更多的通过市场供求关系来解决这个问题，特别是如何解决金融危机的问题。东南亚之所以出现金融危机，是因为很多钱是从国外借贷。而中国的借款更多的是源自国内，而且国内大规模保障房建设都有政府补贴。我们现在进行了各种各样的投资，如果不通过市场机制规范，就等于透支了子孙后代的钱。如果不通过市场机制调整，由政府主导金融体系，就会出现上述的问题。

欧洲和美国需要进行更多的监管，但这种监管并不是把他们管死，而是给他们制订非常明确的规定，建立起良好的秩序。因此现在要实现的目的是资源要有效、合理配置，另外将收入进行合理的配置。金融体系如果提高利率，资源就会从一个利益群体向另一个利益群体转移，使得资源进行调配。有效利用利率杠杆，不仅可以进行资源调配，还可以拉动消费。比较名义利率、实际利率可以分析出很多问题。如果有更高的透明度，让监管发挥应有的作用，就可以把非正规渠道流动性转移到正规渠道中。中国总体资产风险目前处于比较理想的状态，如果去监管化可以实现资金合理流动。当然短期内还要进行产业调整、利益平衡,但从长远角度来讲,适度监管会是非常好的趋势。

本文系作者在第七届北京国际金融博览会暨2011中国金融年度论坛上的演讲

后危机时代的中国政策决策：中国经济稳步增长

冯幽兰

博士，时任亚洲开发银行驻中国代表处经济部主任。

感谢组委会邀请亚行参加这个重要的会议。非常高兴参加今天的会议并跟大家讲一讲中国的政策在后金融危机时期的思考。首先强调一下中国令人叹为观止的2009年的经济复苏情况，同时我们再谈谈中国作为世界第二大经济体崛起的情况。

中国取得了很多成就，但还面临很多挑战。成功应对这些问题有利于中国重新平衡增长方面的问题，同时应对人口老龄化的问题，更好地实现长期可持续发展。在不同的发展阶段需要不同的方法，不同的国家需要不同的发展模式，以便克服经济发展停滞的问题，同时提高人民的收入。根据各国的经验，从中等收入向高等收入发展是一个非常复杂的过程，比从低收入向中等收入发展更复杂。已被事实证明为成功的发展战略实际上在进一步向上的发展过程中会更加难以运作。因此我们觉得要调整不同发展阶段的比较模式至关重要。虽然中国没有面临中等收入国家所面临的许多问题，但现在非常重要的一点是中国要维持长期的发展。在这方面中国改革的许多措施都和近期的反弹有关。我觉得在这方面，我们也看到了中国近期改革的重点。

在此我要提醒大家注意中国面临的主要挑战。除了中国需要更好地平衡各方面的增长，我们认为现在中国的增长速度也会放缓。这主要是因为中国的出口在减少。完全靠出口推动经济的发展实际上是有缺陷的。我们也希望在全球经济发展的过程中，中国能够更好地解决这个问题。同时中国中产阶级的规模非常有限。在经合组织国家中，中产阶级的比例是很大的。中国的中产阶级比例非常有限，限制了中国的发展，限制了国内的消费。我们知道中国的消费水平比较低，表现在储蓄率比较高，金融服务种类比较有限。中国的发展模式非常依赖投资，任何公共投资都会促进经济的发展。但是光靠投资作为推动力会导致整个投资质量的下降以及经济发展的放缓。所以过多依赖公共投资会挤出私人投资，同时也会给私人资本的投资带来很大的机会成本，也有碍于中国的长期发展。

除了重新平衡之外，我们知道还有增长可持续性的考虑。我们知道服务业的扩张以及城市化都与中国未来发展密切相关。服务业有助于提高生产效率和解决很多问题。服务业的碳排量肯定比制造业小一些，所以我们要更多地依靠服务业，或者增加服务业在整个经济中的比例。我们知道，在中国服务业的比例还非常有限，市场的集中度也非常突出，这其中占的比例非常有限。我们知道中国现在受到户口制度的限制，户口制度极大约束了城市化的发展。我们希望城市化能够带来进一步的经济发展和就业岗位的提供，同时城市化也会成为一种工具，能够促进私人投资，以及私营部门在经济中所占地位的提高，同时又助于经济可持续发展。展望未来我们需要强调的是增长的质量重于增长的数量，也就是说要进行更包容的增长建设。在过去的30年中，中国经济发展的成果没有得到非常平等的分配，中国西部落后于东部的发展，消费也会限制增长，同时我们还要面对未来的挑战，包括人口老龄化。人口老龄化会带来劳动力短缺，使得成本提高，最终影响经济的发展。我们知道人口老龄化在中国是一个非常具有挑战性的问题，不仅仅是因为人口结构的问题，同时我们看到老龄化也会涉及到很多收入比较低的老年人口的生活问题。

本文系作者在第六届北京国际金融博览会暨2010中国金融年度论坛上的演讲

深化改革，应对挑战，把握机遇，推动发展

李晓鹏

武汉大学经济学博士。现任中国工商银行副行长、中国城市金融学会副会长、中国农村金融学会副会长。

非常高兴应邀参加今天下午的论坛。就中国商业银行的发展跟大家交换一些意见。因为我们来自商业银行，所以今天发言的主题是想谈谈全球金融危机后中国的商业银行怎么走。

大家都知道经过这次全球金融危机后，中国的银行业以优异的表现屹立在中国、世界金融之林。包括工商银行在内的其他几家商业银行已成为全球市值最大的商业银行。商业银行取得的成绩是党中央国务院十年来坚持金融改革发展的重要决定产生的效果，也是和北京市政府对金融总部所在地给予的各方面的服务产生的重要作用分不开的。

这场金融危机过后，大家都在思考金融业特别是银行业如何发展。从工商银行的体会，我们认为，当前中国的商业银行在下一步的发展中，要很好的重视和解决三大问题。

第一个问题就是一定在结构调整上，实现新的突破。最近五中全会在十二五计划的指导方案中提出了未来五年中国经济和社会发展的主线是通过结构调整促进生产方式、增长方式的转变。作为商业银行未来五年的发展肯定要遵循和顺应这样的发展规律。从实际情况看，经历这场经济危机后，中国的商业银行也正在总结，我们的结构目前有什么问题。

大家都知道，目前中国的商业银行赚钱主要还是以信贷业务作为盈利的主要来源。调整结构首先要解决贷款结构的问题，现在中国银行业的贷款结构中，我个人认为有一高三低的问题。一高是指经过长期积累，商业银行长期贷款占总贷款的比例在不断提高，有很多的数字可以验证这样的观点。一年期以上的贷款、五年期以上的贷款在有些商业银行高达 70%。在应对金融危机中，我们配合国家启动内需、拉动经济发展的要求增加了不少基础设施贷款，但是过长的贷款占比对商业银行的经营特别是对流动性管理的压力是非常大的。未来一个时期，这是需要调整的。

三低是指：第一低，我们发现商业银行对生产、流动和服务业的贷款占比还不能完全适应生产流通服务行业对 GDP 的贡献。上述三个行业对 GDP 的贡献占了 60% 多，但商业银行的贷款比例一般在 40%-45%，最多是 50%。经过这次金融危机，大家都知道要认真研究如何服务实体经济的发展，适当限制一些虚拟经济泡沫和水分。因此商业银行支持生产、流通行业的发展，是支持实体经济发展的需要。

第二低，目前中型企业信贷支持力度不够。因为对大型企业的支持没有政府的号召，银行的积极性很大。对小型企业的支持，最近各地政府都很重视，这两头工作还要做。而对中型企业目前有点滞后，中型企业的总资产，对 GDP 的贡献以及就业的作用应该充分考虑。

第三低是中国个人消费信贷中，依靠电子化在整个金融信贷支持的比例比较低。大体上中国的商业银行用信用卡进行融资的比例，可能不到 1%。发达国家借助于信用卡融资而提供的金融服务占整个信贷融资的比例一般在 15%。因此如何配合启动内需，加强国内的消费，服务广大老百姓的生活，提供金融服务也是我们需要认真思考的问题。

因此我认为今后一段时间，中国的商业银行要在结构调整，特别是信贷结构调整上迈出新的步伐，实现新的突破。

第二要进一步加快综合经营的步伐，在综合经营方面要有新的突破。这次金融危机后，有一个很鲜明的观点，认为金融危机的直接原因和深层次原因是由于金融业混业造成的，我认为这个观点不全面甚至是错误的。发生金融危机的机构恰恰是没有实现综合化经营的，比如这几家投行，高盛、美林都是纯粹的投资银行。有一些综合经营的商业银行在金融危机过程中，反倒是通过多元化的经营来消化、延缓了经营衍生品带来的损失。我们也注意到在解决金融危机过程中，不少国家特别是美国运用综合化的政策，来解决金融危机的问题，比如最典型的就是美洲银行兼并了美林投行；高盛投行获得了商业银行的经营牌照，由纯粹的投行变成综合商业银行。同时我们通过研究发现，金融危机过后，银行综合化经营程度的指标在最近一段时间内恢复到金融危机之前。因此我们有理由说，在金融危机过后，我们不能延缓金融机构的综合经营步伐。特别在中国，我们综合化刚刚起步，应该抓住机会扩大成果。

第三是要加快银行业走出去的步伐，在实施国际化战略上有所突破。

通过这次金融危机，中国商业银行正处于千载难逢的机遇期，有理由相信，经过结构的调整，经过综合推进和国际化战略的实施，一定可以把中国的金融业、特别是银行业办好。

谢谢大家！

本文系作者在第六届北京国际金融博览会暨2010中国金融年度论坛上的演讲

构建后危机时代商业银行可持续发展之路

岳 毅

武汉大学国际金融专业硕士，高级经济师。现任中国银行副行长。

刚刚结束的十七届五中全会审议通过了“十二五”规划建议稿，强调以科学发展为主题，以加快转变经济发展方式为主线，促进经济长期平稳较快发展和社会和谐稳定。下面我想围绕商业银行在后危机时代的可持续发展谈几点看法。

一、转变发展方式：商业银行可持续发展的迫切要求

第一，转变发展方式是商业银行适应宏观经济金融新形势的迫切需要。十七大以来，加快转变经济发展方式已经成为全党全国的重大战略任务，十七届五中全会通过的“十二五”规划建议稿进一步强调必须把加快转变经济发展方式贯穿到经济社会发展的全过程和各领域，坚持把经济结构战略性调整作为主攻方向，把科技进步和创新作为重要支撑，把保障和改善民生作为根本出发点和落脚点，把建设资源节约型、环境友好型社会作为重要着力点，把改革开放作为强大动力，推动经济社会又好又快发展。这些要求是我国今后经济社会发展的总趋势和主潮流，也是商业银行经营发展的宏观环境和外部条件。商业银行必须主动顺应这些发展趋势，积极转变自身发展方式，才能更好发展。

第二，转变发展方式是适应国际金融危机后银行业发展趋势的迫切需要。汲取国际金融危机教训，全球银行业正在进行大调整、大变革。一是银行业重新向服务实体经济的功能回归，货币资金更多地进入实体经济，以商业银行为核心、多元化发展成为主流。二是银行盈利模式从“高风险、高收益、高波动”向“适中风险、适度盈利、平稳增长”转变，过度杠杆化得到纠正。三是国际货币体系向多极化格局发展，人民币国际地位提高。

四是金融监管力度加大，巴塞尔Ⅲ将从资本、流动性、杠杆率和集中度等方面进一步提高监管标准，我国监管部门对银行资本充足率、资本水平及质量的要求更高，杠杆比率、流动性控制及动态拨备的标准更严。面对更趋严格的监管环境，商业银行必须主动转变旧有的发展方式，才能适应新的监管要求和发展趋势。

第三，转变发展方式是商业银行实现自身持续发展的迫切需要。近年来，我国商业银行不断深化改革，竞争能力、盈利能力、风控能力不断提升，在国际金融危机中"风景这边独好"，实现了持续快速发展。但是要看到，与国际先进银行相比，我们在创新能力、运营效率等方面仍然存在差距，我们的发展方式仍然是比较粗放和低效的。例如，经过去年的快速发展，各家商业银行的资本充足率普遍下降，反映出对资本的消耗仍然较高。再如，刚刚公布的三季报显示，16 家上市银行的净利息收入占比仍高达 79%，银行主要依靠利差收入的状况尚未根本转变。

二、持续盈利模式：商业银行可持续发展的必由之路

转变发展方式，实现商业银行的可持续发展，关键要做好以下几点：

一要提高资本使用效率。在业务推进过程中要有选择地叙做风险权重比较低、相对收益比较高的业务，尽可能减少业务发展对资本的占用，实现资本的低消耗高产出。

二要持续优化收入结构。大力发展中间业务和多元化业务，大力增加非利息收入，提高非利息收入在总收入中的占比，逐步摆脱对利差收入的过度依赖，从而有效规避经济发展周期引起的市场风险与信用风险。

三要大力调整客户结构。公司客户方面，要在继续拓展大客户的同时，更加积极地拓展中小企业客户，大力拓展节能环

保、文化传媒、新能源、新材料等战略性新兴行业客户，积极支持低碳经济、民生工程等领域客户。在个人客户方面，要以中高端客户为重点，兼顾基础客户。

四要充分用好两个市场。随着经济全球化、人民币国际化、企业和居民“走出去”进程的不断加快，商业银行必须坚持立足本土市场，加快拓展海外市场，以“走出去”客户为重点，充分发挥海内外两个市场的资源优势，实行专业化经营、集约化管理和一体化发展，为可持续发展开辟广阔的市场空间。

五要着力提升创新能力。要坚持以客户为中心、以市场为导向，大力加强原始创新、集成创新和引进吸收消化再创新，以不断推陈出新产品。

六要切实加强风险管控。要始终将风险管理和内部控制视为银行持续发展的生命线，越是在加快发展的过程中，越要强调风险管理和内部控制，不断强化全体人员的风险意识，主动实施全面风险管理，切实做到风险可承受、可控制、可化解，努力降低风险成本。

谢谢大家。

本文系作者在第六届北京国际金融博览会暨2010中国金融年度论坛上的演讲

中国直接债务融资市场发展的现状、问题与前景

时文朝

经济学博士，高级经济师，硕士生导师。现为中国银行间市场交易商协会执行副会长、秘书长。

非常高兴有机会能在中国金融年度论坛上和大家一起就中国直接债务融资市场的发展状况进行交流。

当前我国直接债务融资市场发展的现状有以下特点：

第一，市场规模不断扩大。大家可以明显感觉到最近这些年，特别是从2005年开始，中国融资方式、全社会个储向投资转化的渠道发生了一些变化，而且变化是由小到大。从2005年人民银行推出短期融资券以后，我国直接债务融资市场发展速度相当快，到2010年直接债务融资余额达到20.2万亿，和1997年相比增长42倍，占GDP比重明显上升，与此适应的市场交易额也大幅度增加。中国债务融资市场从原来在世界上占分量很小，到2010年上升到世界第二位。在整个直接债务融资当中非金融企业债务融资发展非常快，在亚洲我们仅次于日本，世界上余额量达到了第三位。

第二，市场创新不断涌现。回顾这几年，企业的短期融资券、中期票据、资质证券、国际开发机构债券等等不断扩大。现在有两个省已经开始自主地方债试点，为我们探索了一些路径。当然交易方式也不断创新，推出了买断式远期债券借贷、利率互换、利率远期等等产品。

第三，基础制度不断完善。这些年在推动直接债务融资发展方向上做了一些非常重要的事。大家在讨论的时候经常忽略的是对整个市场管理方式的创新。2005年人民银行第一次把债券发行由行政审批改为备案制。在此推动下，国家发改委企业债包括证监会公司债审批方式和流程都大大简化，总的发行审批节奏加快、效率提高。从2008年开始交易商协会的成立进一步把整个债券市场的管理方式往市场化方向又推动一步，把产品的发行由备案制进一步延伸到注册制。在注册制的推动下，整个债券市场发行管理的方式出现了重大变化。在整个市场发展过程中，包括信息披露制度的安排，包括评级制度的安排，尤其是在这次国际金融危机以后，G20 国际金融论坛讨论的富有成效的结果之一，就是要强化金融交易的中央清算对手方建设，成立了上海清算所。为了为低信用等级中小企业进行直接融资服务，2009 年协会发动主要市场成员成立中转信用增进公司，同时为完善整个市场的运作机制，防范和转移风险，市场对后续管理建立了一整套制度。

经过几年发展，中国的直接债务融资市场，特别是非金融企业的直接债务融资市场发展非常快。今年前十个月，非金融企业从直接债务融资市场上募集的资金已经超过三万亿，银行信贷今年计划 7.1-7.5 万亿，应该说已经差不多接近 50%。这是近几年发展的一个重大成绩。交易商协会从 2008 年正式推出中期票据以来，也推出一系列产品，包括承接了 CPMTA，配合着基础产品的出现推出了信用风险缓释工具，包括最近我们正在上线中小企业区域集优票据，应该说协会的成立为市场的发展做了一些探索。目前由协会注册发行的债务融资工具余额已经占整个非金融企业债务融资余额 60%，累计发行量占了 70%，当年发行量占 80%。

目前市场发展中也面临的一些问题。中国作为最大的发展中国家，金融市场发展不足仍然是所有问题中第一位的。人民银行以及三个监管部门对发展金融市场作为当前推动金融工作的重要任务都是完全赞同的。温总理政府工作报告里也说要大力发展直接融资，加快金融市场的发展。现在整个社会融资结构当中，直接融资所占比重仍然是比较偏低的。到去年底直接融资所占比重比前几年有所提高，一方面是直接融资发展比较快，另一方面最重要的原因还是信贷的控制。直接融资所占整个社会融资的比重由2009年的14%上升到24%。今年前十个月比例有所下降，在直接融资当中初步改变了股权融资为主、债权融资较低的状况。从2008年开始债权融资在整个直接融资中所占比重明显上升，基本上和国际主要经济体的趋势是一致的。但是总的来讲直接融资比重仍然偏低，和发达国家相比，债券存量、股票市值占GDP比例，特别是债券余额，就是存量和GDP比例仍然较低。

今后一段时间内，中国金融市场中债券市场的发展仍然要通过各种创新实现规模、产品、方式的共同增加。现在市场发展面临着一些制度性约束。无论是《破产法》、《物权法》以及其他相关法律，对债权的保护仍然没有达到成熟市场经济体对债权人的保护那么规范、严密。在金融创新方面存在着很多法律空白和过时的法律约束。例如中国的《票据法》规定票据不能融资，只能作为支付手段，而实际运作中债券市场里一些票据明显是有融资功能的。在一些地区商业本票也在探索，但是没有法律支撑。比如我们要做资产证券化，涉及到资产转让，要成立一个资产可以注入的特殊目标载体，不管叫SPV也好还是SPT也好，在中国的法律政策框架下是没有办法实践的，所以中国的资产证券化发展步伐非常艰难。还有在清算交易过程中，特别是随着基础资产的扩大，相应地分散风险的金融衍生产品市场无疑是必须随着发展的，比如说CDS作为分散、分担发行信用风险的核心衍生工具，在这次金融危机过程当中，包括到现在我们没有见到CDS市场大幅度萎缩，说明它是需要的。但是这些衍生产品的清算和交易必须以现在市场上行之有效的单一协议项下的终止金额、结算制度为前提，比如说雷曼的破产，雷曼的交易额涉及到 4800 多亿美金，通过单一协议项下的终止金额，最后实际清算 50 亿美金，也就是说没有单一协议项下的终止金额制度中国金融市场后续的发展受到非常大的制约，但是单一协议的实用性问题，国务院法制办、人大法工委、高法已经讨论了很多次，现在我们是没有法律依据的，但是已经写到中国的场外金融衍生产品交易主协议里面的核心条款，急需要出相应的法律支持。包括终止金额，没有终止金额制度的话，衍生产品等等交易清算都会起到放大的作用，这个问题我们和市场参与方共同研究推动，我们期盼着这些市场发展过程当中必须的法律支撑能够尽快推出，当然法律的问题还有很多。

关于风险的防范问题，我们现在要做的是社会主义市场经济体系，如果做市场经济体系无疑是有风险的，凡是市场所应该具有的风险，中国的金融市场一定会具有的，并不会因为我们是社会主义特色的社长经济就没有市场风险，所以在面对市场发展创新过程当中的风险，我们要反对两种倾向，一种就是传统的对风险零容忍的认识和政策，要搞市场肯定有风险，没有风险就不是市场，不能没有逻辑的来要求实体的商业机构运作不出风险，这是办不到的，我们的监管政策也好、其他政策也好，应该理性认识风险，不能要求采取零风险的容忍态度、政策。另一方面也要对市场风险有制度安排，市场有风险并不可怕，可怕的是我们没有相应的制度规范和分散市场风险的制度安排。还有投资主体的问题，刚才李一衡先生也讲，商业银行在投资主体中扮演了重要角色，现在我们在采取措施，力争推动市场多元化，高收益债券在美国市场就有上万亿规模，在中国就很难，因为我们现在所有的机构投资者都按照相关监管当局的要求只能投资投资级以上的，我们没有相应的共同基金、对冲基金这些偏好风险的，愿意承担高风险，同时希望取得高收益的投资者，这里面还存在有很多问题。

最后我再讲一件事，我们现在呼吁尽快地开展地方政府融资平台证券化试点工作，因为我们知道地方政府融资平台在前一段炒的很热闹，有大量资产，同时认为地方政府融资平台隐藏很大风险，其实我们认为地方融资平台相当多资产是非常优良的，问题在于增量资金你给不给他，如果不给他，就要让存量的资产流动起来，如果增量的资金不能重新注入的前提下，存量资产也不能流动就几乎没有出路，所以我们希望有关政府部门支持市场进行地方政府融资平台资产证券化试点，为我们的经济转型、经济的可持续发展探索出新的直接融资的路子。

时间关系我就讲到这里，谢谢大家。

本文系作者在第七届北京国际金融博览会暨2011中国金融年度论坛上的演讲。根据录音整理，未经本人审阅。

基于客户导向的2012年银行策略

黄金老

博士研究生，享受国务院特殊津贴专家待遇。现任华夏银行副行长。

很荣幸参加今天的论坛，首先我谨代表华夏银行对第七届北京金博会中国金融年度论坛的召开表示祝贺。我今天和大家交流的题目是关于明年的银行业务怎么服务于实体经济，下面谈一些自己的看法。

一、银行业依然看好中国经济

最近一段时期以来，国际上打压中国股票的情况是较多的，中国经济尽管面临很多挑战、很多问题，但是总体情况还是比较好的。

（一）投资动能评估：依然充足

1、国有经济，天然偏好投资

投资是拉动中国经济增长的主力。目前投资动能依然充足，中国的国有经济是天然偏好投资，国有经济的投资规模和企业家利益高度正相关，甚至高于效益，国有企业只有在失去融资能力的情况下才不去投资。

2、民营经济，投资冲动较强

中国的民营经济虽然完全是自主决策的，但是它的投资冲动也较强。民营经济把投资作为自己融资或者获得土地资源的一个重要手段，这也同地方政府GDP至上的观念、同国家增值税为主的税制相符合。我国存在很多行政性的行业壁垒，比如钢厂的年产能要达到400万吨，水泥、纺织品、化纤等等都有行业壁垒，如果一家企业达不到这个壁垒的要求，可能就要被勒令退出这个市场。国家会在信贷、环保等方面给予严格的限制，所以这就促使民营企业争前恐后的扩大投资。我们去企业考察常见的一个现象，一条生产线刚投产，马上就筹划第二、第三条。无论是国有经济还是民营经济都还具有投资的冲动，同时我们也认为它具有融资的能力，它仍然可能投资。

3、抵押物(土地、房产等)的价值平稳，是融资能力的最重要保证

持续融资最重要的依据在于目前中国抵押物的价值还是平稳的，中国最主要的抵押物是土地和房产，当然也有少量的一些设备，抵押物价值平稳使得企业仍然可以从银行和其他的放贷主体融得资金。这一点大家经常有一些抱怨，说企业从银行借钱银行总要求担保，国外不用。其实，中国的银行业提供中长期的融资，而国外的银行主要提供的是短期融资；在国外贷款可以通过资产证券化分散风险，而中国的银行业持有中长期贷款必须持有到期。这两个特点决定中国的银行业放贷必须偏好抵押物。目前抵押物价值平稳，促使银行仍然愿意给这些经济主体放贷，所以我很同意刚才赖总裁关于维护房地产市场价格稳定的观点，维持中国抵押物价值的平稳应该是当前中国经济的关键。虽然社会上期待价格回归价值，比如房地产价格进一步下降，但从一个国家经济稳定来看抵押物价值的平稳是至关重要的。

(二)国际竞争力评估：暂时没有替代者

1、饱受成本上升困扰

中国的国际竞争力虽然饱受成本上升的困扰，以前十大成本，今年增加一项资金成本显著上升，资金成本平均贷款利率从5%提高到7%，提高了两个百分点；同时另外一些成本是刚性，比如进口的原材料、行政管制成本也是不能下降的。

2、比较竞争优势仍然较为显著

中国的比较竞争优势仍然较为显著，现在用电、用水、用工成本仍然较低，适合制造业的发展。中国银行业的服务能力很

强，这是我特别强调的，大家一般不认可，可能那是一种不情愿的理解。一家代工企业，比如说富士康，假设它在越南、柬埔寨投资的话，每天处理的结算单据数千张，中国有庞大的银行体系，可以不分昼夜低成本地提供服务，但是在其他国家不具备这样的条件。还有我们的后勤支持，包括政府服务，还有我们的基础设施和物流可以提供强大的支持，所以我们仍然具有比较大的优势。

3、产业西迁实实在在地大规模发生

中国的产业西迁实实在在大规模存在，西部环保成本低、招工难度小，还有中西部基础设施的普遍改善这是一大贡献。尽管大家评论政府融资平台有多少弊端，但是必须承认政府融资平台使中西部基础设施至少提升了五到十年以上。

4、中国外贸的中心地位暂时没有替代者

虽然我们饱受成本上升的困扰，但是中国外贸的中心地位暂时没有替代者，所以，目前中国一年1.6万亿美元的出口值，而印尼只有580亿美元，越南只有500亿美元，即使从中国分流也不会对我们造成多大影响。前几天总书记还讲五年时间我们进口达到8万亿美元，那是很大的数字。

5、全球经济重回复苏轨道

从全球经济来看目前感觉是重回复苏轨道，2010年遭受一些意外事件的冲击，现在美国经济恢复平稳增长，欧债危机还在，欧债危机打击的主要是金融部门，打击的是政府的支出，所以它的范围可能不像大家想象的那么剧烈。大宗商品价格上涨的势头减弱甚至下跌，这对经济也是有利的。还有现在世界各国都在实行宽松的货币政策，所以在这种情况下，今年中国外贸同比增速虽然下滑，但是全年仍可保持20%的同比增长。2012年也会有15%以上的增长。只要外贸不滑坡，中国经济就不会有大的问题。

（三）新兴产业发展评估

1、中国发展战略性产业成功的可能性很大

一是中国战略性产业股东的实力非常雄厚。战略性产业在初期没有人愿意给它融资，而中国战略性产业主体的股东大多是中央企业和地方控股企业，所以从银行业和其他的融资主体来看，发放借款并不是基于新兴产业能否成功，而是基于其背靠的母公司是不是实力雄厚的大公司。比如国家电网建设充电站，四大油化企业成立新能源公司等等都是这样，它们的融资成本较低。二是外资和民营企业广泛参与，外资和民营企业的广泛参与保证了机制的灵活性和技术的先进性，这一点应该是超越国有企业的创新能力，如新能源汽车、光伏、节能环保、风电、互联网等都有民营企业参与，甚至主导。三是技术积累与国际同步，我国战略性新兴产业的技术积累和国际水平应该说是同步的，部分战略新兴产业不需要过硬的工业基础也不需要精湛的工业积累。为什么台湾六七年代能够率先发展电子产业，因为电子产业不需要过硬的工业基础。同样这些年为什么中国光伏产业发展很快，光伏产业也不需要很强的工业基础，所以工业基础并不雄厚的河北保定、江西也能发展光伏产业。

2、新兴产业面临的突出挑战

第一个挑战：战略性新兴产业的装备设施基本上依赖于进口，这是很遗憾的事情。我们生产光伏电池的设备基本上都是欧洲制造，清洁能源设备基本上是欧资和美资企业生产，建造成本太高。第二个挑战：国内企业不愿意使用国产设备，这个大家可能以前有种误解，总用国外设备是不是有一些道德上的想法，其实不是这样的。今年我跑了90多家企业，所到企业一介绍都说我这个设备是哪个国家生产的，很少听到是中国生产，不是中国不能生产，中国生产的设备成本比境外还要低 30%，但是在这种情况下大家宁可采用境外设备，我想原因一是产品质量有差距，二是我们的售后服务不是持续的，三是对于企业投资主体来讲一次性的设备投资巨大，即便有细小的问题，再次更换、重新安装需要耗费很长的时间，所以不像原材料一次性的投入。最后更加根本性的原因是中国企业生产的产品主要是为了出口。这些因素使得中国的一些设备、高端制造业在中国国内的市场较小。将来必须通过更多的买方信贷、出口保险及一些税收政策支持中国设备出口。我觉得基础设施的出口在中国是大有前景的。

（四）资金形势评估

1、更紧的货币政策（诸如加息、提准等）不会出台

对于 2012 年资金形势的评估，我想首先是更紧的货币政策，加息、提高准备金率不会再出台了。

2、资金需求趋于理性

基础设施投资趋缓，不仅是政策限制融资平台融资，利率达到 6-7% 以上，基础设施投资自动会降下来。资金的需求趋于理性，也就是说社会上不再那么苛求资金，不像今年的状况。

3、货币信贷政策的技术性修正

货币信贷政策在做技术性的修正，比如说降低银行资本充足率的要求，中国要不要保持 11.5% 的资本充足率这是非常值得探讨的。第二要不要维持 21.5% 的法定存款准备金率也是可以探讨的，还有对保证金存款等主动负债的认识等。

4、宽容企业境外融资

当前境内人民币利率高于境内美元利率，境内美元利率又高于境外美元利率，外加人民币升值空间的存在，促使部分企业进行内保外贷、海外代付等多种形式的境外融资。对此，政策

上宜继续采取宽容的取向。笼统地看，境外融资绕开了国内的货币紧缩政策、推高了国家外汇储备以及引致不公平竞争，所以应该严管。但境外融资降低了企业的财务成本，提高了国际竞争力。我国之所以实行人民币汇率渐进升值（由此带来外汇储备高企），原因之一也就是为了保持我国外向型企业的国际竞争力。为了减轻通货膨胀压力，国家对食用油等国计民生产品限制涨价，但这些企业进口的原料成本仍在上涨，境外融资事实上在一定程度上对冲了部分原料成本的影响，维持了这些企业在限价令之下的持续经营。客观地看，尽管现在还是负利率，但 6.56% 的贷款基准利率已经不低。更要考虑到我国生产的大部分产品是销往国际市场的，但美、欧、日均实行超低利率。日本在 20 世纪 80 年代中后期，为应对通货膨胀，将利率提高到创纪录的 8%。其时，日本企业境外融资无限制，日本一流的大企业正是通过境外发债和借款避免了国内高利率的冲击，维持了日本核心出口产业的竞争力。宽容企业境外融资，提高了企业融资中执行市场化利率比例，也是在夯实我国利率市场化的基础。

我十分赞赏《中国国际收支报告（2009）》中的一段话"在正常的贸易投资活动中难免夹杂着部分异常跨境资金流动。……目前，我国的异常跨境资金流动在特征表现上不同于新兴经济体的'热钱'。一是主要通过合法合规的渠道流动……二是大部分以长期投资方式存续……三是许多套利资金的操作主体是境内机构……四是一些资金流入发挥了支持企业发展的作用。目前我国投融资体制有待完善，许多企业尤其是中小民营企业融资较难，部分资金需要通过体制外民间融资（包括境外融资）解决，这在一定程度上弥补了国内投融资体制的不足，但需要规范和引导。" 我国现阶段的法治水平和行政能力，使得很多政策必须要实施"一刀切"，但"一刀切"的调控政策必然会伤及其余。所以，中央一再强调“增强宏观调控的针对性、灵活性和有效性”。近年，金融监管当局对跨境贸易人民币结算中的夹带融资行为、信托理财中的融资倾向等等均采取了宽容态度，就是贯彻中央宏观调控“三性”要求的有力体现。

5、宽容银行理财产品创新

现在大家呼吁中国利率市场化，中国的银行融资主要依靠存款，在这种情况下放开银行的存款利率必然是一飞冲天，我们通过大力发展市场化的融资工具就能降低银行对存款的依赖，降低企业对银行的依赖，最后实现中国利率的市场化，我们觉得这里很重要的一个媒介就是银行理财产品。

促进美国存款利率市场化的主要工具是共同基金。共同基金既有同于存款的安全性和流动性，又有市场化水平的收益率，是替代存款的天然良品。我国股票市场大起大落，吝啬分红，基金投资几无安全性可言，不能承接大规模的存款转移资金。固定回报型银行理财产品的风险与银行存款等同，但收益率一般比同档储蓄存款利率高 100 个基点以上，成为我国最佳的存款替代品。2011 年上半年，银行理财产品资金新增 8000 多亿元，已达同期储蓄存款新增额（3.1 万亿元）的四分之一。2011 年 1-7 月，住户存款和企业存款增长缓慢，住户存款仅新增 1.2 万亿元，非金融企业存款新增 2.7 万亿元。银行通过发行理财产品募集资金，或投资于个人和企业不能或不擅长投资的货币市场工具，活跃了金融市场；或借助信托中介对企业融资，满足了愿以市场化利率筹资的企业需求。个人投资者也分享了市场化收益。筹资者、融资者和银行中介均在市场化利率环境下自愿交易，自我适应，达致共赢。银行发行理财产品，进行表外融资，减弱了货币紧缩的效果。但这并不需要限制理财产品发展来解决，而在设定贷款限额时对这部分融资加以考虑并在全部贷款限额中予以适当扣除。发行理财产品进行表外融资，会加大银行业的风险。但这也不需要限制理财产品发展来解决，而要求银行把融资类理财产品视同贷款经过完整的信贷流程来控制风险。银行业是我国专业上最成熟的融资中介机构，又受到严格的监管，让各类直接融资通过银行中介来服务，对宏微观金融的监测和稳定颇有益处。因此，当前的银行理财市场值得继续宽容对待。监管的重点在于保护理财投资者的利益和防范银行误投风险，而非纳入宏观调控的武器库。

还要把握好人民币升值的节奏，如果升值过快了，就会带来资本流动，资本流动从来不在于规模大小，而在于方向的突然改变，对机构的损害很严重，同时优化政府管理经济的方式，大家期待以市场的手段管理经济。

二、2012 年银行业务策略

基于以上对宏观经济形势的判断，2012 年银行应该如何服务企业？我所在的银行，华夏银行成立于 1992 年，是一家全国性的股份制商业银行，世界排名 115 位，中国排名 12 位，我们这个银行的定位是做中小企业的金融服务商。最早我们是在小平同志的亲自关怀下成立的银行。下面我简单讲从我行角度怎么支持明年的实体经济。

（一）满足企业资金的有效需求。用足银行自己的钱，我们今年增发 208 亿元，充盈后的资本可以支撑更多的贷款投放；二是占用市场上的钱，就像刚才讲到海外的钱，积极发展海外代付融资业务；还有国内市场的钱，利用信托、票据等支持企业融资。

（二）降低企业的资产负债率。资产负债率高企是企业的一个困难，一些企业负债率达到 80%，理论上一家企业负债率达到 70% 应该非常困难的。发展一些信用承兑业务，支持企业流通的需要，银行还可以牵头中国的创业资本和股权投资资本。

（三）降低企业的融资成本。负债率高、利率高、融资成本高。通过适度的收费，通过一体化的管理，还有刚才讲到通过寻找外部低成本的资金降低融资成本。

（四）为企业博取金融收益。今天中国的实业利润越来越薄，很多外贸企业主营利率越来越低，要通过人民币升值、境外融资、退税的方式，很多企业30%的利润来自于资金流转和汇兑，这一点银行可提供一些服务，支持企业获得更多的收益。

（五）便利企业金融交易。通过优化流程、专业审批、专业队伍来为企业提供交易的便利。

（六）为企业提供一些增值服务。主要是产业经济的一些金融信息的帮助。

以上就是我和大家交流的，谢谢大家。

本文系作者在第七届北京国际金融博览会暨2011中国金融年度论坛上的演讲。根据录音整理，未经本人审阅。

宏观审慎管理：发展中国家的视角

夏 斌

国务院参事、享受国务院特殊津贴。中国人民银行货币政策委员会委员、国务院发展研究中心金融研究所所长。研究员，博士生导师，

我今天想谈的是宏观审慎管理。金融危机之后，定了巴塞尔协议三，国际社会重新探讨起三十年前提出的宏观审慎性问题。据说中国中央经济工作会议也要就宏观审慎问题提出一些政策。刚刚颁布的“十二五”规划，关于金融第一条就含了宏观审慎。我们的央行和管理部门也在发表观点，国际经常探讨宏观审慎关键由谁管？所以我今天的题目是宏观审慎管理，新兴国家的视角，主要是四个问题。

第一，新兴社会对宏观审慎的观点是不健全的。什么是宏观审慎管理？有宏观审慎性，宏观审慎管理，宏观审慎政策，宏观审慎监管等等，这都是国际社会讨论的，宏观审慎是关注整个经济社会的运行。宏观审慎是着眼于整个金融体系的稳健运行。它和货币政策区别在于货币政策是稳定价格产出，追求的是整个经济的稳定发展。宏观审慎是稳定整个金融体系的发展，目标追求是为经济稳定发展而提供良好的金融中介服务。所以宏观审慎和微观审慎管理不是一个概念，宏观审慎和货币政策也不是一个概念。当然在具体的政策实施上可能有所交叉和重叠。但在目标指向上区别很大。基于这样的角色和目标差异，国际社会关于宏观审慎的内容相当丰富，远比国内媒体登载的内容丰富。

第二，国际社会迄今关于宏观审慎的框架是不完全的。金融危机之后要吸取经验教训，巴塞尔协议委员会提出了巴塞尔协议三，围绕资本比例，资本流通缓冲、反周期缓冲、杠杆等一系列指标。有点遗憾的是这些目标要转化为全世界各国的法律规范，好象还早，要到 2019 年。对于国家间网络冲击风险，巴塞尔协议三没有回答。美国议会通过的多个弗兰克法案也讲了系统性风险，也讲了高管薪酬等等，我认为逐个仔细琢磨，讲的都是通过各种措施，来防止信用膨胀，稳定经营。基本限制于用高杠杆率，来克服顺周期的问题。难道这就是金融危机中应该吸取的教训吗？美国金融危机到底是什么引起的？只有把教训搞清楚了，制订措施才有效。美国危机的原因，我从2008年在中国金融学会发表自己的观点的时候就说监管是一个原因，但监管绝对不是根本的原因。我老是讽刺，如果日本、德国、中国政府监管不力，会造成百年一遇的大危机吗？肯定不会！有人说全球经济失衡是危机的原因，我说全球经济失衡仅仅是一个经济现象，要进一步发问的是为什么会造成全球经济失衡。我认为失衡是现象，失衡是以往相关国家政策的结果。根本原因是美国2001年以来长期推行低利率政策，刺激房地产、刺激信用，最后造成泡沫破灭。主观上是想利用全球化的趋势从本国经济增长利益出发。在这个过程中，拥有其他劳动力和便宜资源的国家以出口为主导，在享受全球化受益的过程中，因为追求受益，而忽视了自身结构的调整，客观上不自觉的助推了美国错误政策的长期执行。美国政策长期推行有深刻的基础，即以美元为主导的国际货币体系。所以这场危机和世界历史上很多危机都一样，本质上是货币现象。因此总结这场危机的教训，如果仅仅抓住监管，远远不能避免世界上不再发生类似的危机。如果我们把信用、信贷比喻为货币，西方经济学告诉我们，货币供应量是基础货币乘以货币乘数，现在一系列的监管手段是让货币乘数下降，但是基础货币没人管，所以危机还会照样酿成。因为今后的金融创新可能是今天我们所想不到的创新。爱尔兰是这次危机中受到冲击最大的国家之一，它的GDP2008-2010年三年可能要下降13.5%，不良贷款MF预测，可能要达到GDP的20%。

但是爱尔兰在2004年到2007年的危机前夕，前四年中，四年平均的爱尔兰银行的资本充分率是12.5%，非常高。爱尔兰的2004-2007年平均不良贷款率是0.54%，相当低。但是危机一冲，2009年、2010年的不良贷款竟然升到意想不到的48%和53.7%。当然原因很多，主要是房地产带累，但起码说明宏观审慎管理，如果仅仅盯着降低杠杆率指标是远远不够的。

亚洲新兴国家在这轮危机中受到冲击比较少，银行体系比较稳定。目前面对危机的第二次探底的风险，美联储执行了所谓的量化宽松货币政策，我说就是滥发货币，又是发6000亿美金，很多人在担心怎么办。面对美联储滥发货币的状况，全国过度的流动性，流向了新兴国家，发展中国家，巴西、泰国、菲律宾等国家。他们的当务之急不是降低本国银行的杠杆率问题，而是要想尽办法挡住跨境资本的热钱流入，采取了各种政策，这是这些国家宏观审慎监管的主要问题，根本不是降低资本充分率。我从眼前的例子说明，对发展中国家，转轨国家，新兴国家，我们考虑宏观审慎管理应该考虑什么？这么一说，相信大家都能理解。宏观审慎政策管理的重点，在完全资本开放的情况下，用巴塞尔协议的政策工具，是解决不了一些小国在全球流动性发展时遇到的本国经济稳定问题的。因此可以说，当今宏观审慎管理的关键是，在有缺陷的国际货币体系下，作为我们这样的新兴国家，首先要向全球指出必须关注全球的宏观审慎管理，然后才是个别国家的宏观审慎管理。现在的风险不是一个国家的金融风险，而是全球性的系统风险。

对于不同的国家，在不同的时期，宏观审慎管理关注的重点是不一样的。我们不要局限于基于成熟发达国家资本完全开放条件下制订的巴塞尔协议三，因为跨境资本流动的政策和汇率政策等等，这些政策的不协调，恰恰是金融全球化情况下，我们这些国家宏观审慎管理应该尤为关注的问题。面对这种状况，中国怎么办？我认为中国采取的态度只能是，第一赞同全球危机后，关于全球治理的框架，有总比没有好，总是向前走了一步。第二绝对不能满足停留于当前国际社会相关的政策框架，而是应该以更加积极的态度，呼吁加快赶上国际货币体系，来约束美元的对立政策、目标和作为国际货币应尽义务的不对称行为。当然我也知道这个过程是漫长的，是很难的。

第三，在认识到目前宏观审慎管理框架不全面、不彻底的情况下，同时也看到改善国际货币体系是一个渐进的漫长过程。发展中国家怎么办？自己势单力薄，只能尽可能做好自己的政策，构筑防止冲击的防火墙。要了解到当前国际上的宏观审慎管理是权威的，但未必是全面的，未必是每个国家都迫切需要的。

第四，基于不同国家对于宏观审慎管理的不同思考，特别是中国这样资本存在着管制的没有完全放开的国家，和人口老龄化的国家比，我们又存在相对较高潜在增长力的情况下，要尽可能保护好、动用好金融资源推动中国经济的增长。发达经济体正在去杠杆化，缩减信用。我们正处于鼓励金融创新时期，我看报纸刊登现在正在筹划金融机构参与股权信用衍生产品交易等等，因此在这方面，我们的监管部门要注意，既不要引领世界监管潮流，也不要简单尾随成熟市场经济国家的做法。当然在当前流动性过多，信贷规模都难以控制的情况下，不排除可以采取对信用杠杆放大进行暂时控制的特殊手段。比如资产证券化这些问题讨论了很多，我认为都应该谨慎为上。在宏观审慎管理职权的分工上，既不同于日常的货币政策，也不同于日常的微观机构的监管政策。在设计整个金融体系的稳定上，我们既希望银监会一系列对单个金融机构的审慎监管，同样也需要有逆周期效应的央行的利率政策，资本管制政策等等配合。因此基于目前的一行三会的现状，我个人认为应该在这个基础上成立一个宏观审慎监管机构或者小组，收集相关资料，研究具体的决策目标，制订一系列政策目标，统一参与国际社会上的合作，向国务院献策。至于这个结构摆在哪个部门，具体放在哪里办公并不重要，重要的是我们要认识到微观审慎管理，宏观审慎和货币政策的差异，才能保证在今后的金融国际化的过程中始终保持中国金融的稳定。

本文系作者在第六届北京国际金融博览会暨2010中国金融年度论坛上的演讲

全球宏观经济与中国货币政策走向分析

李稻葵

哈佛大学经济学博士。清华大学金融系主任，中国人民银行货币政策委员会委员。清华大学经济管理学院佛利曼经济学讲座教授，教育部长江学者奖励计划特聘教授，清华大学中国与世界经济研究中心主任。

论坛开的非常热闹，一个热闹论坛的重要标志就是略有超时，一个论坛完全按时间来的话一定是开的不够热烈，今天按照这个标准我们的论坛已经达到了预想的目标。今天借这个宝贵时间和大家交流一下大的格局的变化，主要想回答一个问题：2012年中国经济应该怎么样看待？中国经济进入WTO后的第二个十年处于什么地位？按照这个思路去看2012年，各种政策、各种变化将会是怎样的？为了谈清这个问题必须把当前中国经济所处的大的格局搞清楚，基本的态势如何，天下大势是什么基本特点。这个搞不清楚的话，对短期政策、短期企业运行就无从谈起。

中国经济到底处在什么大势之中？两句话可以概括出来，第一句话就是我们处在一个发达国家经济、社会全面动荡的时代，发达国家既包括欧洲，也包括美国、日本；第二句话中国经济自身的结构、格局也面临着重大调整，不管我们愿意不愿意、想不想，这个经济结构已经出现了调整，而且还会出现更加广泛的、更加深刻的调整。在很大程度上讲是客观的形势，并不是主观政策带来的，当然主观政策会让这个趋势变的更加有利、更加快，这两件事是我们必须牢记在心的。

为什么说现在是发达国家处于重大的、全面的社会经济动荡过程呢？基本原因是，过去几十年来发达国家许多的社会管理、经济制度的最基层部分的政策、体制该调整而没有调整，碰到了全球化，造成了他们的经济、社会重大的内伤。这个内伤在过去十年，在金融危机前的十年，由宽松的货币政策、各种各样的全球化短期的收益所掩盖，所以金融危机爆发以后尽管过去三年之内国际金融界表面上看恢复的很好，资产价格从2008年11月到2010年年底基本上翻一番，表面上看恢复很好，但是内伤并没有彻底解决。内伤没有解决反映在财政方面，财政赤字普遍上升，实际上欧洲财政情况还不是最严重的，美国的情况比欧洲严重的多，只不过现在资本市场把注意力放在欧洲，而没有放到美国。美元又是全球第一大国际货币，短期内不愁资金，加上从美联储自身角度看比较合适的经济政策策略缓解了美国短期阵痛。由于欧洲央行的独特性，没有像美联储这样采取大规模量化宽松政策，所以欧洲的阵痛显得特别剧烈、特别刺骨，令人难忘。一个社会的基本矛盾反映在财政上就是赤字，再往下追根本就是它的福利制度没有改变。以欧洲为例，美国也差不多，50-60%的财政支出是转移支付，是直接救助经济尚处于竞争劣势的群体，这是目前改革最艰难之处。为什么50-60%用于福利支出呢，为什么福利改革这么困难呢，就是在全球化大背景下发达国家事实上形成了二元的社会结构：在全球化的背景下，部分的企业、群体，包括苹果公司、波音飞机制造公司、空客、德国的宝马等等，在全球化竞争中获得巨大的利益，他们的利润、业绩高歌猛进，与此相关的工程师个人的事业得到发展。但是与此同时由于西方的教育体制，尤其美国为代表的教育体制和整个其他的社会体制没有跟上，大量的百姓在全球化竞争中丧失了竞争力，无法和中国、印度等等具有中高层技能的工人竞争，因此造成这部分人必须依赖社会福利，这就是这场发达国家所面临的深刻的矛盾最根本的原因。这个原因反映在财政层面就是财政赤字，就是主权债务危机，反映在政治层面就表现为占领运动。在美国既有极右的政治行动，也有占领华尔街这样的极左的社会呼声，造成了政治上两极分化，造成今天各国领导人，发达国家领导人很难施展他们的政治才能，像奥巴马这样的按理说极具政治才华的政治家都很难在国内形成共识。从这个意义上讲我倒认为欧债危机相对而言可能比较容易解决。我想未来的六个月，无论如何未来六个月欧洲国家必须给出答案。未来的六个月如果不出重大意外的话，欧洲各国应该可以提出一套比较行之有效的可行的解决方案，六个月左右的时间大概可以基本上稳定住，开始逐步恢复。也许需要三年，但是未来的六个月是关键之关键，但是我们的聚焦点不能仅仅放在欧洲，还应该放在美国。

根据我上面的分析，美国的问题其实更加严重、更加广泛、更加深刻。美国的社会矛盾、美国基本的改革的客观诉求其实来的更高、更艰难，而与此同时我们都知道在美国并没有形成行之有效的政治领导人，政治领导人目前仅仅是顺应民意。一个伟大的政治家不能仅仅顺应民意，而要引导民意、凝聚民意、提升升华民意，让这个国家的百姓能够相信、信从一个新的改革方向。希腊的总理在这个问题上是一个伟大的政治家还是一个简单的政客？我想是后者。他把自己的政治难题试图推给老百姓，用极端民主运动的方法解决当前复杂的政治、经济困难，简单把这么复杂的财政危机推给百姓，让百姓搞公投，能解决问题吗？肯定解决不了问题，幸好这位老兄悬崖勒马，宣布打住这样的做法，回归到政治运作上来，这一点特别值得我们关注。在中国进入WTO的未来十年整个国际形势会非常复杂、非常具有挑战性，和我们进入WTO头十年相比毫无疑问会更加艰巨，更加需要我们的大智慧、大思维来应对这个复杂的局面。

过去十年，中国经济增长主要是靠两件事情，这两件事情不可重复，没有可持续性。一是靠相对宽松的国际经济、金融市场。在这个环境下大批企业把产品卖到发达国家，国际贸易的比重迅速上升，从过去加入WTO前的2%左右，上升到今天10%左右。过去的发展第一个因素就是比较宽松的出口环境，这件事情已经不可持续，刚刚我已经谈到。第二个事情更不可持续，过去十年在很大程度上讲我们的发展依赖着土地、房地产的发展，依赖着各个地方政府出让土地，从农用地转成非农用地这个转换过程中获得的巨大的收入。可以这么讲，这个做法事实上在一定程度上把未来增长的资源提前消费了，因为土地是不可能再生的，今天出让一部分土地，就意味着地方政府明天可出让土地的总量会减少，很显然这个机制也是不可持续的。所以不管我们喜欢不喜欢、愿意不愿意，房地产的政策调整是必须出台的，可能不是以限购的形式，可能是其他的形式出现，这是大势所趋。我呼吁我们政策观察者们、学者们包括企业家们可能要有一点历史观，可能需要一点大局观，从历史的角度、大局的角度思考今天的房地产调整政策就很好理解了，这是我们面临的大事。

落实到明年和后年，中国经济会出现什么样的变化？我想其中第一个变化是增长速度不可避免地会有所放缓，会有一定的下滑。清华大学中国与世界经济研究中心今年 10 月 15 号发布了根据宏观经济模型所给出的预测。我们预测 2011 年全年增长速度是 9.2%，比去年的 10.4% 明显下降了。我们预测明年的增长速度会进一步下滑、放缓，放缓到 8.5%。同时我们也预测，由于农产品的价格是整个 CPI 最主要的推动因素，今年粮食价格、猪肉价格涨的比较快，根据往年的经验我们预测明年的粮食价格持续上涨的压力会在很大程度上得到缓解，因此我们模型预测的结果是明年的物价增长速度会回落 2.8%，在相对比较温和的水平。模型是严格按照历史数据、客观的宏观经济运行规律给出的预测，所以明年整个形势增长速度放缓、物价上涨压力有所放缓。这个形势下我们也预测明年的出口贸易顺差会进一步放缓，大概在明年或者后年出口的顺差会从危机前的 8% 左右降到几乎是零。今年的外贸顺差我们预测是占GDP1.6%，大概在1500-1600亿美元的水平，明年、后年会进一步下降，基本达到贸易平衡的格局。给定这个分析我们可以讨论政策层面应该做什么事情、可以做什么事情，今天我是一个学者，我和王勇主持人都是来自清华大学，我完全是学者身份讲话，不能代表任何机构，不愿意也不可能代表任何机构，作为学者我想中国经济在明年，以至于在未来若干年可能需要进行三个方面政策的调整：

一，宏观政策基本上是稳定，基本的格局、基本的态势是稳定，而不是大规模的调整。我知道很多企业家朋友们希望我们的政策有一定的或者相当程度的放宽，这是我们的主观愿望，但是我想反复强调，应该看到中国经济和世界经济的大势，摆在我们面前的根本任务是要完成经济结构调整，调整的过程中如果政策过快、过大幅度放宽的话，会让一些不符合经济发展前景的企业和投资重新具备活力，对整个调整的发展方向很显然是不利的。所以我的理解是、至少我个人作为学者的建议是，宏观政策、尤其是货币方面以稳定为主，在稳定的大前提下不断去观测、监测欧洲发展的情况，不断监测美国，也包括巴西、印度。这些国家是我们目前重要的贸易伙伴，同时也是人民币汇率升值的压力来源，不断观测它们的发展，进行一些微调，但是整体的格局是要适当地保持一定的压力，宏观的政策对经济结构调整保持一定压力，让它能够逐步经过2-3年经济增长放缓调整到位。从目前各种迹象表明，似乎这么一种说法也是一个共识，似乎也是大家基本认同的说法。

二，要抓紧时机，按照“十二五”规划所提出的各种目标，积极推动各个方面的改革。在金融领域很多目标已经提出了，利率市场化这个大目标已经提出了，利率市场化我想80、90%都已经完成了。贷款利率基本上由市场决定了，存款利率尽管还有央行的基准利率，但事实上我们都知道，我们的手机短信告诉我们，每天都有各种各样存款的邀请，存款利率远远突破了央行的基准利率。当然理财性质的吸纳存款的方式肯定是需要监管的，毫无疑问不监管会出问题。但是与此同时也告诉大家我们的商业银行事实上已经在承担比央行所提出的存款基准利率更高的融资成本。所以从这个意义上讲，很多的商业银行已经具备了承担更高一点的存款利率的能力了，因此我想说的是，利率市场化的最后一步，也就是说存款利率进一步放开的条件已经逐步在形成，关键是需要一步一步地推出试点的办法，一点一点放开，用这种方式来推动改革。

汇率的改革从05年7月开始到现在走过6年历程，对美元出现29%、将近30%的名义汇率升值。外贸顺差经过一、两年调整，我的预测基本上到零，所以这种渐进式、缓慢的升值事实上为最后一步汇率的市场化奠定了基础。看今天的世界，我们这边逐步升值，可是香港、境外出现了人民币贬值的预期和声音，很好啊！一方面有人说升值，一方面有人说贬值，这才是比较宽松的改革环境。我想汇率进一步市场化条件也在逐步形成，与此相关，人民币国际化和资本账户完全可兑换，也是“十二五”规划期间毫无疑问需要不断推进的。事实上资本账户的可兑换在很大程度上已经逐步实现了，如果一定要算一个数字的话，按照IMF的标准70-80%的可兑换项目都已经可兑换了，只差一点点百姓自己能够把存款完全不受限制地转换到外币，这件事也是大有可为的，也是特别值得政策层面思考、推进的。我在不同的场合和企业家一起交谈，和个人理财者交谈，和政府领导者交谈时都讲一件事，就是一定要采取切实可行的制度、政策，一步一步让我们的百姓直接出国投资。为什么这么讲？从百姓个人的利益考虑，国外有巨大的投资回报的空间。我们不要看到欧债危机，不要看到美国经济情况不好，不要看到华尔街指数下降，这个是片面的。我们应该看到中国经济的不断上涨，事实上带动了苹果公司的股价上涨、带动了力拓、必和必拓、英国石油 BP、美孚公司、宝马公司等等大企业的股价上涨。用中国人俗话来讲等于是肥水流入外人田，难道我们的消费者、投资者、储蓄者只能隔岸观火吗？我们应该积极走出去，布局到这些优质的金融资产上去，让我们的百姓获得中国经济增长所带来的大企业的股价上涨、资产价格上涨的部分回报，这是民众的层次。

在国家的层次，这么多外汇储备，3.2 万亿美元静止在政府的手里，对政府而言并不是一件很好的事情。各种各样的国际论坛、政策讨论会上，国际社会都在把这个作为借口指责我们，说你们的汇率体制、外贸政策出了问题，你的外汇储备不断上涨，这就象是个把柄。在国家层面必须降低，把 3.2 万亿美元通过切实可行的方式逐步卖给我们的百姓，让百姓用人民币置换它出国投资。对国家层面、政策层面、百姓层面都必须改革。

再谈一个中观层面，对地区金融而言，百姓能够逐步走出去也是重大利好。为什么我们反复出现像温州这样子的地下银行、影子银行、地下金融的冲击？为什么出现所谓的山西煤老板到处买房子、买收藏品，带来了各种社会的、金融秩序混乱的局面？究其原因就是他们的投资渠道太少，他们的眼光仅仅聚集在中国境内，顶多是香港，为什么不能积极引导他们把眼光从中国境内拓展到发达国家的优质资产里面？刚才我讲发达国家不是铁板一块，发达国家是二元金融结构，既有不好的烂资产，同时也有高质量的金融资产。前两天我碰到一个美国非常知名的经济学家，他告诉我一件事情，我认为这件事情是非常靠谱的。他本人是美国一流经济学家，专门研究美国经济问题，他告诉我美国今天的大公司有两万亿美元的盈余，相当于 GDP 七分之一，这个盈余是放在这些大公司的海外账户上的，没有回到美国投资。我问他为什么不回到美国投资，这是一笔很大的钱，相当于美国GDP的13%，美国一年固定资产投资也不过15-20%左右，如果这部分钱有一部分回到美国的话对美国缓解失业是重大利好。他告诉我因为美国的税法有问题，如果把这些钱拿回美国投资，尽管可以带来就业，但是不管三七二十一首先必须要补税。这个事听起来是美国内部的事情，但是告诉我们一件事：美国的这些大公司，我想欧洲也一样，宝马、奔驰也一样，这些大公司现在的经营情况很好，他们手上有大量的储备，他们的股票价值、资产价格应该是非常高的、质量非常高的，所以我们眼光要放远一点、放开一点。我希望未来的五年之内能够形成老百姓自觉地关注国际市场、出国投资的局面，现在还没有形成。我的建议是选一、两个城市，比如温州或山西某个城市，让老百姓出国投资，专家们给他们客观介绍国外的情况、国外股票市场的情况，只有这么干才能给中国未来的金融打下一个比较坚实的基础，也能给百姓创造真正的福利。

商业银行要改革。我们国家目前商业银行的运营模式也是不可持续的。商业银行现在唯一的办法就是要吸纳存款、扩大贷款，从中获得收益。股市上15%以上都是银行股，还能怎么吸纳、扩大资本金！这个游戏的一个基本前提是必须要扩大资本金，资本金从哪儿来？股民对银行股已经很担心了，所以银行的改革也必须加快。银行的部分高质量资产要证券化或者打包出让，让其他的投资者拥有，这件事恐怕是绕不过去的，只有部分地实行、有效地实行、合理地推动。银行资产的证券化才能够从本质上改变我们国家金融领域银行一个部门独大的局面。不要一听到资产证券化就摇头，西方的金融危机不能把责任全部推给资产证券化，而是资产证券化的过程不对，很多做法走过头了，不能够眉毛胡子一把抓。

第三件事，中国经济未来十年可能是一个非常重要的中国与世界互动的十年。未来十年可能是影响未来50年国际格局的最重要的时期。我刚刚说发达国家面临着深刻的社会经济、金融的变革和改革，这个十年中国的态度是什么，中国以什么样的方式去介入，决定着未来50年世界格局。有人说你说的不对，我们坚持把自己的事情办好，不要管外国人，不要管西方，不要管发达国家，他们自己的事情自己解决。这个话十年前非常正确，但是我想告诉大家，讲这个话的人事实上已经采取了一个国际战略，就是努力在维系现在的国际格局。现在我们外汇储备3.28亿美元，不都是放在以某个大国计价的金融资产下吗，如果你按兵不动的话，我们不是等于为这个我们认为不可持续的国际格局投票吗！所以我提出这个问题一定要有一个战略意识，我个人的观点，对欧洲要有一个全面的、客观的认识，欧洲大陆不是英国、不是美国，欧洲大陆是世界的一个极，欧洲的债务问题如果能够提出一个比较合理的、行之有效的解决方案，不光是中国，包括印度、巴西、俄罗斯出一点钱援助一下、帮助一下，对于世界未来50年新格局的形成应该是有帮助的，而这个新格局对于中国、印度、巴西等等国家而言应该是有利的，而不是有害的。作为大前提，欧洲必须提出一个行之有效的方案，求人者必须要自强，在自强的前提下，如果他提出一个真正行之有效的方案，不光中国，印度也会帮助他。还有一个小条件，中国人自己投资进去之后必须要有一定的控制权，不能把钱交给别人，怎么救助，以后是什么方案，谁先救谁后救，我们至少应该知道，有知情权，甚至有一定的控制权。我们绝对不是要干预别人的事情，但是我们作为出资者，投资权和控制权应该是相对的。还有一个小前提和这个相关，就是保证中国投资资金的安全性。一个方案是拿高质量资产抵押，德国人现在经济好的很，万一不行能不能拿德国的债券抵押？另外货币计价币种也有讲究，肯定不能拿美元计价，那是一个贬值的货币，完全用欧元计价也不见得合理，至少是 SDR，一揽子货币，最好是按人民币计价，这才能够说的过去。总之这些答案不重要，我强调一遍，不要把我的答案当成很重要的结论，我想我的问题比答案更重要，我想引导大家沿着这个思路思考。未来十年我们该怎么样运作，这决定着未来 50 年我们的儿子们、孙子们将生活在什么样的世界。这件事情我们应当共同思考，我相信在座的都是有高智慧、高智商、高情商、高战略思维能力的听众和领导，请大家一块儿努力、一块儿思考。我相信未来的五年、十年，中国经济应该还有非常好的发展前景，谢谢各位。

本文系作者在第七届北京国际金融博览会暨 2011 中国金融年度论坛上的演讲。根据录音整理，未经本人审阅。

中国的货币政策应该逐步回归常态

张健华

博士，研究员，现任中国人民银行研究局局长。

首先感谢主办方的邀请，到这来跟大家交流一些观点。我的题目是中国的货币政策应该逐步回归常态。那么什么是

常态的货币政策？为什么要回归常态的稳健的货币政策？

货币政策的名义含义和实际执行情况并非完全相同，稳健的货币政策、适度从紧的货币政策以及从紧的货币政策是历史上用得比较多的说法。这次调整，为了应对危机我们使用了适度宽松的货币政策，这也是我们历史上第一次使用宽松两个字，所以前面加了个定语。实际执行情况大家可以看一下，稳健的货币政策也并不是一成不变的，其内在含义也不完全是一样的。我们在实际执行过程中有时候是扩张的，有时候是紧缩的，有时候是真正稳健的。应对不同时期的经济背景，有不同的提法和做法。货币政策是短期的政策工具，经常会因使命的不同以及侧重目标的不同而有所变化。2009 年、2010 年以来，较以往货币政策明显宽松，无论用 M1 增速与 GDP 增速的比值还是用 M2 增速与 GDP 增速的比值，09 年明显偏高，平常最高的年份是 2.7（1995 年）。进入 2000 年之后，几乎就没有超过 2，但现在很高，M2 增速超过 GDP 增速的 3 倍，1-3 季度末还是 1.8 倍。M2 增速与 GDP、CPI 增速之差的合适量，在正常年份最高的时候是八点几，但到 09 年超过了十九点几，接近百分之二十。2009 年到今年是一个很宽松的货币条件，M2 除以 GDP 是大家经常用的货币化程度，我们从来没有达到 2，2010 年 1-3 季度达到了 2.59，这也是很高的。除了讲银行信贷之外，还要讲社会的融资总量。2009 年和 2010 年前三季度，融资总量较往年明显增加，具体的数字我不讲了，总的来说，2009 年到

今年的货币条件是非常宽松的。

为什么要回归稳健呢？我们讲常态。什么是常态？常态表述最多的其实是稳健的货币政策。当然我们可以创造出很多的提法，有人说可以叫中性的，审慎的，适度的，可以有多种说法。但如果看历史上的提法，就是刚才的四种表述。所以第二个问题，为什么要回归稳健？实际上非常时期的非常规货币政策已圆满完成使命了。我们现在要国民经济稳定增长，这是我们最关注的，货币政策的首要目标是CPI，是价格稳定。现在价格稳定出现了相应的问题，CPI 现在比较高。在 CPI 很高的情况下，还能不能继续放松货币条件就非常关键了。国民经济增长是比较好的，国民经济复苏的态势现在是不断巩固的，包括就业、物价、国际收支。我们是双目标制，第一要关注通胀，第二要关注经济增长，保持人民币币值稳定，并以此促进经济增长。在执行过程中，我们同时也关注就业和国际收支平衡。现在城市登记失业率已降到金融危机前的水平，物价由负增长变成温和上涨，近期内还有再提高的可能，物价形势不容乐观。国际收支贸易顺差增速由负转正，近期有所加快。我们还有一个目标就是金融稳定，现在银行体系相对稳健，不良贷款率下降比较快，拨备覆盖率比较高。总体来看，我们的目标已完成了前期适度宽松政策的使命。

2011 年面临的国内外经济环境有比较大的变化。从国内经济环境看，刚才已经提到，现在经济增速比较快，2010 年前三季度达到 10.6%，今年全年可能达到 10%，应该是一个比较好的增速。我们讲货币政策关注的是经济增长如何，还有一些其他的数字我在这里不一一跟大家讲了，中国的采购经理人指数已回升到五十四点几，进口价格指数已超过 60%，表明进口价格未来预计上涨很快，对输入型通胀可能产生较大的压力。城镇登记失业率现在已经逐月下降，已接近危机前水平。物价在2008年快速下降，2009年持续负增长，但年底已经转正，而且上升趋势比较快。对贸易顺差，与2007、2008年前三季度相比，2010年前三季度贸易顺差在下降，但还保持在比较高的位置，而且按照目前一些出口订单的形势，今年的贸易顺差也比较大，未来可能对我们有一些影响。不良贷款率在逐级下降，拨备覆盖率在上升，金融稳定程度会提高。从国际形势看，全球经济已经走出危机的最坏阶段，将延续缓慢复苏。明年一季度实际上可能是经济增长的拐点，其他国家经济增长的拐点可能在二季度，也就是说从明年二季度开始全球经济增长会加快。此外，我们还面临一个很大的问题，美联储已经对外宣布QE2量化宽松政策，未来六到八个月会新释放出6000亿美元的流动性。这对全球影响是很大的，美欧日持续的量化宽松政策，很大程度上会引发资本流向新兴市场国家。大家知道，中国是新兴市场国家中发展得最好的，所以我们面临的压力很大，即我们的资产价格压力很大。

到底选择什么样的货币政策？我们和发达国家是否处于同样的周期？其实不见得完全一样，现在已经出现分化了。对于当前国际经济形势，发达国家以美欧日为代表属于一类，低经济增长，低通胀；很多新兴市场国家，经济增速比较高，如印度GDP增速都能够达到8%左右，还有一些其他国家也都在百分之五点几到百分之七，但他们的CPI也起来了，物价上升比较明显了。为应对通胀，这些国家2010年加息最多的已经达到6次了，印度加息非常多。现在货币政策出现了分化，很多基准利率水平比我们高得多，但还在加息。我们讲适度宽松货币政策下的资产价格，2008年1月份有些在下降，但进入2008年底，很多资产价格是在上升的，包括我们的股市和房市。近来对房价的调控，年初略有下降，但对统计数据大家有一定的质疑，我们还不好说是否一定准。但即使这样，还是能看到房价恢复了缓慢上涨的趋势。总结上述分析，当前形势下的货币政策，在圆满完成使命的情况下，其取向有必要进行一些适当的调整。

下面我讲讲稳健货币政策的含义。回顾以往货币政策表述，以及当前货币政策的重点，稳健政策的第一层含义应该是增强政策的针对性和灵活性。所谓的针对性，就是增加我们对实体经济的支持，要防止资金过度流向资产市场，炒作资产价格，同时也要对需要重点扶持的行业比如中小企业，比如农村金融，包括一些个人消费金融，这些方面我们需要鼓励消费，应该有所针对。另外货币政策本身不是长期单向性的工具，有些货币政策工具可以微调，而且微调以后还可以反向调整。比如现在我们加息，有人问我，中国是否进入长期加息的通道？我说这个判断其实是对货币政策的误解。货币政策出台后，可以观察一下效果，根据效果考虑下一步的措施。如果说我们的经济形势出现了逆转，还可以采取一些反向措施。现在还要采取逆周期性的操作，增强灵活性、稳定性，确保经济的平稳较快增长，后者也是稳健货币政策的第二层含义。

第三是管理好通胀预期。虽说今年年底物价可能超出年初的预计，通胀预期有所上升，实际通胀也可能有所上升，但重点还是管理好通胀预期。对明年来说，通胀形势还存在很大的不确定性，中央银行不能掉以轻心，最核心的是不能让长期的负利率侵蚀居民的储蓄资产。第四是理顺价格体系，中央银行有一些工具，在这些方面可能有助于资源要素价格的配置。

最后要加强流动性的管理，引导信贷适度增长。流动性管理最大的问题，我们感觉压力其实是来自于美国的量化宽松货币政策，这种过度的量化宽松会引发外资流入中国。我们很难确定有多少外资属于正常进来的，有多少属于热钱。但实际上热钱流入还是不能完全避免的，发达国家和国际货币储备国家一开闸，资金就涌向新兴市场国家。巴西等一些国家已经开始采取对外来流入资本征收金融交易税，我国目前还没采取相应的措施。

最后用一句话总结我的发言，明年要有必要实行经济结构调整，更长远地来说，“十二五”总的发展方向都是政策调整，货币政策应该在这方面有所侧重。

本文系作者在第六届北京国际金融博览会暨2010中国金融年度论坛上的演讲

厚积薄发　再创辉煌
在新的起点上扎实推进金融街科学发展

王少峰

法学硕士，高级政工师。现任北京市西城区区长。

金融街毗邻中央国家机关政务办公区和西单商业区，拥有得天独厚的区位优势。作为北京市第一个大规模、整体定向开发的高端金融产业功能区，金融街已经成为首都金融主中心和国家金融管理中心。本文将在回顾总结金融街发展成就与发展特点的基础上，探讨研究金融街未来发展机遇及发展路径。

一、多年磨砺，成就国家金融管理中心

1993 年 10 月，国务院批复的《北京城市总体规划（1991 年-2010 年）》明确提出："在西二环阜成门至复兴门一带，建设国家级金融管理中心，集中安排国家级银行总行和非银行金融机构总部"，金融街建设的序幕由此拉开。

金融街核心区规划占地面积 1.18 平方公里。随着其品牌效应和环境品质的不断提升，越来越多的企业入驻金融街，原规划地区的发展空间逐渐趋于饱和。2007 年，北京市委市政府及时做出了推进金融街拓展区建设的决定，将金融产业区拓展为 2.59 平方公里。目前，金融街核心区建设基本完成，总投资达 800 亿元，新增建筑面积 400 万平方米。

近 20 年来，乘国家改革开放和金融大发展的东风，在各级领导的关心支持下，在西城人的不懈努力下，金融街建设与发展取得了辉煌成就，呈现出蓬勃生机。

金融街是中国金融首脑机关集聚地。中国人民银行、银监会、证监会、保监会等国家金融中枢机关汇聚在此，重大金融决策、政策信息发布影响着中国金融的发展形势。

金融街是中国金融行业协会组织集聚地。中国银行业、证券业、保险业、信托业、期货业协会等全国性社团组织在促进行业自律发展、规范运行等方面发挥重要作用。

金融街是中国总部机构集聚地。现有 153 家企业总部和地区总部，其中 18 家位列世界 500 强。这里有全球金融企业上市市值排名前三位的工商银行、建设银行、中国银行等世界知名金融巨头，也有中国移动、中国电信等电信、电力、石油、天然气、建筑等相关产业的大型企业总部。

金融街是中国金融资产要素集聚地。金融机构资产规模总量高达 55.5 万亿，占全国一半以上。金融街是人民币资产管理中心。全国资产量最大的股权投资基金的母基金 -- 全国社保基金理事会和四大国有资产管理公司等资产管理机构集聚于此。金融街是人民币资金结算枢纽。根据央行对 2010 年六大支付系统资金往来情况统计，金融街资金流动总量接近全国的 1/3。

金融街是中国高端金融业态发展集聚地。现有金融机构约 1000 家，其中法人单位近 300 家。金融街已经形成以银行、保险、证券等传统金融业态为基石，财务公司、信托公司、股权投资、交易市场等创新金融业态为动力的产业发展格局。越来越多的国际金融集团，如摩根大通、摩根士丹利、苏格兰皇家、瑞士银行、法国兴业、加拿大皇家等银行集团选择将其旗下的业务向金融街集聚。随着国际金融资本进入和国内企业海外市场拓展，金融街国际化程度和国际影响力与日俱增。

金融街是中国高端金融人才集聚地。金融从业人员近 17 万人，占全市 70%。其中硕士研究生以上学历人员约占 43%，拥有海外留学经历人员约占 9%，可谓面向全球的高端金融管理人才和金融市场人才荟萃之地。

综上可见，金融街已经成为集决策监管、资产管理、支付结算、信息交流、标准制订为一体的国家金融管理中心。其经济规模总量、产业结构配置、市场体系构建等方面不断实现新发展、新跨越，总部型经济、结算型经济特点日益凸显。金融街已汇聚起中国乃至世界的高端产业集群，其特殊的集聚力、贡献力、影响力和话语权日益彰显。

金融街的发展历程见证了中国金融业改革的深刻变迁，展示了中国金融业发展的丰硕成果。在这个过程中，我们西城区，乃至北京市也从金融街的建设和发展中收获了许多：

一是完善了城市功能，提升了城市品质。与20年前西二环一带低矮平房密布的城市景观相比，今日的金融街建成区内，城市环境、配套设施的规划和建设无一不体现出国际一流水准。高端智能化办公楼宇、酒店鳞次栉比，充分满足了高端生产性服务业的需求。地上地下立体式交通网络、主题文化广场和3万平方米休闲绿地，大大提升了金融街的环境品质和服务功能。金融街全面启动节能降耗计划，楼宇大厦全部采用节能照明系统，并依靠科技手段实现大厦空调冷凝水、电梯热能再利用，不仅提高了能源利用率，更增加了能源循环途径。由此金融街先后荣获“美国城市土地协会（ULI）全球卓越大奖”和“中国人居环境范例奖”。同时，金融要素的集聚，不仅大力提升了城市的服务功能，也有效提升了城市对人才、技术等要素的集聚功能，为首都北京建设中国特色世界城市奠定了坚实基础。

二是培育了金融文化，树立了人文品牌。金融街注重以人为本，坚持人才优先、引领发展的原则，全面优化人才服务，完善人才工作机制。海外学人中心等人才服务平台的建立，开辟了招贤纳士的广阔路径。人才落户、出入境、子女教育、医疗等一系列服务措施的落实，消除了金融人才的后顾之忧。在坐拥全国金融培训中心、蒙代尔国际企业家大学等著名全球性专业培训机构的基础上，通过定期举办金融商务会展以及金融音乐会等文化交流活动，营造浓郁的金融文化氛围，点亮金融街人文品牌。

三是夯实了财政基础，增强了经济实力。金融产业的快速发展，成为区域经济总量和财税贡献增长不可或缺的重要助力。“十一五”期间，金融业增加值年均增长19.1%，期末达到819亿元，占全区GDP的41.1%，占全市金融业增加值的44.56%。金融业三级税收年均增长19.8%，期末达到1358.7亿元，占全市三级收入的22.5%。“十一五”末，金融街实现三级税收1575.3亿元，占北京市三级税收的26.06%。今年前三季度，金融街实现三级税收1819.5亿元，占北京市三级税收的29.1%。金融街已经成为首都最亮丽的经济名片。

二、谋篇布局，扎实推进金融街科学发展

当前，国际金融形势的变化与中国金融的飞速发展对金融中心区建设提出了更快更高的要求，金融街国家金融管理中心的发展定位已经不能完全满足金融市场化、金融国际化快速发展的需要，金融街的未来发展挑战与机遇并存。

挑战主要在于金融街有限的承载空间与旺盛的金融机构入驻需求之间的矛盾，迫切需要及时有效协调解决。而机遇则主要源于三个方面的有利条件。一是国际金融经济形势变化带来的机遇。后金融危机时期国际金融格局和经济形势的发展变化、中国在经济上的崛起以及人民币走出去步伐的加快，将为金融街走向国际化，建设具有国际影响力的金融中心创造良好的外部机遇和发展动力。二是深化金融体制改革带来的机遇。国家深化金融市场改革创新，稳步推进利率市场化，完善地方政府金融管理体制，建设多层次资本市场体系，将为金融街建立全国性的金融市场交易平台带来重要机遇。三是首都发展战略带来的机遇。在北京建设具有国际影响力的金融中心城市战略目标下，作为金融主中心区的金融街将处于重要的战略机遇期，必将赢得更好的政策环境和组织保障。金融街新一轮的拓展建设全面启动，金融街发展已经处于一个新的历史起点。金融街将紧抓机遇，迎接挑战，统筹规划，科学发展。

金融街的发展目标是，进一步巩固全国金融管理中心和金融决策中心地位，不断扩大品牌、信息、人才和总部经济优势，大力拓展服务功能，打造金融服务高地，努力把金融街初步建设成为以具有行业领导力的金融机构为主体，以服务全国辐射全球的信贷、资产交易和场外交易等金融市场为依托，以强大的金融资源配置能级为核心功能的，具有国际影响力的金融中心。重点是做好三方面工作：

一是全力加快拓展建设，提升综合承载能力。高标准落实国家和北京市关于金融街发展的战略部署，把握快速发展的战略机遇期，以金融产业需求为导向，以产业发展规划布局为依据，以进一步增强综合承载力为核心，按照“政府主导、企业运作，政策引导，社会参与”的工作原则，和“整体规划、有序推进，统筹实施、先易后难”的工作思路，有效集中人力、物力和财力，举全区之力，加快重点拓展项目的启动和建设，力争在“十二五”期间新增400万平方米金融办公商务面积。按照国际标准规划建设拓展区项目，高标准设计建设国际甲A级写字楼，推行LEED绿色建筑认证标准，按照可持续、高效能的原则，建设能够满足世界级客户要求的楼宇空间。

二是健全完善产业体系，强化金融核心优势。巩固深化国家金融管理中心功能，基本形成“三个体系”，确立“一个中心”。即基本形成以具有行业领导力的金融机构为骨干、多种金融机构协同发展的多元化金融机构体系；基本形成适合国内外投资者共同参与、服务全国辐射全球的，以信贷、资产交易、场外交易为主的金融市场体系；基本形成种类齐全、功能强大、方便快捷的金融信息和金融服务支持体系。进一步确立金融街在国内人民币资金配置、资产交易、清算和定价等方面的中心地位。

三是优化区域发展环境，提升街区品牌价值。不断优化生态环境、制度环境、政策环境和经营环境，加强金融街品牌文化建设，将发展的区位优势逐渐转化为市场优势、品牌优势和文化优势，进一步提升金融街发展的文化软实力。整合政府服务资源，优化金融服务平台，在人才薪酬、社会保障、财政扶持等方面提供“一站式”高效透明的政府服务。建设世界高端金融人才聚集区，形成人才引领产业发展的良性互动局面。力争在“十二五”末，将金融街建设成为环境优美、资讯发达、服务完善的国际化功能街区。

作为国家金融管理中心，金融街是北京的金融街，中国的金融街，我们也希望它是世界的金融街。未来发展中，我们将加强与国际、国内金融中心区域的沟通交流，促进合作共赢，推动金融街在新的起点上更好更快地发展！

本文系作者在第七届北京国际金融博览会暨 2011 中国金融年度论坛上的演讲

天津在应对金融危机中推进创新的认识与做法

陈宗胜

南开大学教授、博士生导师，北京大学特聘研究员。天津市人民政府副秘书长。

非常高兴来参加一年一度的北京金融博览会。首先，请允许我代表天津市政府对会议的顺利召开表示热烈的祝贺。同时非常高兴有这样一个机会与各位专家、各位领导进行交流，进一步学习各地的成功经验。刚才，北京市西城区领导把北京金融街的发展情况、下一步规划情况，给我们做了介绍，我听了以后觉得非常受启发，也非常羡慕。过去几年，我本人曾经亲自带队到金融街考察过很多次，天津试图学习北京的经验，但是北京有北京的优势，有些优势天津是不具备的，所以我们在羡慕的同时，也在不断学习过程中。

按照大会组委会的要求，我今天给大家讲一下，天津在金融领域里如何应对危机，如何开展一些金融创新的做法。

大家知道，天津新时期的发展开始于2006年，也就是“十一五”的第一年，2006年启动的，是由中央和国务院发动的。国务院在2006年公布了国务院20号文，在20号文里第一次提出来要把天津以及天津周围的环渤海地区，作为中国的第三个增长极来发展，天津滨海新区是作为第三增长极的核心区来推动。为了实现这样一个目标，国务院在20号文中给予天津一系列的优惠政策，包括土地、财税、科技、工业等等各方面的支持性政策，其中在金融领域给予的支持力度最大，给天津在金融市场、金融企业、金融产品、金融对外开放等各个方面一个先行先试的大政策。那就是说，允许天津在若干领域里，在金融的各个方面先行先试。这就是对天津的最大的支持。中央的意思是通过这样一个支持，使天津滨海新区能够尽快发展起来，带动环渤海地区尽快建成中国第三增长极。

为了落实国务院20号文，天津市委市政府做了认真研究，制订了一系列的规划，在金融领域里我们制订了“十一五”甚至“十二五”的发展规划，其中强调了这样几个方面：第一是直接融资，是针对我们国家间接融资比较大，直接融资比较小的；第二是金融机构的综合经营；第三是金融机构体系的完善；第四是外汇领域的改革；第五是金融市场；第六是金融后台服务等等这样一些方面。

从2006年开始，我们启动了天津的金融创新工作。中央给天津的定位是北方经济中心、北方航运中心、国际物流中心和宜居生态城市，就是这么四个方面。在金融领域如何规划，目标是什么，天津的旁边就是首都北京，像北京的领导刚才所介绍的，北京金融街是中国的金融总部中心、决策中心，是中国金融领域的司令部。天津这里显然是要向北京学习，但是目前还达不到北京的程度，天津确立的目标，是要建立与北方经济中心相适应的现代金融服务体系和金融创新基地。我们没有用“金融中心”这个词，因为我们感到北京是金融总部中心，天津这里只能是为北京金融总部中心服务，所以叫与北方经济中心相适应的金融服务体系和金融创新基地。

经过几年的努力，我们按照向国务院报的方案推进。到2008年的时候美国发生了金融危机，波及到全球；现在这个危机波涛又冲到了欧洲乃至全球。危机的表现也不是单线，在某一阶段出现过一些好转，现在又进入主权债务信用危机阶段。天津正处于金融创新的过程中，而美国的金融危机发生时，存在一种议论，说美国的金融危机就是由于金融创新过度所致的。因此，天津是不是要继续推进金融创新，我们面对金融危机也做了认真的研究。研究的结果是，如果说美国是金融创新过度，它的衍生品距离它原本产品太远的话，那么，中国实际上是囿于创新缺乏，中国是苦于创新不足。我们还要继续创新，面对金融危机，中国的对策应当是以稳定的金融创新来应对金融危机。所以，天津最近几年按制订的金融创新方案继续推进。简单向大家介绍天津最近几年取得的初步成果：

第一我们初步建立起了私募基金运行服务体系。这几年天津建立起来的PE基金现在看起来有那么两千多只，还有产业基金，还有其他的各类基金，包括对冲基金，最近这几年天津都在实验。对冲基金最近这几年有了条件以后，大概在天津这里实验的有5至8个。另外，我们专门建立了研究对冲基金中心，这都是企业界成立的，所以天津认为各类基金的发展，也就是直接融资发展是一个很重要的内容，我们在这里开展了创新，取得了初步的成果。相应的我们在服务体系方面建立了比较完善的体系，也就是说从基金的注册到运营、到管理、到监督我们都形成了一系列的政策制度。我们成立了中国第一个股权基金协会，我们召开了第一个私募股权基金大会，就是通常很多同志知道的融洽会，英文译名为“国际私募股权基金论坛”，已经召开了五届。

第二是初步完善了金融机构体系。2005年之前天津各类机构还不到100家，刚才嘉宾介绍了，北京金融街上就有一千多家总部，天津经过最近三四年发展，发展到两千多家。自己和自己比我们有了很大的发展，从数量是这样的。从体系上传统的银行、保险、证券等等之外，最近这几年比如说租赁公司，天津现在有45家各类中资、外资的融资租赁公司，租赁余额占到全国的45%以上。还有像保理，第三方保理，保理过去都在银行做，天津这几年成立了17家第三方保理，独立的保理机构。所以，这些都是我们这几年开展起来的一些新的业务。其他的还有像金融仲裁中心、海事仲裁中心、海事理算等等。在国家有关部门的支持下，最近这几年可以说金融机构体系初步完善。

第三是初步建立起交易所的市场体系。这几年我们在国家有关部门的支持下，先后建立了几个交易所，像排放权交易所，交易污染指标和碳指标，逐渐在实验。我们现在已经推出了一系列的交易产品，有些还在全国处于领先地位。我们推出了渤海商品交易所，作为大宗商品交易所，其特点是现货连续交易，和其他的交易方式有所不同的。这个交易所也曾经向国家专利部门申请专利。当然，我们国家在这方面还是没有设立专利，但是已经表示支持。还推出了铁合金交易所、滨海国际股权交易所、天津股权交易所、金融资产交易所、矿业权交易所，以及文化艺术品交易所。众所周知，文化艺术品交易所去年一年曾经在舆论上有一些批评之声，在交易所建立之初，对供求双方力量估计不足，推出的产品比较少，所以有一段不太稳定，经过调整以后，交易所现在已经在稳步发展。它的特点是依据“物权法”开展的份额化交易。现在看起来，有关专利部门也在关注、研究。这个交易所现在经国家发改委考察，得出的结论是，完全符合于六中全会文化大发展、大繁荣的方向，份额化交易把文化艺术品交易和资本市场相结合也是值得肯定和探索的方向，天津文化艺术品交易所运营总体上看是健康的、稳健的。我们还有一些其他的交易所，总体来看在这个交易所体系方面我们做了一些尝试，在中国也是一些试验，可以说天津的交易所都有一定的创新价值。

第四在金融服务方面初步建立起来比较完善的体系。在金融教育领域我们设立了亚洲商学院、东北亚研究中心、大公信用学院等等教育机构；在宣传领域我们专门打造了《新金融观察》报；在会议领域我们召开了以融洽会为核心，衍生出来的一系列会议，对基金的交易、基金市场发展等方面都起了很大的积极作用；在区域规划方面，我们把天津老街、天津老银行聚集地

——解放北路规划为一个传统金融集聚展示地，另外我们在天津港口附近规划建设了于家堡金融区。我们学习了世界上八九个国家金融集聚区的方案设计，就他们的运行情况、方案进行了研究，其中更向北京金融街、上海浦东地区等地做了认真的调研学习。北京金融街的开发公司现在就在天津帮助我们发展建设。所以，我们是学习了国内外各方面的先进经验，相信这个先进现代的金融区经过几年建设就会呈现在大家面前，现在第一期工程已经建立起了相当比例的金融楼宇。欢迎大家随时考察参观。去年 APEC 会议上，已经把于家堡金融区命名为亚太地区的低碳示范区。我们正在朝向这个目标推进。

总体上看，天津在这四个金融体系方面做了一些创新，可能还有很多不足的地方。今后天津要在以下几个方面继续努力：

第一，结合北方国际航运中心核心功能区的建设，推进北方航运中心的建设。今年 5 月份国务院批准了北方航运中心东疆港核心功能区的一个方案，在这个方案里面确定了天津在船舶登记制度方面开展改革。大家知道我们国家船舶登记还是存在一些问题的，我们自己的船都在外面登记，不在国内。这些方面要做哪些改革？另外，改革内容还包括航运租赁、航运金融、航运离岸业务、航运基金等等一系列的与航运有关的金融措施。虽然天津已经建立了船舶基金，但上述一系列航运改革建设发展要求我们要进一步探索、进一步实验，谋求更大发展。

第二，在综合经营方面，金融机构的综合经营是一个新的领域，最近几年我国有若干个市场化为基础的金融综合机构发展起来了。天津在这个方面也做了一些尝试，天津成立了泰达国际金融控股公司，我们正在推进它的建设。但是国际上从金融危机之后，也有另外一种声音，也就是说，有人发问，商业银行和投行是结合起来好还是要分离呢，结合又怎么结合呢？这个方面是进行金融综合经营必然要考虑的问题，我们在这方面也在进行探索。

第三，我们要在产业金融方面做一些探索，比方说科技金融、农村金融、消费金融等等这些大的范围的措施，我们都在实验。

第四，进一步完善我前面提到的一系列的金融交易所的体系，规范发展。这方面我们还有很多工作要做，各个交易所运行的规律、监管手段，都值得进一步研究。我们要向各地学习，要向国内外学习。

第五，要在加强金融监管、规范化方面进一步推进。比方说天津最近这几年在基金方面发展的比较好，但同时也有个别非法集资浑水摸鱼，借着私募股权基金的名义来做一些非法的活动。这个方面就需要进一步规范，真正让社会、老百姓分清楚哪些是金融创新，哪些是不合法的集资模式。

从整体上看，在金融创新的过程当中，既要大胆地创新，又要稳健地推进。我们认为，只有这样才能够真正地防范金融危机，推动中国的金融领域改革发展，适应中国经济增长方式转型。

谢谢大家！

本文系作者在第七届北京国际金融博览会暨 2011 中国金融年度论坛上的演讲

上海国际金融中心建设的配套环境

董勤发

上海财经大学经济学博士，现任上海市浦东新区金融服务局副局长。

很高兴来到第七届北京国际金融博览会的现场，与各位领导，金融专家学者一起，共同为促进中国金融业持续快速发展献计献策。

我今天发言的题目是上海国际金融中心建设的配套环境。大家知道金融中心建设是一项系统工程，涉及到方方面面，浦东是金融中心建设的核心战区、主战场，陆家嘴金融城是国家战略的主要承载平台，是主要的聚焦点。在几年的实践中我们逐渐意识到配套环境建设是至关重要的，也是地方政府大有可为的领域。下面主要谈三个体会，考虑到时间关系，主要从十个方面介绍一下金融环境建设方面的举措。

第一，配套环境加强是金融中心建设的基础和前提。为了加快上海国际金融中心建设，上海市提出了一个核心，两个重点的总体发展思路。“一个核心”就是金融市场体系建设，“两个重点”是金融改革创新先行先试和金融发展环境建设。

第二，配套环境建设要软硬兼施，远近结合。大家都知道，国际比较权威的金融中心排名有一个伦敦的金融中心指数，指数参考了五项指标，一是人力资源，二是商业环境，三是市场准入，还有两个是基础设施和综合竞争力。其中四个指标都和金融环境有关，在金融配套环境上我们认为要软硬兼施，远近结合。从软硬兼施角度讲，不仅在空间布局、商业配套等硬环节上取得突破，更要在制度环境，制度服务等软环境上得到提升。同时我们认为这项工作要远近结合，逐渐加以推进落实。

第三，配套环境建设要形成合力，协同推进。上海国际金融中心建设是国家战略，目前的体制下我们推进上海国际金融中心建设，面临的格局是金融的决策在中央，金融的资源在市场，组织推进在上海市委市政府，浦东只是承载的平台。由于配套环境不仅仅是建大楼，还包括推进税制、法制、管制等方方面面的改革，因此落实国家战略不仅仅是上海的事情，不仅仅是浦东的事情，需要集聚中央和地方、政府和市场等方方面面的力量形成合力，协同推进。事实上从中央到地方都有推进上海国际金融中心建设的协调推进机制。

去年我们第一次参加北京金融博览会，主题是展示陆家嘴金融中心建设的成果，获得了两项荣誉。今年 3 月 30 日《人民日报》撰文指出，今天的陆家嘴金融中心城已成为全球金融要素最齐全的区域，并正在崛起为堪与纽约、伦敦对话的金融中心。最近发布的全球金融中心排名中上海位列第五。新华社道琼斯的排行里，排名第六。这都说明陆家嘴金融城发展的成果已获得了国内外的初步认可。借此机会，我向在座的各位带来了一个反映浦东加快推进金融核心功能区建设的视频。同时也带来了可以随时展览的材料，数量有限，可能只有部分同志可以拿到。

下面我简要介绍一下金融环境配套方面，特别是硬环境和软环境两方面我们所采取的一些重要的措施。

首先软环境建设有五方面。第一是创新金融城管理体制。借鉴了成熟金融中心的做法，特别是伦敦金融城的做法，推进金融城管理体制的改革。主要解决的是政府统筹和业界自治、互动的问题。目前的改革方案已经得到市区两级领导的认可，我们将组建陆家嘴金融城理事会和执委会，加快金融城的建设，形成金融城业界、政界共建、共管、共享的管理体制。

第二是健全金融城的政策体系。我们主要还是针对机构和人员，出台了各类扶持政策，同时出台各类创新的政策支持，进一步增强金融城的吸引力和凝聚力。

第三是开展教育培训。金融创新人才先行，为培养有竞争力的金融人才设立了浦东金融研究国际交流中心，与哈佛大学商学院、宾夕法尼亚沃顿商学院、芝加哥大学商学院合作开展金融人才的高端培训。目前已搞了三届，受到了金融人才的热烈好评。

第四是优化金融法制环境。浦东率先成立了陆家嘴金融仲裁院，金融法庭，金融和知识产权公诉处，建立各类金融法律服务机构，优化法律环境，加强金融法律方面的各项服务。

第五是完善金融信息服务平台。我们根据各种不同的金融机构入住浦东的需求，搭建了金融重点区域楼宇和地块的重要的信息监测平台。根据金融机构入住浦东的需求，指明几个方向，告诉他哪几个地块和楼宇比较适合他的需求，便于金融机构的寻找。

应用层面也增加了措施，第一是增加建筑容量。大家知道小陆家嘴地区只有 1.7 平方公里，容量远远不够。我看北京市“十二五”期间规划 400 万平方米，我们初步计划也是这个数字，争取在“十二五”末达到 1000 万平方米的建筑容量。

第二是完善商业配套，根据金融城里金融人的各种需求，从针对性，满意度两个方面完善金融城的各类商业配套。为金融机构和金融人员在陆家嘴金融城的发展提供更好的商业配套环境。

第三是便捷交通出行，地铁口出来到各栋金融大楼里有不短的距离，有的可能一公里以上。今年开通了我爱金融城公交专线，受到金融从业人员的广泛欢迎，也便于他们出行。

第四是打造智慧城市，在金融城里先行打造智慧城市，享受智慧空间，实现无线上网的全覆盖。

第五是提升品牌形象。成熟金融中心发展经验表明，良好的品牌形象是金融中心发展的重要条件之一，一行三会连续举办了四期陆家嘴论坛，有效提升了陆家嘴的形象，和《第一财经》携手推出《陆家嘴金融城》，推出标志性 LED 显示屏建设，滚动播放财经数据和交易信息。加快上海国际金融中心的建设步伐，我们任重道远。为此我们将在借鉴北京等城市经验的基础上全面加快金融城配套建设，将陆家嘴金融城建设成为与纽约华尔街、伦敦金融城媲美的一流金融街。热烈欢迎金融街的有志之士共同发展，共同推进金融区的建设。

本文系作者在第七届北京国际金融博览会暨 2011 中国金融年度论坛上的演讲。根据录音整理，未经本人审阅。

积极发展中国的债券市场

马 勤

高盛亚洲区副主席

我非常高兴参加今天的会议，和各位杰出的官员、监管机构还有从业者共同探讨中国的金融市场和金融中心。我特别高兴能够见到很多城市以及省的官员，去了解他们宏伟的目标，想要把自己的城市建立成金融中心。作为一个投资银行家，我在香港和北京生活了 20 多年时间，我非常高兴能够见证并且参与到中国金融市场的历史性的转变以及金融市场的发展，特别是资本的市场。我非常荣幸能够参与中国一些历史性的大事件，包括中国移动 1997 年的上市，中石油 2000 年上市，还有中国银行几年前的上市。今天我想和大家来分享我个人的一些观点。

最近中国中央政府公布要在中国发展一个健康高效的人民币债券市场。我们都知道中国的金融改革在过去取得了重大成就，特别是在股票市场上。但是人民币记账债券市场对中国仍然是一个挑战。债券市场是实体经济一个重要的融资渠道，可以满足很多中小企业融资的需求。现在中国大部分贷款是来自银行系统，而且定价并不是完全由市场决定的。债券资本市场代表了另外一个新的融资来源，尽管债券市场的全面发展是一个复杂的、长时间的过程。在过去几年我们已经取得了一些进展，但是有一些很重要的原因预示着中国还需要保持强劲的发展势头。

第一个原因就是通过系统的、有度的方式向金融体系提供流动性。这样我们有更加灵活、高效的储蓄加以利用，并且能够分配到实体经济的关键部位。

第二个原因就是债券市场通过一种有组织的方式使资本能够进入。这一点对很多中小企业更加重要，因为他们很多都缺少资金，这样也可以避免资产和负债的不匹配，特别是对那些长期的基础设施项目而言。

第三个原因就是基于市场的贷款定价机制，特别是给政府和央行提供了一个工具，帮助他们更好地对经济进行管理。信用的配给以及定价能够使债券的资本市场通过一个更高效的方式去发展。关于非正规的地方的债券市场，最近也有很多争议。现在我们看到中央政府也在想办法对这个领域加强管理。

流动市场能够使整体经济可抵御系统性风险。从上世纪 90 年代亚洲金融危机中可以学到一个教训，就是当时过度依赖银行的贷款。债券市场可以使资产和负债更好地匹配，所以东南亚国家和亚洲发展银行都在支持亚洲发展债券市场。我们都知道中国银行系统有时有过多的流动性，因为中国的储蓄率很高，此外还有很多外部资金投入到中国。但是有时由于经济和政治上的原因，银行系统的流动性可能会大幅缩水，中国普通的公民都有养老和医疗的需求，他们要知道自己富余的资金投入到哪儿去。所以我们毫不意外地看到股票市场、房地产市场、大宗商品市场过去几年有爆炸性的增长。采取行政措施控制这样的增长使低效的中国储蓄者希望有更多的投资渠道和投资机会。同时企业以及中央和地方政府也需要资金平衡资产负债表，债券市场可以满足这样的需求。为使客户的存款有更高收益的投资机会，也可以进入债券市场。如果我们能够对此进行良好的管理，就可以进入良性循环。需要注意的一点是全球的债券市场能够通过不同的次级债提供一万亿资本给银行，这也说明了在债券和银行市场之间存在共生性而非冲突性的关系。

国际市场的借款人可以进入中国市场筹集现金。资本市场的国际化就意味着全球最大的资本发行者可以发行欧元、日元、英镑、加拿大元的债券，能够满足 30%-40% 的融资需求。在过去一年我们很高兴看到很多国际性的企业都已经发行了典型债券给中国的运营提供融资。这样就实现了国际化，而且能够使得国际资金实现平衡，这是一个非常好的积极应对中国国际化的战略。在香港所进行这样的试点是非常有成效的。今后就可以使得人民币实现国际化，而且能够使中国在不久的将来真正地实现人民币走向国际。债券市场的建设应该有中国特色。这些年来地方政府可以在资本市场筹集一些资金，还可以作为一个独立的机构进行债券的发行。这是一个非常好的趋势。当然除此之外，如果有了评级公司，再有一些其他的相应机构，的确能够使得中国的债券市场得以发展。我们知道，债券市场的发展也可以延续股票市场发展的模式，因为股票市场是中国经济的晴雨表。同时债券市场也可以使得中国资金的流向更富有合理性、更透明，使得投资者具有更好的投资回报性。现在金融衍生品市场的出现以及其他金融工具的出现，可以为投资者和其他从业者提供一个平台，实现一种多层次的高流动性。多层次参与者的市场可以减少系统的风险，同时还可以使得资本定价和价格发现充分得以体现，这实际是一个共生的特点，对中国资本市场是一件好事。

中国经济也面临一些问题，比如人民币估值等。如果有非常好的流动性债券市场的话，中国就有更多的工具使人民币、资本市场更好地流动。债券市场就可以减少政府在平衡人民币和外汇储备之间起到的作用，完全可以通过债券市场自动平衡，避免银行增长过多的储备金。中国已经采取了一些措施，实际上还有很多的事情可以做。现在中国的公司应该有更多的自由空间，在监管方面适用法律能够更清楚一些。一家公司要想发债，需要得到很多监管机构的批准，这样对于债券发展就不是很有利。

养老金如果也能够用来在债券市场投资，就可以进一步增加债券市场流动性。而且也可以使得各种各样的评级机构更愿意参与这样的工作，从总体上来讲也可以使得债券市场流动性更多。中国具有非常多的这样的优势，更可以从国际上学到很多东西，以避免犯错误。现在中国在进行资本市场改革的时候，如果对发行债券的公司干预太多，就很难使债券市场发展。随着中国改革的不断发展，这些情况可能会改变的。现在地方政府已经可以独立发行债券了，这就往前迈进了很重要的一步。就像邓小平先生讲的摸着石头过河，我们是值得进行一些尝试的。可以把地方政府发债的还债期定得很长，这样地方政府就不用向银行借钱了。我觉得在这个领域可以取得很大的成绩。高盛也在中国做出承诺，帮助中国实现高效、健康、多元化的资本市场，谢谢大家。

本文系作者在第七届北京国际金融博览会暨2011中国金融年度论坛上的演讲。根据录音整理，未经本人审阅。

打开中东欧开放金融市场经验教训

曼德尔

国际金融市场协会总裁

非常高兴能够到这里发言。现在欧洲经济形势非常不好，但我相信欧洲可以渡过这个危机，昨天在北京国际金融研讨会上我也代表欧元区发了言。当时我对欧元区进行了总体的概括，欧元引入欧洲后，总体的通货膨胀是降低的。当然现在出现了一些问题，例如流动性问题，还有资不抵债等等，有些国家的负债率已经达到200%。

今天我将介绍东欧市场开放时我们所获得的一些经验。在2000年之后，中东欧金融进行了市场的开放。罗马尼亚、斯洛文尼亚、匈牙利等等开放了金融市场。1989年柏林墙被推倒之后，欧洲经济发生了很大变化。我自己也参与到整个的过程当中，我是国际金融市场协会的总裁。国际金融市场协会有60多个国家的成员国参加，就像一个联合国一样。在此过程中，我的确长了很多见识，从中东欧开放金融市场之后我们就发现，过去政治方面的因素被弱化了，资本主义占上风了。当时我们面临着考验，到底资本主义是否能够持续很长久，当时欧洲人也有各种各样的疑惑：欧洲实现了资本主义一体化是不是就可以使市场得到良性的发展呢？

在冷战的时代，的确存在着各种各样政治方面的因素。冷战结束之后，怎样在金融界实现开放大家都非常关心。欧洲建立了一体化的机制之后，我们也遇到了各种各样的问题，比如说欧洲经济发展并不平衡，有些地方非常贫穷，有些地方发展非常之快。八十年代末柏林墙推倒之后大家更多关注的是自由，人们希望能够自由迁徙，可以获得更多的言论自由等等。

过去东欧人不可能拥有这样的权力。但是他们在这样的环境下建立了自己以市场经济为导向的经济体制，当时中小企业纷纷兴起了。金融企业也面临着同样的问题，就是国有银行的情况过去和现在有很大的区别，而且在欧洲的不同国家情况是各不相同的。在东欧和西欧之间到底怎样才能够很好地实现我们金融体制的融合，这项工作并不容易。很多国家把大量资产剥离了，卖了出去，把自己的银行体系都卖给其他国家了。如斯洛文尼亚。有些国家没有自己拥有主权的银行了，这是很大的问题。在这段时间内，西方银行也收购了很多东欧的银行，而且许多银行也都搬到西欧来了，他们觉得这样是不是资产能够更安全一些。

如果认真分析一下，能够看到在过去 20 年中欧洲的经济发展是非常好的，可能大家有点过度自信了，出现过度消费，造成了现在欧元区的主权债务危机。我们知道在欧洲各个金融机构以及各个国别之间的相互交流越来越密切了。这样实际也造成了另外一个问题，就是人们都愿意把资产移动到银行业非常发达的地区。而另外一些地方大家认为资产放置不安全，那里的银行业可能就不发达。

现在英国、美国的各种各样的银行企业在欧洲都可以看到，而且人员的工资水平也越来越高。即使在经济并非很好的国家，其金融产业从业人员的工资水平也非常高，可能要高出其他人的 20%，而且还有各种各样的奖励机制等等。因此他们也会加大自己的努力，不遗余力地推销各种产品。回扣的问题也出现了，雇佣销售人员的猎头也纷纷出现了。此外还有一系列问题：资金的流动是非常快的，还有投机商等等。我们看到在东欧金融市场开放的头几个月里这种情况非常之多。那时候的情况实际就和四五十年代的情况相似。中东欧开放之后出现的第一个问题就是本地货币的升值。过去中东欧货币和西方货币的比例都是人为确定的，而本国货币进行重新的估值等等，导致估值的波动，也导致贬值。除了一开始这些货币发生了波动，也导致缺乏流动性。这些流动性没有办法通过当地的央行提供，所以这些市场用了十几年的时间来需要进一步地发展。

在利率这方面的经验也是类似的。第一阶段主要是降低了利率，直到我们看到有更多的波动性，然后在货币和利率的波动之间我们看是不是有关联？我们可以看到二者之间是有关联的。对这些比较小的国家很难提供所需要的流动性，那时要赚钱的确是好机会，但是我们仍然寻求的是一个协同的、均衡的国家。想要减缓这样的风险，央行就要汲取经验教训。一个稳定的工具就是对银行的准备金的最低要求，在亚美尼亚和其他东欧国家这些措施使市场得到稳定。那时要求准备金达到60%，而这个钱的回报是非常低的。可以想象它对于贷款意味着什么，所以60%当然是很高了，即便是25%的最低准备金要求也是相当高了，它对市场也产生了影响。

另一个问题是贷款成本比较高。几年之前形势发生了变化，我们回顾过去，外汇贷款在罗马尼亚和匈牙利的利率是非常低的，对于这样的外汇贷款有很大的需求。还有就是不同货币的利率，我们要考虑外汇的风险。60年代瑞士法郎升值了50%，这对当地获得贷款的人来讲就是很大的冲击。他们也推出了一些回购的业务，回购证券。当时的货币市场有很多难度，还实施了信贷限额的法律限制，对外提供信贷会受到法律的制约。

在德国有机会去提供过度的流动性。一些产品很受欢迎，不管是人民币或者是其他货币，因为在海外也有需求。一些小的国家，罗马尼亚、亚美尼亚面临重大的困难。投资者如果有很大的需求，就要有养老金、对冲基金、数十亿的买卖的交易，它可能超出了当地市场所能满足的限额。再就是融资融券，市民发现货币可以进行投资，这是风险很大的操作。根据欧洲法律，大部分西方国家、银行不会对客户提供咨询，也不会给这些客户提供保护，如果出现法律问题这些个人可能也打不赢官司。所以首先这些公民对自己的政府要有信心。在边境开放之后巨大的数额的资金还有个人的存款寻求进入欧元区或者瑞士，或者进入德国的资本市场。在西方国家有很多的交易所，避免这些强大的货币流出。有些国家会推出政府债券，希望能够使那些资本留在国内的市场。我们可以看到衍生品也在发展。

最后我想谈谈逐步放开市场方面的经验。我们需要进行培训、教育，中国也有一些非常先进、复杂的产品，我们需要有经验的风险管理的专业人士和技能，要寻求多元化。回顾过去的十年，作为市场上的交易商我们认为需要寻求信任和道德，这样才能使资本市场可持续发展。非常高兴来到这个论坛，希望以后还能再见到各位，谢谢。

本文系作者在第七届北京国际金融博览会暨 2011 中国金融年度论坛上的演讲。根据录音整理，未经本人审阅。

香港人民币离岸中心建设，挑战与机遇

宋 敏

美国俄亥俄州立大学经济学博士。北京大学经济学院教授、金融系主任，香港大学经济与工商管理学院教授，香港大学中国金融研究中心主任。

今天我想讲一讲人民币的国际化问题。现在欧元好象有问题，而人民币正在走出去，大家自然会想起用人民币救欧元的命题。

当然我主要是想落脚于人民币国际化的途径，香港作为人民币离岸中心推动中国人民币的国际化过程。我是北大经济学院的教授，但同时也是香港大学的教授，在香港呆了十几年，刚刚来到北京，现在处于转型阶段，所以很多问题还是从香港的角度看。

人民币国际化为什么近一年推得比较快？危机之前虽然大家有一些提法，但危机两年后就开始非常严肃的提到这个问题。李克强副总理这次到香港就明确定义了香港作为人民币离岸中心的定位，这已提升到国家的战略。金融危机刚刚开始我们就在研究问题，为什么现在变得如此迫切？

我们分析这次金融危机的根源是美元霸权，周边发展中国家要积累美元储备，积累不够会出问题。亚洲金融危机，很多国家美元储备不够，所以会有筹集资金打击泰铢或者其他国家的货币。当时是对美元储备不够的担忧，亚洲国家加紧了对美元储备的增加，中国是一个特别的例子。

外汇储备的积累又带来美国政府债券长期利率下降，因为外汇储备以美元形式，美元储备需要用到欧洲或美元的市场，使美国长期利率下降，使美国消费者和政府借债成本低，因此有高负债，高负债又造成了对中国出口的需求。所以金融危机发生之前全球经济体就是靠这个体系运作，其中基本的东西就是美元作为基准的货币。外汇积累增加得很快，不光中国，其他发展中国家都有很快的外汇储备积累。

中国拼命提倡出口，积累了很多外汇储备。亚洲金融危机以后，从 2005 年中国外汇储备快速增长。如果这样的全球金融体系是以美元为主的储备，这种事迟早还会发生，或者积累得太多，或者积累得太少，其他国家并没有在国际市场上控制主权货币的能力。加速人民币国际化是因为决策层可能意识到战略高度，从长远来说，可以缓解积累美元储备或者欧元储备的压力。

我认为另外一个加速推进人民币国际化的原因是中国国内金融改革步伐滞后。滞后原因很复杂，要改动利率自由化或者让汇率更快浮动是很难做的一件事。所以金融改革的突破口也许从外部开始，推动人民币国际化可以在国外市场形成人民币市场化机制，可以反过来倒逼国内人民币改革。推进人民币国际化当然还有很多长远利益考虑，这里我就不展开讲。

如果人民币成为国际货币，在全球用人民币就像美国人用美元一样，对消费者和投资人都有很大的帮助。可以用本币在全球范围内投融资和消费，这是最主要的原因之一。如果人民币成为国际货币，央行就成为负债的承担者，碰到危机的时候可以印发钞票，帮助企业和个人解决货币错配的情况。

我们到外国消费可以用自己的货币消费，从企业个人来说都不存在货币错配的问题。另外本国的宏观调控空间也扩大到其他国家。美联储承担着国际中央银行的职责，可以延伸国家政策调控范围。第三拓宽本地金融市场的广度和深度，本国的金融机构可以从中获得很多的优势。在座大部分都是金融机构，大家想象一下如果人民币国际化，大家就多了很多有利条件，可以用本币在国际市场竞争，也可以为金融机构提供有利的武器。我经常跟金融机构的老总说应该多思考一下在人民币国际化的框架下你们可以做什么。因为如果是国家的策略，在国际化的框架下，里面应该有很多空间。而且人民币的国际化给我们的金融机构走出去，成为世界一流的金融机构提供很大的支持，因为最终有央行在后面支持你，而不是玩别人的游戏，这当然是一个非常好的优势。

平时大家谈得比较多的是铸币税的收入，在人民币国际化的收入份额中不是很大，另外为进出口企业和个人节省汇兑成本，这个空间不是很大，更多的是前面讲的那些宏观战略收益。但是推动人民币国际化有一些反对的声音，主要的原因是有成本。大家想象一下，海外有很多人民币，这些人民币回流就会造成中国货币政策的冲击。中国如果要紧缩了，海外的人民币就流回来了，放松了，海外人民币又跑出去了，因此德国和日本在上世纪七、八十年代基本不鼓励货币国际化，因为存在一个担忧，这当然也是我们需要的考虑。第二个成本，国际化货币推出去是让别人持有你的货币，这个过程可能要通过贸易逆差推出去。持续的贸易逆差让外国人持有人民币，大家又会对人民币有贬值的期望，就像美元发生的情况一样，因为美国有持续的贸易逆差，会有贸易的扩张，但大家又担心拿到的美元不断贬值。这是一个比较长远的问题，人民币刚刚开始走出去。从人民币收益和成本做分析，我认为人民币国际化收益大于成本。

成为美元、欧元那样的国际化货币有很多先决条件，首先是人民币的完全可兑换。第二资本项目应该放开，资金要自由流动。第三有竞争的竞争体系，不怕资金流动，可以管理控制风险。第四要有成熟的货币政策。但我这里强调的是完全国际化的条件，都具备当然好，可以更快地推进人民币国际化。但由于国内金融改革存在一定的阻力，如果人民币资本项目没有完全放开，不可完全兑换的过程中，是否可以推人民币的完全国际化？在历史上没有这样的先例。好在我们有香港，从香港的角度来说可以做人民币有限度的国际化，这就是一个新思路，前几年我们已经提出了这一点。香港为什么可以在人民币没有完全兑换的情况下进行有限的国际化呢？一是香港一国两制，可以利用这样的制度使人民币有限度的国际化，所以我提出了人民币国际化试验田。但为了达到这样的目的，应该使流出境外的人民币资金有可控的回流渠道，香港有这方面的优势，对海外人民币流回大陆提供有序的渠道，相比新加坡、伦敦、纽约更具优势。

在人民币国际化的过程中，新加坡、伦敦都在争人民币离岸中心，但他们毕竟是主权国家，香港和大陆是一个国家，相对可控。另外香港有成熟、健全的体制可以处理好人民币的离岸业务，香港本身就有很好的结算机制，也有人民币的结算机制。

可以利用这样的体制实验人民币的国际化。香港作为离岸中心试验田要控制跨境资本流动规模，在资本账户没有完全开放的情况下实现人民币国际化的部分实现，做好防火墙准备是最关键的步骤。

以上简单介绍了人民币为什么要国际化的背景以及为何用香港作为离岸中心。这样的观点提出后各方非常关注，中央政府经过一段时间考虑也大力支持香港作为人民币离岸中心，在这样的大背景下，香港人民币离岸中心的发展非常迅速，已超过研究者的想象力。现在香港各类产品都已具备，比如现在已有一些金融机构在香港发行人民币债券、人民币股权、人民币保险产品。

同时香港人民币存量在迅速增加，香港人民币存款已达到7500多亿，两年前这个数字只有几百亿，短时间内有了十几倍的增长，所以人们对人民币的热情非常高。同时香港可以经营人民币的认可机构，数目也在快速增加。跨境人民币贸易结算也有长足发展，海外跨境人民币贸易绝大部分还是通过香港进行交易，很少通过其他市场。香港人民币离岸中心所谓的蓄水池功能已经有很大的发展。金融机构也好、大企业也好，对在香港发行人民币都非常热衷，因为香港债券利率低于大陆，融资成本更低。

香港离岸中心最终的发展还是在于蓄水池和内地大池子之间的关系，如果我们说流出去的人民币不允许再流回中国大陆，蓄水池的作用该不是那么大。蓄水池的角度，应该有一个有序可控的流动，即人民币要国际化，不是把人民币推出去后让子弹多飞一会儿，就不让它回来了。有学者提出这样的观点，但这种观点有缺陷，不能过多地限制人民币的流动性，否则大家就不愿意持有。只有可进可出的时候，人们才愿意更多地持有人民币，关键是有序和可控，这是防火墙功能如何设计的问题。关于这点我们也做了很多研究，中央政府现在也开放得非常快，允许用人民币做 FDI，在香港发行的钱，可以作为 FDI 进入大陆。这个口子越来越大，使得香港蓄水池的建立比较快的完成，香港人民币离岸中心发展比较快，风险可控。

那么人民币离岸中心有什么风险？对大陆和香港都有一定的风险。对内地的风险主要是货币政策的挑战，现在已经发生这样的压力了。国内货币紧缩，要升息，但香港人民币利率比较低，这是由市场决定的，这里就存在利差，利差就会促发套利行动。比如在香港发债套现，把这笔钱通过 FDI 或者其他的途径回流，这样会抵销大陆的货币紧缩政策。针对这种情况我们也进行了分析，第一是有序和可控，你要知道多少是回流，第二回流的总量也不会这么大，因为中国整体货币有几十万亿货币供应量，香港有 7000 亿资金，即使都回流，和几十万亿比也是相对比较小的。当然套利活动会对资本账户有冲击，这也是要考虑的风险，在防火墙可控的情况下，应该允许香港去试验。

而这对香港本地的风险比较大，首先是对港币的货币替代。人民币到了 7000 多亿，香港整体货币供给量是 6 万多亿，按照这个趋势发展下去，几年后几万亿人民币可能和港币并驾齐驱，这样是否会产生货币替代？大家在日常生活中就直接使用人民币？北京很多朋友分析不会的，香港货币存量中也有很多美元，美元没有取代港币，但我说实际上有可能替代。美国隔得很远，美国老百姓也不会整天拿着现金到香港消费，但香港紧靠大陆，大陆居民经常去香港消费，有很多人带着人民币过来，很多商家已经开始接受人民币，甚至有些企业也在商讨要不要用人民币发工资？整个社会已经有这样的声音，所以港币是否会被人民币替代其实是一个要思考的问题，现在决策者没有深入思考这个问题。另外与此相关的是对香港联系汇率的冲击，港币和美元挂钩，已经挂钩了20多年，由于香港经济和大陆联系越来越紧密，跟美元联系越来越松，将来是否要和人民币挂钩？如果人民币越来越多，存量越来越大，甚至在流通中使用，大家会更关注联系汇率能否继续下去。这些都是很大的问题。香港学界和政府这方面思考得比较少，北京思考得也比较少，因为感觉香港比较小，但实际上这牵涉到对香港经济的冲击，同时也牵涉到一国两制的问题。整体来说风险是有的，但收益还是非常大的。人民币有限度的国际化应该大大推动。我的演讲就到这里，谢谢大家！

本文系作者在第七届北京国际金融博览会暨2011中国金融年度论坛上的演讲。根据录音整理，未经本人审阅。

金融中心建设中的制度与政策

樊 纲

经济学博士，博士生导师。曾两次获孙冶方经济学优秀论文奖。曾获国家级有突出贡献的中青年专家称号，曾任中国人民银行货币政策委员会委员。现任中国经济体制改革研究会副会长。

非常高兴再一次参加金融年度论坛。现在正是全世界讲金融、讲债务、讲金融监管的时候。我们中国金融正在发展，我注意到这次论坛是西城区金融服务办公室和一些地方政府包括其他省市的政府共同参与的，显示了各级政府对发展金融业的关心。我们资料袋里面还有一个关于金融街的介绍。金融街是西城区发展的一个重点，东边是CBD，西边是金融街。看到金融街这个名字我就在想，现在全世界都在占领金融街，从占领华尔街开始到伦敦。那天在韩国开会，韩国人告诉我他们已经收到了国际上的各种信息，他们也准备占领首尔的金融街。我们正处在金融发展的初级阶段，这次世界的金融危机也给了我们一个很好的机会，吸取世界各国金融发展的各种经验和教训。过去我们学到了很多东西，现在我们要反过来在全世界这次教训当中反思。

我今天特别想讲的两个问题，也和这个反思有关。

第一，金融要回归它的本质，它是服务，它服务于实业、它服务于居民、服务于储蓄储户、服务于投资者。金融是一种中介，它是在中介的位置上为两头做服务，这是金融的本质。金融会产生很多衍生工具、产生很多投资和理财的工具等等。但是这个产品如果脱离了服务，脱离了它服务的对象，或者脱离的太远，很多问题就会出现。现在全世界都在加强监管。过去20年，世界上的人到中国来，特别是美国人到中国来，都是大讲去监管化。结果是他们出了金融危机，现在才又回过头来搞监管。要搞比1933年开始的监管法案还要严格的监管。而且这一轮的政府债务问题出现之后，政府债务引起了银行的风险，引起了各种金融机构的风险。大家知道前天MF globle申请破产，其中一个原因就是自营欧债，而且动用了客户的钱，现在申请破产。所以如何加强监管的问题，如何使我们的产品不远离交易对象、不远离服务对象，能够真正为实业、为居民服务，这无论如何是我们发展金融的核心。中国是要通过各种衍生产品分散一些风险，但是如果分散风险的过程掩盖了风险就会出很大的问题。

最近的一个消息是，美国住房市场泡沫破灭，银行要清理按揭，住户把房子抵押给银行，无法还钱，银行要拍卖房屋。但法院裁决拍卖不合法，因为房产证不在银行手中，而是在其他金融机构客户手中，因为按揭贷款做了很多衍生工具，重复把房屋贷款打包，最终买衍生品的人都不知道他买的是哪些房屋的组合，有什么风险也不清楚。我们做按揭贷款的时候，房产证都是放在银行里，银行和房主都比较清楚。出了问题如何处理，还是可以摸得清脉络。而美国次贷在众多衍生用品的掩盖下，房屋如何清偿都不知道了。远离了服务对象，远离了本来的职能，进入了脱离实际的赌博过程。当然我不是说所有的衍生工具都没有意义，也不是说不要发展衍生工具，但这次金融危机给我们一个教训，也是今后监管要处理的重大问题。

第二，政府如何提供好的平台来鼓励各种金融服务的发展。现在中小企业的问题也出在这上头，因为过于依靠银行，所以银行一紧缩银根，大家就感觉资金链紧张，中小企业首当其冲。在中国这是比较严重的问题，中小企业得不到比较好的金融服务。现在要发展债券市场、证券市场。但要注意债市、股市都是直接融资的最后一个环节。上市已经是相当靠后的环节。很多直接投资是发生在上市之前，有一系列的融资方式——股权融资。股权融资是大概念，从天使融资到风险投资，到有利润之后的股权投资，到 IPO 已经是最后的环节，企业界人士和政府需要特别重视。银行要发展，发展股市，发展交易，鼓励企业上市，那么企业如何上市？企业需要一系列的环节才能做大，才能上市。不仅仅是找银行贷款，更重要的方式是股权融资。企业拥有技术，有人给你投资，投资者要占用股权，这个投资的好处是不用还本付息，只要分享发展的利润。随着产品不断形成，市场不断开拓，你会不断需要资金。中小企业如果没有信用记录，在银行也不容易贷款，所以就需要一系列其他的融资渠道。直接上市需要达到很多标准，中小企业如何达到标准需要一系列的发展，所谓的 PE、股权融资就会在这个过程中起到重大的作用。这时要分两方面思考，第一企业家自己应该思考，你是否还坚守着多数私人企业发展的方式？缺钱了跟朋友借，还本付息，但不分享股权。其实如果早一点分享股权，也许是你今后适应上市，适应资本市场的基础。很多成熟的 PE 投资时会帮你带来一系列的信息，帮助企业拓展市场，本身就具有企业发展顾问的职能，专业 PE 了解行业中各种各样的情况。我们现在确实要非常努力、健康地发展各种股权投资的机制，包括各种基金。政府对这方面需要有更多的重视，现在中国还没有一个法。严格来说私募股权投资不需要过多的监管，因为这是大股东自己的事。如果出了诈骗犯应该走刑法来进行处理。但是从各级政府、监管部门还是应该出台一些带有普遍意义的规则，至少对相互合作、股权投资方式等，进行一些规范和制约。出现问题有关部门可以据此仲裁、监管，这样发展可以更快。发展的重要途径就是鼓励私募股权基金和中小企业接触，使项目信息可以更好地被发现。除了重视发展交易所，鼓励企业上市之外，前期的工作也是中国各级政府应该做的。本来这件事应该由市场来进行，但中国市场发展迅速，很多人迄今为止还不知道有这样的投资渠道。有一次山东一个搞高科技的企业还在会议上请我给他一些 PE 的信息。应该普及这方面的信息，让企业在上市前，有更多的融资渠道，从而使资本市场的发展有更好的基础。中国发展迅速，近几年国内 PE（股权融资）才意识到商机，前几年国外的 PE 公司把最好的“油”都挖走了。由于 IT 革命、美国硅谷，国人才知道风险融资，其实 PE 是一系列的融资，投资者可以挣钱，同时可以为企业服务，特别是可以使大家都关注的中小企业可以更好地发展。

现在面临着金融危机后的经济形势，西方面临金融体系过度发展、发展畸形带来的一系列问题，我们则面临着体制建设制约金融发展的问题。在这个时机召开博览会也是一个好时机。通过充分的交流，可以促进区域市场的发展，促进城市经济的发展，使经济发展有更好的基础。我就讲这些观点，仅供参考，谢谢大家！

本文系作者在第七届北京国际金融博览会暨 2011 中国金融年度论坛上的演讲

对首都金融创新与发展的思考

刘晓光

毕业于北京工商大学。清华大学、中国社会科学院、北京工商大学客座教授、硕士研究生导师。中国企业联合会、中国企业家协会常务理事，北京企业联合会、北京市企业家协会副会长。瑞士达沃斯世界经济论坛会员。现任北京首都创业集团有限公司总经理。

一、关于首都金融的基本定位

在全世界著名大城市中，如：美国的纽约、英国的伦敦、法国的巴黎、德国的法兰克福、亚洲的新加坡城、日本的东京、韩国的首尔、中国的香港、上海等均为重点的金融中心。这些金融中心有的处在首都的位置，有的则不在首都。如果金融中心在首都，其金融中心的辐射作用不仅仅局限在首都或本国，而是要辐射全世界（如：伦敦、新加坡城、东京、首尔等等）。要形成金融中心，一般而言，需有如下要素或条件：从硬件上看：(1)金融中心首先是支付结算中心（从国内贸易或世界贸易活动的支付结算开始，进而发展为贸易和金融的支付结算中心）；(2)金融中心还必须是交易中心（包括商贸、进出口和金融产品等等的交易），如各类交易所、经纪人、银行、保险、投行、信用评估、律师、会计师等机构，还要有交易商做市商等等。从软件上看：(1)金融中心是信息中心（经济、贸易、金融各类信息的汇集和发散中心）。(2)金融中心还是金融人才的汇集中心。(3)金融中心还是金融研究中心。(4)金融中心还是跨国企业的总部和金融大鳄中总部及重要的分支机构所在地。

北京金融的方向已定位为金融中心，就应面对全国乃至全球的金融市场，而不仅仅是为北京或首都地方经济服务，这一点与促使北京建成“世界城市”的方向相契合。首都北京目前金融的作用和影响力在全国乃至世界具有一定的地位，但尚不是金融中心。

二、首都金融要发展成为金融中心的有利因素

作为世界大城市或金融中心的一个重要标志就是金融服

务业在 GDP 中所占的比重。

1、从有关数据看，2010 年，北京市金融业创造的 GDP 占全市经济 GDP 的比重已达 14.20%，对全市经济增长贡献率为 13.60%。更为重要的是，首都北京已汇集了全国 60% 的金融资产，40% 的清算业务和 60% 的债券市场融资额，首都金融特征在全国已有较为突出的特点。

2、北京的证券化率也是全国最高的城市之一，上市公司的市值在 2010 年排名最高。

3、以中关村高科技产业为代表的中国高科技研究、发展和应用的能力全国最强，以此为基础的中关村证券代办系统及与新三板接轨的试点，就是以中关村为代表的高科技企业的股权交易为基础建立的。

4、北京市是全国金融人才最为集中的地区，各类金融机构的研发中心遍布北京，首都也是全国信息的集散中心，世界各国金融机构均汇集北京。

5、在市政府的大力支持下，北京正在努力推进金融和非金融的全国结算体系的建设，为进一步活跃发达，各类企业的资金、资本支付结算业务提供大量的高额和标准化服务，为发展成全国金融中心奠定了坚实的基础。

6、首都金融系统建设是在政府的主导下加以推动，运营较为规范，综合性和配套性较强，金融体系较为完整，且走在全国的前列，金融风险度较低。

尽管如此，北京想发展成为全国的金融中心还有一定的薄弱环节：

1、北京目前还没有全国各大商品的或金融交易的大型主体金融交易市场，还无法成为交易中心，还缺乏成为全国乃至世界金融中心的基础条件。

2、北京尚缺乏像上海浦东、天津滨海新区等金融改革试验区的特殊政策，在深化金融改革和创新方面，缺乏一定的制度性的保障机制。

3、和全国其他重要城市一样，由于国家的经济二元化结构决定的事实上的金融二元化结构也同样存在于北京。而要成为金融中心，就必须消除金融二元化结构，要过渡并形成"一元化金融结构"，显然这方面还需不断地推进金融的深化与改革，使民间金融现象逐步得到调整。

三、在现有条件下，如何通过改革和创新进一步推动首都金融中心地位的巩固和发展

为了进一步推动把首都北京建设成金融中心，丰富北京建设成为世界城市的重要内涵，必须以改革和创新的理念支持首都金融的进一步深化改革与发展。

根据北京目前的金融环境和形势，我们认为，应从以下方面入手研究和思考：

1、不断创建在新形势下的各类"交易市场"，从而推进加速建立和完善首都"交易中心"的概念。

从国外的经验看，已成形的金融中心必不可少的条件是必须建立并形成交易市场，从而形成建立交易中心的地位。

首都北京按现有政策，缺乏本质意义上的金融交易市场。但随着经济的发展、行业之间或行业的金融交易规则会渗透其间，即使是商品交易也更多依据金融交易的方法、手段和规则，因此，推动各种特色行业的交易市场的建设，并由于这种交易必须依赖支付结算手段的实现，而这一基础在首都已逐步实现，有了可靠的基础，这样就便于培育和建立多层次的交易市场。

如：可否考虑在已经形成的产权交易所、金融产权交易所、林权交易所的基础之上，进一步探讨建立农副产品交易所、碳排

放交易所、保险交易所等，抓紧欧美经济进一步放缓的有利的国际环境，积极探讨吸引美国的期货交易所到北京，从而进一步引进商品交易新品种，建立国际化交易的准则，以大型电子交易系统为支付的某类大宗商品的交易市场等等，发挥首都金融研究中心的优势，率先制定标准统一规范，统一交易规则和确定全国的交易方式，使之成为全国的同类交易所的典范和先驱，推动交易中心的发展与形成。

2、抓住我市已批准建立的全国科技金融创新中心的契机，加快促进形成多层次金融体系的建设。

金融总体上说属服务业，要服务于实体经济，金融活动是十分活跃的，而单靠主体金融渠道难以满足现实中多层次的产业发展对金融服务的需求，因此，现实中必须通过金融的创新发展建立多层次的金融服务体系，如：促进OTC市场和企业的直接投资的渠道的形成。

如前所述，首都北京中关村的各类创业企业已达2万多家，这在全国是独一无二的优势，他们对金融的投融资服务有多种需求，这使得在北京未来从建立中关村股份代办系统试点走向新三板的投资市场的方面有着重要的基础性资源条件。

3、加快推进首都建成全国基金总部和筹办基金的大平台的建设

目前，全国其它主要城市上海、天津、重庆等城市都在积极试点，以中外有限合伙方式组建私募股权基金。但在操作上，首都的动作还不够快。由于受到资本项目开放进程的影响，尤其是外资进入投资类企业的外资管制的限制，因此，成效并不明显，这就一定意义上妨碍了加速建设首都发展各类产业、私募股权基金的推进工作，也妨碍了增加直接投资比重的发展目标。目前和今后一个时期，全球经济将会陷入衰退，中国会成为投资的

“价值洼地”，因此，可否利用这个时机更大量地吸引欧美的企业和民间的资金，加速推动首都成为全国基金总部的建设。同时，国家开发银行在北京，在一定意义上是一种大的基金的结构，首都北京在建设发展中，如果与国开行共同组建产业基金就构成了北京产业基金的大平台，成为母基金，再在此基础上分类形成子基金，从而为北京市提高直接投资的比重进行探索。以上事项的推进是建立必要的政策性突破试点的工作思路尤为重要且创新的前提。

4、充分挖掘首都已有的上市公司平台的融资潜力，进一步发挥资本运作的能力。

上市公司是资本运作的核心，可否考虑对首都现有的上市公司提出三年一次融资，五年两次融资的战略目标要求，积极在政策上引导上市公司持续的装入优质资产，快速加大首都的直接投融资能力，进一步提高我市的证券化率。

另一方面，上市公司的壳资源也属稀缺资源，应在不断监督和调研的基础上进一步摸清首都现有的可能的上市公司的壳资源，根据我市企业发展的需要，鼓励壳资源流动起来，通过并购重组借壳等资本运作手段进行再融资。

5、进一步改善金融环境，促进金融服务的体系发展，引导民间资金健康发展

北京若想发展成为全国乃至世界的金融中心，严格意义上说，应只存在金融的一元化结构，或者说，将二元化金融结构中的金融服务，特别是涉及对中小科技企业的农村的金融活动逐步纳入规范、公开、透明的金融体系中。这次温州的民间借贷事件给了人们一个极大的警醒！

在这方面，应该说首都金融的整体布局和发展在全国也具有自己的独特优势，在担保融资体系和农村金融服务领域，国家

尚无统一的规范标准和政策依据准则，有序推进应靠地方政府的积极的引导，问题在如何进一步深化金融体系的布局，并与主体的金融体系对接。

如：今年宏观调控的条件下，为中小企业的担保业务呈加速上升的趋势，但银行则因为流动性问题无法及时对接向中小企业贷款，而村镇银行亦纳入统一的主体金融监管体系，而银行特别是现在商业银行贯彻的是统一资产负债管理的准则，作为市场主体的银行难以从根本上放宽不良资产的容忍度。因此，从金融层次的体系建设上就需要考虑制度和系统性的创新，如小额贷款公司是不是一种过渡性的金融机构？一定范围内增加其吸存的能力，还比如可否考虑创立小额的抵押担保贷款公司，针对微小企业和农村、农业合作社组织以及农民个人的贷款需求加以扶持，同时，对这类过渡性金融服务机构率先尝试建立存款保险金制度的试点，在政府主导的基础之上引导和培育由资本投入者和储户自主承担的风险责任意识。

6、积极探讨金融制度的创新是进一步推进首都金融形成金融中心的必要保障

北京作为首都比其他兄弟城市具有作为全国金融中心的更好的基础条件，但在现有政策和管理条件下，首都不能获得像浦东金融试点和天津滨海新区综合配套的试验政策的资格，在许多方面还难以真正做到金融的创新发展。

而首创金融创新和深化方面，在许多方面都走在了全国其它兄弟省市的前头，而且较有特色。应该说制度创新的问题已迫在眉睫，在许多方面，如果北京试验成功，则可以向全国进行推广。

因此，可以考虑利用首都金融与国家“一行三会”建立的沟通原则，对需重点突破的主要制度体系进行沟通，以取得谅解，

或进一步形成一个完整的试点区，则更为有利。

总之，正如吉林同志今年9月份在北京CBD国际商务节上就北京首都金融发展设想所指出的，“首都北京，一方面需要通过积极参与中国金融改革与开放，以承接国际高端金融要素的转移，另一方面，也需要在科技金融的要素市场、融资模式、民生服务方面取得金融创新的重大突破。”

首都金融的发展与创新，尽管还存在着各种挑战。但机遇与挑战并存，首都金融发展的方向，一经明确，重要的就是加大推进，加速落实，抓紧创新和突破，才能沿着正确的方向达到胜利的彼岸！

本文系作者在第七届北京国际金融博览会暨2011中国金融年度论坛上的演讲

让金融关注新区，让新区引领转型

张伯旭

物理学博士，EMBA，教授级高工，经济管理学教授。北京经济技术开发区管委会主任。现任大兴区委副书记、副区长。

首先非常高兴能够与大家一起就产业发展与金融创新进行交流探讨。下面，我结合北京经济技术开发区和大兴区深入融合发展、高水平建设北京南部现代制造业和战略性新兴产业聚集区的新形势和新要求，围绕新区在产业和金融相互促进、农村金融和产业金融双轮驱动方面的发展情况，与大家交流一下我们的认识和体会。

一、让新区引领转型，新区是首都做大做强实体经济的主体平台

2010年北京市委市政府于做出推进大兴区和北京经济技术开发区行政资源整合，高水平建设北京南部现代制造业和战略性新兴产业聚集区的重大战略部署。新区自此成为首都高端产业发展空间格局"两城两带、六高四新"中的重要组成部分，既是"一带"即南部高技术制造业和战略性新兴产业发展带的主体和龙头，又是"一高"即北京经济技术开发区。两区通过体制机制创新迈向深度融合，更为新区金融创新提供了环境保障，新区进入以产业金融为龙头、以农村金融为保障的金融创新发展之路。

新区作为北京市做强二产的主体平台，国家战略性新兴产业的聚集平台，实体经济发展集群度高、品牌密集度高、龙头带动效益好。2010年，新区地区生产总值突破千亿大关，主要经济指标超额完成，新区工业总产值2661亿元，其中开发区工业总产值2221.7亿元，比2005年翻一番；工业投资完成146.7亿元，占全社会固定资产投资的22.3%。截至今年8月，开发区累计入区企业4356家，累计投资总额303.4亿美元。2010年

上半年新区共引进世界五百强企业 4 个，使得新区的世界 500 强总数达到 71 个，五百强投资项目突破 100 大关。电子信息、生物医药、装备制造和汽车四大产业引领工业快速发展，产值约占新区工业总产值的 75%。现代服务业带动第三产业比重大幅提升，商贸、流通等传统优势产业提档升级，一批高端商业聚集区陆续布局，京南物流港的建设全面加速。金融、商务、文化创意等新兴产业竞相发展，成为优化产业结构的强大动力。在此基础上，开发区更是打造了低碳绿色的发展模式，万元地区生产总值综合能耗 0.16 吨标准煤，为全市水平的 1/3，万元地区生产总值水耗 5.8 吨，为全市水平的 1/5。

二、让金融关注新区，新区是孵育金融创新的沃土

新区按照“机制新、活力大、效率高”和“超常规、高水平、跨越式”的发展要求，积极推动体制机制创新，整合两区优势资源，在城市建设、产业发展、社会保障方面展开了一体化、高端化、国际化的发展格局，为金融创新提供了丰富的土壤，形成了农村金融和产业金融双轮驱动的金融创新格局。

1. 农村金融方面：金融成为社会发展的稳定剂

新区作为北京市农村金融综合改革试验区，在全国率先开展银农合作，试点开展农业保险，不断完善以农村信贷体系、农业保险体系、农业投资体系、农业担保体系、农村信用体系和涉农企业上市培育为主体的农村金融体系，初步构建起金融风险控制、风险补偿、鼓励引导和融资追缴四大保障机制，促进金融业持续健康发展。新区现有大兴九银、大兴华夏两家村镇银行，设立了兴融、兴宏等 4 家小额贷款公司，全市首家“三农”信贷专营机构、全市首家农业担保公司均落户新区。新区现有 6 家担保公司取得融资性担保机构经营许可证。成立了区级农业投资公司，与市农业投资公司、风险投资机构和股权投资基金建立合

作关系，积极支持“三农”发展。

在新区不断拓宽首都发展新空间的同时，城乡一体化建设也为金融发展提供了新的空间。新区是首都经济圈的重要支点，总面积 1052 平方公里，占全市平原面积的六分之一。新区共辖 14 个镇，5 个街道办事处，527 个行政村，119 个社区居委会，2010 年 11 月新区常住人口 136.5 万人，其中户籍人口 72.1 万人，流动人口 64.4 万人。新区在促进产业空间拓展、城乡结合部改造、农民转居安置方面任务艰巨，城乡金融资源配置不平衡和城乡二元结构问题需要集中破题，农民土地拆迁、转居安置、再培训再就业以及拆迁补偿资金理财消费的需求旺盛，在探索通过基金和信托融资等方式吸引农村集体资产、农民拆迁补偿资金、企事业单位闲置资金等各类社会资金投入方面取得了初步经验，金融在提供社会服务、保障基础民生方面扮演着非常重要的角色。

2. 产业金融方面：金融成为跨越发展的驱动器

新区已拥有以北京经济技术开发区总公司和北京亦庄国际投资发展有限公司等产业投融资主体，面向产业发展的多样化融资保障能力不断提升。探索出“政府主导，企业操作”的投资管理模式，实现担保公司、创投公司、小额贷款公司和中小企业上市培育服务中心等主体多元发展，股权投资、风险投资、融资担保和上市服务等业务协同支撑，初步搭建起全方位面向产业的专业金融服务体系。积极开展大项目融资，有力保障了京东方 8.5 代线等大项目建设。争取农业发展银行大兴支行、兴业银行北京分行等金融机构联合发放银团贷款 50 亿元，支持开发区 12 平方公里新扩区土地开发和旧村改造，满足产业空间扩展和园区建设的庞大资金需求。通过发行中小企业集合票据、支持企业上市，协助企业直面资本市场。支持亦庄国际投资发展有限公司与兴业银行北京分行签署中小企业融资担保合作协议，拓展企业融资渠道。新区成功实施了通用汽车电子转向与传动业务、松辽股份、UT 斯达康等一批有影响的并购项目，培育起自有上市公司和境外投资公司，实现以小资金撬动大资本。

未来五年，新区将紧密围绕产业结构优化升级的需求，以产业金融创新支持产业链延伸拓展、战略性新兴产业集聚发展、产业承载环境提升和低碳绿色发展。积极成立和培育财产保险公司、融资租赁公司等自有金融机构，设立北京创造 1 号股权投资基金，拓宽产业融资渠道。加快构建集信贷、投资、保险、担保、抵押、发债和境内外上市于一体的战略性新兴产业投融资平台，系统构建覆盖企业成长周期的金融服务链条。充分发挥金融的主体对接、供求对接和市场对接纽带功能，大力发展保险、融资租赁等专业服务，加快推进产业链整合。充分发挥金融的资金融通功能，积极推广保理等新型产品，着力突破产业链交易环节的资金和信用瓶颈。充分发挥金融的价值发现和资源配置导向功能，着力发展科技金融、物流金融等高端业态，支持产业链向高附加值延伸。积极探索通过基金、信托、委托理财等方式吸引社会资金投资产业发展。积极利用社会资金解决公共投资不足问题，探索通过 BT、TOT、PPP 等模式吸引社会资金投资基础设施项目。积极参与资源能源市场化交易，鼓励发展合同能源管理、合同水务管理、碳排放交易等绿色金融产品与服务。

在此基础上，新区金融发展日新月异。新区现已拥有 17 家银行金融机构、4 家证券期货机构、两家村镇银行、4 家小额贷款公司、6 家担保公司。全市首家“三农”信贷专营机构、首家农业担保公司均落户新区，使新区成为全市新型农村金融机构类型最全的区县。新区注重与各类金融机构的对接合作，积极吸引民生银行、东亚银行等国内外金融机构入驻，深化与国家开发银行的金融规划合作，与国泰君安证券股份有限公司签署战略合作协议，鼓励各类金融机构创新金融产业和服务。

二、优化环境，把握机遇，共同建设金融新区

我们将继续按照市委市政府的要求，结合“十二五”时期的发展形势，以加快转变经济发展方式的主线，立足于服务“三个北京”，着力推进产业创新发展、城乡统筹建设、区域协调合作，充分释放和发挥南部地区潜力。为此，我们提出了“坚持科学发展，走一体化、高端化、国际化道路，建设宜居宜业和谐新区”的总体目标，确立了“战略产业新区、区域发展支点、创新驱动前沿、低碳绿色家园”的区域发展定位。

“十二五”期间，新区将进一步探索金融创新，建立健全多元化、多功能的金融服务体系，促进金融与产业协同发展、融合发展。新区将积极发挥金融在园区建设和产业发展领域的重要杠杆作用，着力提升金融在新技术推广、新模式应用和新型市场化主体建设方面的关键支撑作用。在园区开发方面，新区积极探索通过基金和信托融资等方式吸引农村集体资产、农民拆迁补偿资金、企事业单位闲置资金等各类社会资金投入，加速推进开发区扩区进程，支持数字电视、移动硅谷及航空航天等重点产业园建设。在基础设施建设方面，新区积极利用市场资本充足的优势来解决公共投资资金不足的问题，建成了国内首家依托“外商投资—建设—运营—移交”即 BOT 模式的市政污水处理厂等基础设施。在绿色发展方面，新区积极支持发展合同能源管理、合同水务管理等面向资源能源集约高效利用的金融服务模式，扶持培育京东方能源、碧水源等高技术、市场化主体。

“十二五”期间是新区投融资需求持续快速增长的跨越发展期。据初步测算，未来三年仅产业发展和空间拓展所需投资就达 1000 亿元以上，每年需向社会筹资 200-300 亿元以上。面对

跨越发展的要求和巨大的资金需求，希望金融界更加关注新区发展，针对新区需求提供更多的资金支持，推出更好的金融产品。新区将积极探索多种融资渠道，增大直接融资比例，放大财政资金的杠杆效应，发挥金融机构的市场化作用，广泛吸引各类社会资金参与区域开发建设。

我们将着力建立有利于金融业和高端制造业稳健发展的体制机制，新区享有中关村“1+6”政策、国家级开发区政策、农村金融改革试验区政策三大政策体系集成优势，并将进一步深化政策创新，扩大政策覆盖范围，提供金融规模加速提升、产业金融创新同步演进的发展平台，创新“银企合作、银政合作、银担合作”等多种服务模式，探索发展物流金融、汽车金融、绿色金融、航空金融的新型业态，建设高端、高效的金融业聚集区。新区持续优化金融发展环境，在地铁大兴线沿线加快引进各类金融机构，打造以“金融小街”为品牌的区域金融机构、金融人才和金融信息聚集发展平台，鼓励信用担保、法律、财务、咨询等金融中介服务机构加快发展，强化金融配套服务支撑功能。

在此，我们衷心希望金融界的朋友们积极来新区考察投资。我们将依托新区的优势条件，进一步提升金融服务和管理水平，为入区金融机构扩展市场、提升效益、加快发展提供更加便捷、高效和专业的服务，和金融界共同打造与高端产业新区协同发展的高端化、专业化、定制化产业金融服务体系，高水平建设立足首都、服务全国的金融创新试验区和特色功能区！谢谢大家！

本文系作者在第七届北京国际金融博览会暨2011中国金融年度论坛上的演讲

发挥比较优势，加快建设东北亚区域金融中心

焦远超

北京大学硕士研究生，美国哈佛大学硕士研究生。曾任黑龙江省金融工作领导小组办公室副主任，黑龙江省政协副秘书长，省十届政协常委。现任哈尔滨市副市长。

感谢大会组委会热心的邀请和安排，首先对大会的隆重召开表示热烈的祝贺。听了以上各位的发言，感觉到哈尔滨与京津沪和一些发达地区相比我们的金融总量还是很小的，但是另一方面我们原来发展慢了，发展空间就大了。我从三个方面介绍一下：

一、哈尔滨金融业迎来了黄金发展期。哈尔滨是中国东北北部政治经济文化中心，被誉为欧洲大陆桥的明珠，有冰城夏都之美誉。大批外资银行包括汇丰、远东在这里落户。近年来哈尔滨市经济社会得到了快速发展，“十一五”时期我市GDP平均年增长13.5%，连续18年保持五位数增长，固定资产投资年均增长32.9%，增幅居15个副省级城市之首。三、四产业协调发展，比重11.3、37.8、50.9。作为产粮大市粮食总产量251.8亿斤，农业基础地位更加巩固，今年和德国科龙市签订了协议。工业形成了以装备制造、食品、医药、石化四大产业和生物、民航、新材料、新能源装备、信息和绿色食品等六大新兴产业。服务业层次不断提高，被批准为国家服务业综合改革试点区域和国家服务外包示范城市，旅游、金融、物流、会展等产业得到长足发展，在经济社会加快发展的带动下，哈尔滨市金融业不断发展壮大，金融体系日趋完善，金融产品加快创新，金融对经济的支撑作用日益增强，初步形成了银行、证券、保险、期货、信托等机构共同发展的现代服务业体系和以银行、信贷市场为主，资本市场、保险市场、外汇市场协调发展的金融市场格局。

银行业、基金以及上市公司等都取得了长足的发展，刚才证券公司介绍了，实际上哈尔滨有很多产业很符合国家产业支持政策，只是现在规模不大，如果是选好了项目投资进去的话，发展是应该很快的。2010 年金融业实现了增加值比“十一五”期间年均增长了 14.1%，占 GDP 比重由 3.3% 提高到 4.4%，2011 年上半年全市金融机构存款余额 6721.9 亿元，同比增长 11%，贷款余额 4620.7 亿元，同比增长 20%，其中中长期贷款连续 21 个月增长，新增贷款增幅居全国副省级城市之首。地方金融机构日益成熟，哈尔滨银行在全国城商行中具有较强实力，外设分支机构数在全国同行业排名靠前，江海证券公司和中融信托公司影响不断提高、规模不断扩大，当前哈尔滨新战略为金融业发展带来了新战略，北跃、南拓、中兴的战略，我们正在开展以国家级现代服务业试点为契机，加快建设具有区域特色的金融中心，金融业迎来了加快发展的黄金机遇期。

二、建设具有区域特色的金融中心具有的良好基础。哈尔滨作为东北亚区域性经贸中心城市，具备了建设以对俄服务为特色的开放型金融中心城市的先决条件，区域条件极具优势，哈尔滨地处东北亚经济圈，中国东北北部的中心区域，用一句话说就是中国之北，北国之中。从国内看，距离北美最近，同时处于欧洲、北美、东南亚中心，是我国对外开埠较早的城市，中西方文化相互融通，随着东北亚区域合作不断加快，哈尔滨作为中俄经贸合作的前沿城市，与东北亚的区域经济合作将不断加强，对俄发展潜力巨大，黑龙江省对俄贸易发展迅速，贸易额年均增长超过 25%，占全国对俄贸易的 20%，我省已被列入跨境贸易人民币结算区，哈尔滨 30 余家银行全部开放了外汇业务，成立了全国唯一的卢布交易中心，建成了全国最大的中俄木材交易中心，目前原木进口仅此一家，随着对俄贸易的发展，带动对俄结算的快速发展，在国内成为对俄贸易结算中心，希望与国内的同行业共同联手开发俄罗斯市场。

发展载体初具规模，海南工业新城、北国水城初具规模，吸引了国内、国外众多优秀企业、科研机构和优质的项目落户哈市，尤其是国际数据城将建成金融数据服务中心、国家灾备中心、物联网中心、电子商务中心等，打造中国云谷。各大金融机构不断加强与地方合作，各项业务得到了长足发展，资产规模和质量以及盈利能力不断提高。

三、打造哈尔滨金融商务区将实现多赢。“十二五”时期我市将深入实施对俄金融开放带动战略，健全金融体系、优化金融结构、完善金融服务，全面推进金融业快速发展，在松花江北岸规划的商务区总规模 13 平方公里，其中 2 平方公里的黄金地段为金融中心，该区域紧邻松花江，是核心区域，自然生态独一无二，像北欧一样的生态环境只有这里。作为国家最具发展潜力的金融生态城市，韩国国民银行等四家外资银行先后落户我市，国内的广发银行、内蒙古银行等股份制商业银行先后在哈尔滨设立分支机构，并实现了当年开业、当年盈利，当前哈尔滨发展以紧邻松花江的金融商务区，对内对外银行吸引力极强，成为投资、兴业的热土，摩根大通哈尔滨分行作为东北三省第一家银行 9 月 8 日正式开业运营，汇丰银行正在做开业的筹备工作。按照金融业“十二五”发展规划，未来建成的商务区主要聚集银行、保险业等证券机构，新兴的金融业中的 VCPE 等，融资担保，以及银行间的各项业务以及专业服务业务都要进行配套的建设。同时我们还将发挥我市远离地震带，电力能源充足、独特冷能的优势和科研能力强等特点，吸引各金融机构后台服务中心及大型企业集团总部入住建设，为其提供全方位的服务。目前哈尔滨金融商务区项目已经完成了详控规划，一些知名企业已经陆续建设，哈尔滨金融商务区发展空间和升值潜力巨大，通过此次金融博览会和今年的年度金融论坛，我们真诚地邀请国内外的友人前来观光旅游、洽谈合作、投资兴业，作为金融办我们主要职责就是提供服务，为项目找资金、为资金找项目。我们将尽最大的努力，竭诚提供优质、高效、周到的服务，实现多方共赢，谢谢大家。

本文系作者在第七届北京国际金融博览会暨2011中国金融年度论坛上的演讲

将昆明建设成东南亚、南亚区域性国际金融中心

朱永扬

经济法学博士。现任中国银监会融资性担保业务工作部副主任、昆明市副市长。

今天非常高兴参加第七届北京国际金融博览会，与金融界、社会各界的朋友相聚，畅叙友情，共谋发展。借此机会我谨代表中共昆明市委市政府和全市726万各族人民，对各位领导、各界朋友长期以来给予昆明的关心、支持和帮助表示衷心的感谢。2009年7月，胡锦涛总书记视察云南时指出面向东南亚、南亚的重要桥头堡，今年5月国务院正式发布实施关于支持云南省加快建设面向西南开放重要桥头堡的意见，明确提出支持把昆明建设成为面向东南亚、南亚的区域性金融中心。在中央有关部门、云南省委省政府的大力支持下，今年8月昆明市委市政府召开全市的金融工作会议，提出集中优势资源，举全市之力，抢抓桥头堡建设重大机遇，加快把昆明建设成为我国面向东南亚、南亚的区域性金融中心。

大家知道昆明冬无严寒、夏无酷暑，风光秀丽，是享誉世界的春城、花都，今天的昆明不仅具备省会城市的共同优势，还具备独特的五大优势，当然对比北京、上海包括成都等中心城市来讲，昆明还是发展中的城市，还有很大的差距，但我们有信心充分发挥这些优势，加快昆明经济社会特别是金融业的发展。这五大优势是五个面向的优势。

一是昆明处于南北国际大通道，以深圳为起点的第三座东西向亚欧大陆桥的交汇点。是我国面向南亚、东南亚、西亚、南欧和非洲的五大区域开放的前沿城市。这五大区域有107个国家，人口23亿，占全球人口的三分之一。仅南亚、东南亚就集聚了全球70%的华商和90%的华商资本。

二是五度加权的优势。昆明是云南唯一的特大城市，加上流动人口近一千万人，其发展的维度、产业支撑度、经济集中度、文化多维度、社会多维度五度加权极高。经济总量占全省30%以上，银行存款额占全省50%以上，贷款余额占全省60%以上。

三是五大出行的优势。公务、商务、打工、探亲、旅游出行的数量位居全国前列，火车、飞机出行2350万人，2020万人次，每年以20%的速度递增。

四是五大交通优势。公路、铁路、民航、管道、航运五大交通起步虽晚，但起点较高。今年底昆明新机场将投入运营。成为与上海虹桥机场、广州白云机场并列的我国第二大机场。四条跑道，最终年吞吐量可达到8000万人次/年。昆明也是泛亚铁路的枢纽中心，八条国内铁路交会，四条国际铁路出境，六条高速公路辐射云南全省，四条国道通向四川、贵州、广西和老挝及缅甸。我国中缅输油管道的建设，使我国油轮不再以马六甲海峡为航道，缩短运距，大大降低成本。在昆明炼化后输向全国各地。

五是五大环境条件优越。土、大气、水等环境优越的，特别是稳定在25-27度，温暖、凉爽的条件是世界仅有，亚洲唯一，不可克隆的天赐财富。当前，随着中国东盟自由贸易区全面建成，国家新一轮西部大开发战略深入推进，沿边大开发的进程正在进行，云南省桥头堡建设上升为国家战略，作为核心城市的优势更加凸现。特别是毗邻南亚、东南亚的优势为人民币走出国门创造了十分有利的形势，可谓机遇千载难逢。昆明市委市政府将全力强抓桥头堡建设的重大机遇，着力在壮大产业规模，健全市场体系，推动金融创新，扩大金融开放，优化金融环境等五方面狠下工夫，求得突破。在中央有关部门的支持下，重点推进建立人民币与毗邻的越、老、缅等国货币定价机制，在跨境贸易中率先推进周边国家小币种柜台的挂牌交易，银行间试点拆借，逐步实现人民币泛亚区自由兑换，真正做实人民币跨境中心。大力拓展金融外包服务产业链，引进和培育现代金融服务业的机构，加快构建区域性金融后台服务中心。围绕区域性国际城市建设，发挥资源优化配置和高效融通的作用，以间接融资为基础，以股权投资、企业上市为突破口，以债券市场可持续发展为主攻方向。以规范培育要素市场为重点，以保险融资、担保融资方式创新为重要补充，以推动投融资平台的战略转型为关键，进一步推进创新。积极拓展债券融资、股权融资、租赁融资、信托融资、保险资金投资等渠道，加快搭建区域性融资中心，抓紧建立健全股权融资政策体系。发挥政府引导基金，民间外资基金作用，推动股权投资产业的发展，力争把昆明建设成为面向东南亚、南亚的股权区域投资中心。发挥昆明资源优势，以产权交易为龙头，积极培育和规范监管有色金属、珠宝玉石特色农产品商品类市场，矿业权、林权、文化产权、非上市企业股权等权益类要素市场。着力打造立足云南、面向西部、服务全国、辐射泛亚的要素市场体系。同时我们将充分借鉴国内外成功经验，高起点，高标准规划，建设设施先进、功能完备、机构齐聚、服务一流、充满现代气息的昆明泛亚金融产业中心园区，也就是昆明的金融街或者说金融城。这个园区处于昆明市中心区域。大家可能不太清楚，整个云南面积很大，但云南94%以上是山地，只有不到6%是平原，在这种情况下，我们昆明在中心区域规划了2.68平方公里的用地面积，准备建一个478万平方米的金融产业园区，从而加快金融机构集中布局、集群发展、集约经营，提升昆明金融业的区域辐射和带动能力。我们还将大力实施金融人才战略，不惜代价吸引、培育人才，为区域性金融中心的建设和加快发展提供坚实的人才保证。

为达此目标，我们将充分发挥昆明独特的优势，实施对外大开放，对内全放活。最大限度给予政策支持，国内其他城市能给的优惠政策我们昆明都可以给。强化政府对金融业全方位的协调和服务，努力打造创业最宽松（昆明市把 506 项行政审批事项缩减到 86 项）社会最文明，人居最舒适的环境。金融市场发达、金融信息灵敏、金融设施先进、金融服务高效的区域金融中心。我们深知要实现这一目标需要昆明市上下共同努力，更离不开中央各机构及社会各界的关注和支持帮助，离不开在座领导的关怀，尤其要加强向北京、上海等兄弟城市的学习，以时不我待的紧迫感，加快区域性金融中心的建设和发展。昆明市委市政府郑重承诺，我们将始终坚持诚信、互利、双赢的原则为大家搞好服务、当好后勤、做好保障，让昆明成为金融业加速发展实现腾飞的理想之地，成为大家投资创业，实现理想的乐土。

各位来宾、各位朋友们，刘伯温讲过“江南千条水，云贵万重山，再过五百年，云贵赛江南。”虽然可能要来得晚一点，但我们坚信这一天终将到来。让我们携手合作，共同迈向我国金融业光辉灿烂的明天。最后祝第七届北京国际金融博览会圆满成功，祝各位嘉宾事业兴旺、合家幸福，万事如意。谢谢大家！

本文系作者在第七届北京国际金融博览会暨 2011 中国金融年度论坛上的演讲

中国金融中心城市发展态势与战略机遇

王 力

中国社会科学院经济学博士，北京大学金融研究中心博士后，特华博士后科研工作站执行站长，中国社会科学院金融研究所研究员、湖南大学金融学院教授，博士生导师，国务院特殊津贴评审专家，享受国务院特殊津贴。

我发言的题目是"中国金融中心城市发展态势与战略机遇"。今天主要谈四个问题：

一、中国金融中心城市发展概述

进入21世纪以来，中国现代服务业获得了长足的发展，特别是以银行、保险为核心的金融服务产业的发展有力的促进了金融中心城市的全面发展，这些金融中心城市虽然地处不同的地域，资源禀赋和发展条件各有不同，但都表现出了以下重要的特征，即综合经济实力不断提升，现代服务业快速发展，发展目标定位日益明确，金融生态环境不断优化，金融功能区建设初具规模等发展态势。

第一，综合经济实力不断提升。金融中心与实体经济密不可分，经济实力是金融中心形成的必要条件，比如扩大的生产和贸易对资金需求不断扩大，从而必然导致和促进金融活动的集中和金融工具的不断创新。目前，我国提出建设金融中心的城市有30多个。10月份由我主编完成了《中国金融中心发展报告蓝皮书》，30个城市的选取主要是根据各城市自己提出要建设金融中心的目标背景选取。这30个城市都是经济发展水平较高，区域经济实力较强的城市，大多数城市都是所在地区的经济中心，只有具备了雄厚的经济基础和财政实力的城市，才有可能为金融业的发展提供良好的环境，从而吸引大量的金融机构入驻，来推动本地区的经济和金融业发展。

下面介绍两个案例，第一是上海的案例。截至2009年，上海人口仅占全国1%，土地面积仅占0.06%，完成的国民生产总值占全国的5%，财政收入占全国的1/8，实现进出口总额占全国的 1/4。这是上海发展金融业的巨大成就。

第二是北京的案例。2008 年，北京市委市政府联合发布了关于促进首都金融业发展的若干意见，提出了建设具有国际影响力的金融中心城市目标，提高金融业承载力，完善"一主一辅三新四后台"金融功能区布局体系。2009 年，北京 GDP 达到 12153 亿，仅金融街地区的金融资产总量就占全国 60% 以上，控制着全国 90% 以上的信贷资金和 65% 以上的保险资金。2010 年，在财富全球五百强中，中国大陆企业入围 42 家，其中有 30 家企业总部聚集在北京地区。

第二，现代服务业快速增长。改革开放以来我国金融服务业取得快速发展，增加值由 1978 年的 68 亿增加到 2009 年的 1.7 万亿，增长 260 多倍，年均增长达到了 20% 左右，初步形成了以银行、证券、保险、信托服务为主体，其他相关金融中介服务为补充的比较完善的金融服务体系。目前，国内提出建设金融中心的 30 个城市中基本形成了 3、2、1 的产业格局，第三产业所占比重日益突出，金融服务业占 GDP 的比重大部分城市已超过 5%，特别是北京、上海、杭州、深圳等城市，金融业占 GDP 的比重已超过了 10% 以上。

第三，目标定位日益明确。提出建设金融中心的城市，都根据自身的经济实力、资源禀赋和区位优势提出了各具特色的目标定位和辐射范围。多数城市制订了金融中心发展规划，我参与了多个金融中心城市"十一五"规划的相关研究。在"十一五"期间，这些提出建设金融中心的城市就制定了金融中心发展规划，这其中非常明确提出了战略目标、发展原则、发展步骤和实施方案等多项内容，通过明确的金融中心发展思路，一方面扩大了城市对外宣传的影响力、吸引力，另一方面也形成了差异化的金融中心发展战略，在一定程度上避免了相互之间的无序竞争。比如北京提出建设具有国际影响力的金融中心城市，上海提出2020年基本建成全球的国际金融中心，深圳提出建设区域性国际金融中心，重庆提出建设长江上游的区域金融中心，厦门提出建设海峡两岸区域性金融中心，大连提出建设东北亚重要的国际金融中心等等。

与此同时为实现金融中心的发展目标，30个城市都制订出台了具有针对性的发展措施，以优化金融发展的生态环境，提高对金融机构的吸引力，加快推进本地区的金融中心建设。

第四，金融生态环境不断优化。以上海、北京和深圳为代表，提出建设金融中心的城市陆续制订和出台了一系列支持金融业发展的优惠政策，这些优惠政策集中体现在土地出让、财政补贴、税收优惠、购房补贴和人才引进等多个方面。对于金融机构而言，这些优惠政策具有很强的吸引力。但是我们也注意到，随着金融中心城市优惠政策的频出，优惠的范围不断扩大，政策本身对金融机构选址决策的影响力开始减弱。这意味着金融中心城市在优化金融环境方面将面临更加激烈的竞争。

第五，金融功能区建设形成规模。为实现金融中心发展目标，首先各城市纷纷成立金融工作办公室或金融工作局等相关职能机构，主要负责金融中心城市发展规划，组织实施、协调服务、宣传推广和招商引资等相关工作。其次各城市在中心城区或者发展的新区域规划、建设金融功能区座位金融机构聚集、开展业务的平台。第三各金融中心城市还实施走出去战略，到境外开展宣传推介活动，大力吸引国际知名机构入住本功能区。根据调研，这些金融中心城市的金融功能区基础设计建设和配套设施已日臻完善，初步具备了较强的金融聚集和区域辐射功能。

二、对我国金融中心城市金融竞争力评价

课题组对金融中心城市评价体系进行了认真研究，确立金融中心城市金融竞争力模型。在研究中，我们做了大量深入考察和资料收集，对国内外相关研究经验进行借鉴，最终选取金融发展度、经济持续力和基础设施支持力作为主因素，选取 39 个可以充分体现主因素的指标数据作为子因素，建立起相对完整的指标体系，对 30 个提出建设金融中心城市的金融竞争力进行了综合评价。在此基础上对各金融中心城市进行聚类分析。根据各金融中心城市金融竞争力综合得分情况把金融中心城市分为国家级金融中心城市，核心区域金融中心城市和次区域金融中心城市。具体评价在《中国金融蓝皮书：中国金融中心发展报告 2010-2011》中有详细分析。

三、我国金融中心城市发展面临的机遇

在研究这个问题的过程中，我们和许多金融中心城市进行过认真深入的交流，形成了很多共识。我们认为，中国金融中心城市建设，既要认清形势，又要抢抓机遇。目前，我国金融中心城市发展面临着诸多机遇。

第一，全球金融中心格局正在发生深刻变化。传统的全球金融中心在金融危机的大背景下正在发生深刻的变化，比如纽约、伦敦和东京三大金融中心，在金融危机和相关因素的影响下出现了新情况、新变化，有些优势已不复存在或者正在减弱，这对我们要建设金融中心的城市来讲就是非常重要的机遇。第二，中国的综合经济实力和金融实力正在快速提升，这为金融中心城市的发展创造了难得的发展机遇。第三，国际形势复杂多变，更需要维护国家经济和金融的安全，在这个问题上金融中心城市具有不可替代的作用。第四，中国从经济大国迈向金融强国的战略目标正在实施。第五，中国地区发展不平衡，更需要金融业超前发展。 第六，中国区域经济振兴需要金融中心城市带动。

四、金融中心城市发展应处理好的几个关系

第一，资源整合与适度竞争的关系。发达国家的实践证明，一国都拥有若干不同层次的区域金融中心，但各区域金融中心分别位于不同的经济区，使其辐射区域既不交叉又能发挥带动和辐射作用，如果其辐射地域重叠，金融中心的功能就难以有效发挥，导致金融资源的浪费。我国实践，从全国整体情况来看，各区域金融中心存在一定的竞争关系，但从区域发展的角度来看，各区域金融中心能够在合作、互动的基础上展开适度竞争可以更好的实现金融资源的合理流动和有效整合，从而促进地区经济、社会的健康、协调、有效发展。目前，关于国内金融中心城市多与少的争论我认为完全没有必要。

第二，政府推动与市场机制的关系。目前，我国金融中心建设大多采取政府推动模式，这是符合市场潮流也符合我国实际情况。但市场经济条件下，区域金融中心的发展应以市场作用有效发挥为基础，政府的推动不能取代市场配置资源的基础性作用。国际经验表明，政府的作用重在纠正市场失灵，通过制订有效的政策，在金融中心形成和发展的初期阶段，给予帮助。但其持续发展根本动力是市场需求，因此，各地建设区域金融中心的时候一定要注意处理好政府推动和市场需求的关系，金融中心的建设应该采用政府推动与市场机制相结合模式。

第三，产业集聚与人才引进的关系。发展规律证明，加快金融中心的建设，推动金融中心的产业集聚不仅需要发展金融市场，引进金融机构，更需要引进大批的金融人才。因为金融人才是保证金融产业集聚的核心要素。目前，提出建设金融中心的城市，其金融产业的整体实力还不算强，产业集聚度不高，金融上下游和中介服务配套不够完善，市场竞争的优势并不突出。因此，要加快金融资源在本地的集聚，必须营造有利于人才发展的金融环境。国际经验证明，谁控制了金融发展的“高边疆”，谁就拥有了巨大的发展优势和战略优势。因此，金融中心城市必须制订金融发展“高边疆”战略。

第四，金融开放与经济安全的关系。国际经验表明，随着金融监管的逐步放松，中国金融市场必然与国际金融市场逐步融合，金融开放度会越来越高。在此背景下如何平衡与国际金融市场的互动，如何阻隔国际金融市场的冲击，如何避免国际金融风险在国际和国内间的传递等等，将是金融中心城市面临的严峻考验。我们的研究结论，金融中心城市建设将有助于完善金融监管，通过对金融市场的有效运作和监管，建立起防范金融风险的预警和监测体系，提高对金融市场的驾驭能力，实现在开放经济条件下的金融安全运行。

第五，金融创新与有效监管的关系。国际经验证明，在推动金融创新的过程中要处理好金融监管的关系至关重要。目前，我国是分业监管、机构监管，监管的理念和手段还相对落后，政出多门的重复兼管使监管失效或过渡。如果不能进行有效的金融监管创新，也会给金融中心城市的建设带来阻力和制约。因此，建立金融中心一定要处理好金融创新与有效监管的关系。

本文系作者在第七届北京国际金融博览会暨 2011 中国金融年度论坛上的演讲

在创新中积极稳步推进中国金融业综合化经营

赖小民

研究生学历，高级经济师。历任中国人民银行总行信贷管理司副司长、银行监管二司副司长、北京银监局局长、中国银监会办公厅主任、首席新闻发言人等职。现任中国华融资产管理公司总裁。荣获“2010 中国企业创新十大年度人物”。

很高兴应邀参加第七届北京金融博览会并出席2011中国金融年度论坛。在此，我谨代表中国华融资产管理公司对金融博览会的举办及论坛的召开表示热烈的祝贺！对组委会表示衷心的感谢！

今天，我想利用这个机会，谈谈我国金融业如何抓住当前“后金融危机时代”的发展机遇和“新兴市场”的发展机遇，创新符合中国金融业发展实际的综合经营模式，就一些观点、想法和大家做一点交流。讲三个问题：第一，我国金融业综合经营的发展现状与趋势；第二，中国华融资产管理公司以“专业的资产管理者和优秀的综合服务商”为使命，致力于打造多元化业务科学发展的现代金融企业的创新实践；第三，进一步推进我国金融机构综合经营的建议。

大家知道，在这次席卷全球的金融危机中，综合经营并不是金融危机的主要原因，金融监管相对金融创新的不足才是问题的关键所在。在监管缺位背景下，非传统金融业务杠杆过高，风险控制失控，在去杠杆化的过程中，产生了系统性的流动性困难，进而影响到传统金融业务，并伤害至实体经济。这与综合金融模式优劣本身没有必然关系。事实上，不但一些发生危机的金融机构（比如高盛、美林）恰恰之前没有实现综合化经营，而且不少国家还运用综合化经营政策作为解决金融危机的重要手段。比如美国的美洲银行兼并了美林投行、高盛由原来一个纯粹的投资银行变成了一个银行控股公司。有研究发现，金融危机过后，表征银行综合化程度的一个指标——综合经营指数，现在已经恢复到了金融危机之前的水平。因此，对于综合化经营刚刚处于起步阶段的中国，我们没有理由停止综合化经营探索的步伐，而是应该抓住机遇进一步扩大我们的成果。对我国金融机构而言，大力推进综合经营，不但是解决银行等行业金融机构同质化经营的需要，也是实现风险分散的需要，更是创新经营模式和提升经营效益和效率的需要。因此，积极探索和创新符合自身实际的综合化经营发展战略和模式，对我国金融业和金融机构继续发挥优势，做强、做大参与国际竞争具有重要的深远意义。

一、我国推进金融业综合经营的发展现状与趋势

随着全球经济一体化、金融自由化的不断推进，综合经营已成为全球金融业发展的一种必然趋势。对此，一方面，中国政府审时度势，积极稳妥地推进综合化经营的试点工作，另一方面，各金融机构在监管机构的指导下，努力探索和创新具有特色的综合经营模式和发展路径。

（一）适应全球金融业综合化经营趋势，中国政府分步骤、分领域，积极稳妥地推进综合经营试点工作

面对全球金融创新和金融业综合经营对中国金融分业经营格局的冲击，尤其随着 WTO 保护期的结束，具有综合经营背景的外资金融机构纷纷进入中国市场，中国的金融监管政策逐步出现松动，并打破了银行、证券、保险、信托等行业资金之间的壁垒。比如，2001 年 7 月，人民银行发布的《商业银行中间业务暂行规定》，允许商业银行业务可以向证券行业延伸。又如，2003 年 12 月，新修订的《商业银行法》，允许商业银行可以经营“经国务院金融监管机构批准的其他业务”。再如，2005 年 10 月，新修订的《证券法》在原证券法内容“证券业和银行业、信托业、保险业实行分业经营、分业管理，证券公司与银行、信托、保险业务机构分别设立”的基础上，增加了“国家另有规定除外”的

内容。这些政策的松动，实际上为中国金融业稳步实施综合经营预留了法律空间。

直至2005年，“十一五”规划明确提出：“从2006年开始稳步推进金融业综合经营试点”，为我国金融机构从事综合经营指明了方向。随后，国家不断在业务政策上给予支持。如2008年初国务院就批准了银监会和保监会联合上报的关于商业银行投资保险公司股权问题的请示，同意银行投资入股保险公司试点工作。2009年10月，财政部下发了《金融控股公司财务管理若干规定》，首次明确了金融控股公司（当前只指光大和中信）资本和资金筹集、投资和资产管理、风险控制、考核评价和利润分配、报告和披露等相关问题。

由此可见，面对全球金融一体化和综合经营趋势，中国政府采取了主动适应的态度，从战略上对综合经营的试点工作进行科学规划，并在控制风险的前提下，逐步放宽业务的经营范围，同时还建立监管协调机制，为不断推进综合经营创造了良好的政策环境和制度支持。

（二）国内金融机构努力探索综合经营发展战略和模式，逐步形成了符合中国实际的综合经营与竞争格局

在2002年国务院批准中信集团、光大集团综合金融控股集团试点基础上，经过多年探索与实践，我国目前已经形成了几种典型的综合经营模式，主要有以下几类：

第一种类型是银行业进军信托、租赁等打破分业经营的界限。从2005年开始，我国的几个大型银行，交通银行、中国银行、国家开发银行、建设银行等，在实现对基金的参股控股以后，从2007年开始加快综合经营的步伐，通过重组、筹建等方式控股信托、金融租赁等非银行金融机构，不断突破分业经营界限。中国银行、建设银行、工商银行、国家开发银行、交通银行等纷纷

设立了金融租赁公司。而且，2010年初，监管部门批准了交通银行成立交银康联人寿保险公司，标志着第一家银行业涉足保险。

第二种类型是保险业进军银行、信托等不断整合金融资源。保险业中以两大保险巨头为首，一个是平安保险，一个是中国人寿。平安保险在做好保险的同时，大举进军银行，继2006年收购深圳商业银行后，2010年监管部门又批准其收购深圳发展银行，是保险公司第一家拿到全国性银行牌照的保险机构。同时，中国人寿在2008年绝对控股了中诚信托，2009年参股了杭州银行。这两大保险巨头大举进军银行和信托业，展开深度合作，不断完善产业布局和整合金融资源。

第三种类型是融实业和金融为一体的实业企业。最初以中信和光大为代表。中信集团是我国第一家获批的金融控股集团，目前旗下拥有非常完善的金融和产业两大业务板块；光大集团旗下拥有银行、证券、保险、租赁等业务平台。近年来，产业资本跟金融资本深度的介入和结合，也不断地催生我国综合金融的加快发展。2009年，中石油斥资28.1亿元控股克拉玛依商行，将其更名为昆仑银行，并以昆仑银行为旗舰，打造中石油的昆仑系金融控股架构，下辖“内部银行”中油财务公司、“外部银行”昆仑银行、“投资银行”昆仑信托、以及昆仑金融租赁、中意人寿、中意财险等机构。与此同时，还引发了更多的央企开始纷起效仿，国家电网、中海油、华润、中粮、华能等十余家央企已将金融产业定义为自己的战略板块。

第四种类型是以华融、信达、长城、东方等四大金融资产管理公司为代表的金融机构，在金融综合化迈出了重要步伐。四大金融资产管理公司脱胎于 1997年的亚洲金融危机，是当时中央政府下定决心重视金融工作和改善银行状况的一个重大举措。十多年来，资产公司为国家金融体系稳定和经济发展发挥了重要作用。2006年，随着政策性不良资产处置完毕，四大资产公司纷纷进行商业化转型，且基本上选择了综合金融服务集团的发展定位。目前，四大资产公司旗下已控股银行、证券、保险、信托、金融租赁、基金等众多金融机构。应该说资产管理公司走出了一条以资产管理为主业、并由此衍生出多元化金融业务科学发展的综合经营道路。

第五种类型是地方政府组建的金融控股公司。各地政府根据手中掌握的金融资源，组建金融控股公司的方式多种多样。其中以银行为平台组建金融控股公司是最普遍的选择。以上海国际集团为例，目前，上海国际集团是浦东发展银行、上海农村商业银行、国泰君安证券的第一大股东，控股上海国际信托、上海证券等核心金融企业，还参股申银万国证券、太平洋保险、交通银行等10余家金融企业，基本涵盖银行、证券、保险、信托、证券投资基金、货币经纪等多个金融子行业。

由上可以看出，伴随中国金融业的改革发展与创新实践，部分金融机构、乃至非金融机构，试图努力创新综合经营模式，通过各种形式搭建综合金融服务平台，形成了具有各自特色、多种模式并存发展的综合经营竞争格局。

二、中国华融资产管理公司以“专业的资产管理者和优秀的综合服务商”为使命，致力于打造多元化业务科学发展的现代金融企业的创新实践

近几年，在中国华融的商业化转型中，为满足客户多元化的金融需求，满足市场竞争的需要，中国华融始终以创新为引领，着力打造“一体两翼”发展模式，初步探索出了一条中国特色的资产管理公司商业化转型发展之路，实现了由政策性金融机构向市场化的“专业的资产管理者和优秀的综合金融服务

商"的转型。2009年、2010年，中国华融连续两年实现利润翻番的好成绩。2011年三季度又实现净利润32亿元，超过2010年全年利润总额。中国华融两年多来实现利润累计近60亿元。归结起来，推动中国华融近几年跨越式、超常规发展的动力，主要源于以下八个方面的创新实践：

（一）创新发展观念，打破固有思维模式。中国华融确立了"依法合规科学发展，风险管控责任到人，争创利润绩效优先"的经营理念、"五有"现代金融企业远景等一系列符合中国华融实际且行之有效的全新的发展理念和经营方略，促使公司上下思想观念由政策性习惯思维向商业化创新思维的大转变。

（二）创新发展战略，践行科学发展。中国华融实施"五年三步走"的发展战略，即一是大力推进实施"大客户"战略，彻底走市场化路子；二是适时引进优秀的战略投资者，走市场化、多元化、综合化的现代金融企业发展路子；三是择机上市，实现公司跨越式发展，以此引导公司彻底向市场化方向转型。这一清晰的、切实可行的战略规划，引领中国华融进入了超常规发展的轨道，并形成了可持续发展的能力。

（三）创新体制机制，构建一体两翼。中国华融强化公司总部管控服务能力，做稳做实做新办事处，做强做好做大子公司，大力构建"一体两翼"协同发展体制。2010年，32家办事处全部扭亏为盈，并成为公司经营效益的重要支柱，与10家子公司形成"比翼齐飞"的良好态势。

（四）创新经营哲学，实施大客户战略。中国华融按照"资源共享、优势互补、风险共担、利益均沾、互利双赢、合作发展"的原则，与169家大客户签署了战略合作协议，这些大客户已逐渐成为中国华融可持续发展的宝贵资源。

（五）创新业务平台，完善现代金融服务体系。中国华融先后组建10家平台子公司，构建和完善以资产经营管理为主业，银行、证券、租赁、信托、投资、基金、期货等业务为依托的综合性金融服务体系，提供一揽子金融服务，打业务“组合拳”。

（六）创新业务品种，强势回归主业。2009年公司新的党委班子组建后，明确提出强势回归资产管理主业。2010年，资产管理业务收入占办事处业务收入比重接近41%，成为一个新的利润增长点，公司业务呈现出以不良资产为主业、多元化业务发展的良好态势。

（七）创新企业文化，提升公司软实力。在商业化转型的关键时期，中国华融积极倡导“稳健、创新、和谐、发展”为核心价值观的企业文化，做强主业、做大利润、做响品牌，创建“五有”现代金融企业。

（八）创新队伍建设，充分显现人才效益。中国华融坚持以人为本，“抓两头，稳中间”，践行“培训是福利”、“培训普惠制”新理念，培养和打造一支熟悉市场、能打敢闯、业务熟、懂经营、会管理、抓利润、防风险、促发展的人才队伍。

经过几年的转型发展，中国华融以创新为引领，坚持“听党的话、跟政府走、按市场规律办事”，解放思想、转变观念、开拓创新、创先争优，积极稳健推进商业化转型，在继续做好不良资产经营的同时，重点发展银行、金融租赁、信托等银行类相关业务，以及证券等有市场需求的金融服务业务，逐渐走出了一条具有中国华融特色的多元化发展新路子。

前不久，中国华融刚刚迎来了公司成立12周年。在这12年的发展中，中国华融走过了不辱使命的昨天，圆满完成了各项政策性任务，为有效化解系统性金融风险发挥了“安全网”和“稳定器”的重要作用；书写了巨大变化的今天，以创新为引领，实现超常规、跨越式发展，探索出一条符合华融实际、具有华融特色的转型发展之路；在任重道远的明天，中国华融将坚定不移加快市场化转型改制步伐，努力构建多元化业务科学发展的现代金融服务企业。

在这个过程中，我们始终贯穿着“思想、创新、文化、尊严、队伍、利润、风险、责任、发展”九个关键词，彼此相辅相成，融为一体。“思想是先导，创新是动力，文化是灵魂，尊严是基础，队伍是核心，利润是实力，风险是保障，责任是担当，发展是目的”。这九大关键词，凝聚了中国华融转型发展的核心与精髓，带领中国华融开拓创新、锐意进取，迈过了变化巨大的今天，沉淀为华融屡创辉煌的宝贵经验和深刻启示，并将继续引领公司顺利完成改制目标，适时引进优秀的战略投资者、择机整体上市，最终向“五有”现代金融企业发展，开创前景广阔的明天。

目前，中国华融正积极推进公司改制。以改制为目标，进一步加强业务整合，为构建多元化业务科学发展的现代金融企业找准定位、搭好架构。以改制为动力，进一步推进内部改革，为构建多元化业务科学发展的现代金融企业提供坚实保障。以改制为契机，进一步完善政策制度与监管手段，为构建多元化业务科学发展的现代金融企业提供良好外部环境。

三、进一步推进我国金融机构综合经营的建议

我认为，在未来进一步推进我国金融业综合经营工作中，应当重视或着力解决如下迫切问题。

（一）统一认识，抓住机遇，继续积极稳妥地将我国金融业的综合经营向前推进

首先，应当统一认识到综合经营并非是此次金融危机的起因，同时，综合经营还将是未来全球金融业继续深化演进的方向。其次，经历金融危机的洗礼后，全球金融业竞争格局正悄然发生变化，欧美等发达国家的金融业处在艰难的复苏当中，我国

金融业却一枝独秀，应当充分利用难得的历史机遇，积极探索和创新综合经营发展之路，加快提升我国金融机构的综合竞争实力。再次，在国家政策方面，要加快研究和制定金融机构综合经营的法规、制度，为综合经营的稳步发展创造良好的法制环境，同时，继续坚持以风险控制为前提，做好战略规划，从更大范围上积极稳妥地推进金融机构(股份制)改革和综合经营试点工作。

（二）在探索综合经营道路过程中，金融机构应当结合自身实际，选择合适的综合经营模式和战略定位

当前，国际上典型的综合经营模式包括纯粹型金融控股、经营型金融控股两种。金融机构在选择了特定综合经营模式基础上，必须从市场需求出发，结合自身内外部资源，找准自己的战略定位。特别是在后金融危机时代的金融集团综合经营过程中，必须因势利导的对经营理念、发展战略、业务结构、金融创新等方面进行相应地调整。比如：在这次金融危机中大型金融控股集团虽然遭受重创，损失最大的却是单一业务金融机构。雷曼兄弟、贝尔斯通等纯粹的投资银行，或是破产倒闭，或是被兼并。与之形成鲜明对比的是，像花旗、汇丰等金控企业，则凭借其综合经营及庞大的业务规模，提高了抵御风险的能力，尽管受到了重创却仍然在危机后得以幸存。对此，我公司认为，大型化、综合化，特别是组建包括商业银行在内的金融控股公司，将是国内外金融业综合经营发展的方向。以银行为主的金融控股公司具备更强大的风险承担和化解能力。摩根斯坦利和高盛根据监管要求重回银行控股公司就基于以上考虑的战略选择。

（三）积极推进改革和创新，逐步建立健全金融机构综合经营的体制机制

金融机构试图通过构建金融控股公司适度开展综合经营。

组建金融集团之后，其不但要管理好对子公司投资的股权，而且必须从整个集团角度，对人力资源、财务资源、业务线、营销渠道、信息技术系统、客户信息平台等多方面进行有效整合，提高整个集团的综合管控能力，依托各类金融业务进行协同作战。条件成熟时，还要争取早日在境内外资本市场上市，实现集团股权的多元化、国际化，打造集团统一的品牌形象。所有这些，都需要积极推进改革和创新，逐步建立和健全适合综合经营的体制机制。

（四）在发挥综合经营协同效应的同时，金融机构应当注重集团层面整体风险的隔离和防范

综合经营的最大优势在于发挥协同效应，最大风险是如何防范不正当的关联交易引发的风险传递。随着金融集团的建立，金融机构之间以及与股东之间的关联交易逐步增多。由于我国目前对金融控股集团防范风险的防火墙制度还不完善，随着金融机构之间业务联系的密切，关联交易自然增多，风险传递问题值得密切关注。因此，在发挥综合经营优势的过程中，必须注重和加强对集团整体风险的管控，这是成功实施综合经营的关键和前提。解决的办法是建立健全全国统一的金融监管信息系统，统一数据采集、统一编码和格式、统一软件开发，实现信息共享，为有效发现和识别综合经营带来的风险，提供有力的监管工具和信息基础。

（五）强化金融监管，提高监管效率，为金融机构的综合经营创造良好监管基础

国际经验表明，综合经营需要与其相适应的监管体制。在我国，目前从事综合经营的金融机构仍然按照银、证、保分业监管体制进行监管，缺少像国外对类似独立的金融控股公司统一监管的法规或部门。这种局面无法适应综合经营迅速发展的要

求。未来，应在财政部、人民银行、银监会、证监会、保监会（一行三会）等有关部门之间建立有效的金融监管协调机制，以适应金融业综合经营发展趋势的需要。比如，能否考虑选择一个牵头方来进行总体协调，这无疑要比单独成立一个金融监管协调委员会，或者合并“一行三会”都要现实得多。

最后，我衷心地希望中国金融业的综合经营越走越好，为实现国家金融发展战略贡献应有的力量。

再次感谢各位！谢谢大家！

本文系作者在第七届北京国际金融博览会暨2011中国金融年度论坛上的演讲

以中小企业综合服务为特色，推进长城公司的改革与发展

郑万春

中国人民大学经济学硕士、金融学博士。享受国务院颁发政府特殊津贴专家。现任中国长城资产管理公司总裁。曾在美国美洲银行、加拿大蒙特利尔银行、宾夕法尼亚大学沃顿商学院访问研究。著有《金融不良资产处置关键技术探究》。

很高兴参加北京市举办的2011中国金融年度论坛，与大家共同探讨当前中国金融的热点问题。在这次国际金融危机中，我国金融体系之所以保持安全稳定运行，一个很重要的原因就是在近年来国家前瞻性地推动了金融改革。在后危机时代，大家都在思考我国金融业如何继续深化改革、稳健发展的问题。我认为作为金融企业尤其是中央金融企业，应该把自身的改革发展融入到国家经济社会发展的大局中，找准支持和服务经济发展的着力点，在积极地承担社会责任中体现自身的价值，在打造服务特色中探索可持续发展的模式。近几个月来，由于江浙地区中小企业民间融资高利贷化及一系列风险问题的暴露，金融业如何支持和服务中小企业的问题再次成为社会关注的一个热点。因此今天我主要结合长城公司的实际，就如何为中小企业提供综合金融服务以及以此为特色加快资产管理公司自身的改革与发展简要谈几点认识。

支持中小企业的发展是金融业应该担负的共同社会责任。中小企业是我国国民经济和社会发展的重要力量，在促进经济发展、扩大社会就业、改善人民生活和维护社会稳定方面发挥着重要的作用。据有关数据显示，中国的中小企业对我国的GDP的贡献超过60%，对税收的贡献超过50%，提供了80%的城镇就业岗位和82%的新产品开发。但是，多年形成的融资难等问题成为制约中国中小企业发展的瓶颈，也成为经济结构调整的难点。当前我国已经进入加快转变经济发展方式的攻坚阶段，调整经济结构的任务十分艰巨，因此促进中小企业又好又快发展既是保持国民经济平稳较快发展的重要基础，又是加快转变经济发展方式的重要内容，更是关系国计民生和社会稳定的重大战略。

近年来中央政府不断加强对中小企业发展的政策扶持力度，国家“十二五”规划提出了要创造良好的环境，激发中小企业的发展活力，建立健全中小企业的金融服务和信用担保体系等一系列政策导向。国家“十二五”中小企业成长规划对此进一步细化，从引导金融机构创新、发展中小金融机构、创新金融产品和服务等方面提出了加强融资支持的指导政策。作为金融企业我们一定要从支持和服务经济发展方式转变的高度，把加快自身改革发展融入到服务国家经济大局当中，把服务中小企业的发展作为金融业应有的共同社会责任，通过拓宽服务渠道、创新服务产品、提高服务质量和水平，多层次、多角度支持中小企业又好又快发展。

长城公司具有服务中小企业的历史渊源和业务优势。从历史渊源来看，长城公司接收的不良资产有点多面广的特点。从农业银行接受不良贷款 195 万，债务企业构成主要是中小企业，因此我们对中小企业的成长周期、经营特点、金融服务需求以及风险防控措施等有着比较深刻的了解。对中小企业提供金融服务，重点不在以规模取胜，而是要把真正具有较好市场前景、较长发展潜力和较高成长资质的中小企业选出来，培育他们不断做大做强做优。长城资产管理公司向商业化转型中，我们把对中小企业的金融服务作为业务开拓的重要的着力点，通过多年来的探索创新形成了一定特色的优势。

比较突出的主要有两点，首先是风险管控和服务创新的优势。在多年的中小企业资产管理处置过程中，我们对中小企业的净值调查、风险管控方面积累了丰富的经验，特别是对中小企业融资风险管控方面形成了一定的核心竞争力。在此基础上，近年来我们开展了一系列的金融创新业务，比如将中小企业的融资增信服务、资产管理和远期不良资产收购有机结合起来，与有关商业银行合作推出中小企业财务顾问及不良资产收购的综合服务等一系列创新的产品，既解决了中小企业融资难的需求，也打消了商业银行的还款顾虑，同时还对自身的经营风险进行了有效的锁定，较好实现了三方共赢。今年1-3季度批复实施和立项的创新项目64个，涉及124.6亿。

在商业化发展过程中构建起多元化的服务平台。长城旗下有金融租赁、融资担保、信托、保险、金融资产交易所、金融资讯和评估、投资置业等平台，加之公司已有的资产管理、融资增信、财务顾问、PE投资等方面的业务，及在此基础上开展的综合创新业务，可以为中小企业提供多元化的配套金融服务。此外我们还有遍布全国主要城市的服务网络和营销体系，进一步优化整合之后将通过集团内部的机构协同和业务协同促进资源共享、信息共享和项目共享，全力打造为中小企业服务的产品链、价值链、信息链，更好地为中小企业发展提供一条龙式的综合金融服务。

以中小企业服务为特色，加快推进长城公司的转型发展。当前金融资产管理公司正在加快向商业化的转型。国家“十二五”规划提出，要促进金融资产公司的商业化转型。今年4月份召开的国务院会议也提出了要支持金融资产管理公司在突出主业的前提下，积极探索综合经营和多元化发展，具体到四家资产管理公司的改革发展，国家提出“一事一策”指导思想，就是要有自身的特色，不能完全同质化。因此，结合长城公司的实际，我们提出发展定位是以不良资产经营管理为主业，以重点服务中小企业为特色，以多种综合经营为手段的现代金融服务企业。其中中小企业综合金融服务特色是我们在四家资产管理公司独有的，这也体现了长城公司差异化发展的思路。

当然以重点服务中小企业为特色，并不是说我们只开展这类业务。长城公司向商业化转型发展后，以化解金融风险、提升资产价值、服务经济发展为自己新的使命。围绕以上使命我们将继续坚持以不良资产经营管理为主业，以有效发挥化解金融风险的功能。同时围绕主业发展不断加快业务创新，积极探索综合化经营，以有效地提升资产价值、服务经济发展的功能。而中小企业的综合金融服务特色的确立，是为主业的发展和综合经营找准着力点，将公司的主业发展和综合经营更好贯穿到一条主线上，也有利于更好履行公司的使命，打造长城品牌，加快公司的改革发展。

当前我们确定的中期目标是力争通过五年左右的时间将公司发展成为功能多元、特色鲜明、品牌一流的金融资产服务商，最终目标是打造成为具有国际影响的百年老店。我相信金融资产管理公司在商业化转型发展的道路上，只要顺应金融改革发展的潮流、主动地融入到国家经济社会发展的大局中，找准定位、开拓创新，就一定能够探索出富有自身特色的可持续发展的模式，为国民经济和社会发展做出更大的贡献，以实现自身转型发展与服务社会经济发展的有机统一。

最后预祝本届金融博览会年度论坛取得圆满成功！

谢谢大家！

本文系作者在第七届北京国际金融博览会暨2011中国金融年度论坛上的演讲

深化改革，锐意创新，推动资产管理公司持续发展

庄恩岳

研究员，现任中国信达资产管理股份有限公司副总裁，曾任国家审计署经贸司副司长。中国内部审计学会第三届常务理事，全国青联第八、九届委员，享受国务院政府特殊津贴。

很高兴应邀参加第七届北京国际金融博览会，并出席今天的论坛，在此我代表中国信达资产管理股份有限公司对金博会的举办及论坛的召开表示热烈的祝贺！本届金博会以金融发展、金融创新、金融服务为主题，充分展示了我国金融业在经济全球化、欧洲债务危机和美国债务危机问题陆续复杂化的背景下，在服务经济发展的过程中通过金融创新所取得的重大成果。借此机会我想就金融改革创新推进中国信达资产管理股份有限公司发展情况与大家交流。

一、应运而生，开拓创新，化解风险，推动了中国金融改革发展。为应对亚洲金融危机，经国务院批准，中国信达作为第一家金融资产管理公司于 1999 年 4 月率先成立。12 年来中国信达累计收购受托管理不良资产 14000 亿，通过精雕细刻，从枯树根到艺术品的运作，极大提升不良资产的价值，累计回收价值 2298 亿元。05 年末信达率先完成国家政策性不良资产处置回收任务，商业化回收项目的运作也实现了全面盈利。各项不良资产经营业务始终保持行业领先地位，为化解金融资产、支持国有银行改制上市发挥了重要作用，为支持国有企业实现三年改革脱困目标，中国信达累计对 358 家国有大中型企业实施了债转股，占全国债转股金额将近 50%，使有关企业资产负债率下降约 30 个百分点。

通过债务重组、资产并购、推荐上市等运作，帮助有关企业建立了现代企业制度，走上了企业健康发展的轨道，同时中国信达还积极参与多家证券公司、信托公司、金融租赁公司等问题机构的托管清算和地方性风险事件的处置工作，通过诚信、专业、高效创新的运作，维护了金融市场局势和社会稳定，较好地履行了国家金融消防队的角色。

12 年来中国信达全体员工秉承服务社会、诚信为本的价值观，积极贯彻国家产业政策，支持国有经济结构调整和战略重组，推进创新金融产品和服务，维护法律和信用支持，受到社会各界的广泛认可和好评，较好地履行了党中央、国务院赋予的历史使命。

二、抓住机遇，应势而变，积极推进金融综合经营探索。金融是现代经济的核心，金融体系的安全、高效和稳健运行，对金融的稳定和发展至关重要。20 世纪八十年代以后，全球金融业出现了分业经营向混业经营转型的趋势，这一背景下金融资产管理公司也积极进行了金融综合经营探索。在化解金融风险，支持银行和国企改革托管清算问题过程当中，中国信达抓住机遇，应势求变，充分利用重组并购等投行手段，搭建了多元化的金融服务平台，逐步形成了以不良资产经营为主业，以资产管理和金融服务为重点，包括证券、基金、期货、寿险、财险、信托、租赁和投资等功能的综合性金融集团。作为国务院确定的金融资产管理公司改革试点单位，在各有关方面的大力支持下，中国信达去年 7 月率先实现了股份制公司的顺利挂牌，掀开了公司改革发展市场的新篇章。

通过改制公司政策性业务得以全面清算，市场主体性地位进一步明确，经营范围进一步扩大，规范实力进一步增强，公司治理进一步规范。中国信达 12 年艰苦创业，从特殊时期成立，接受阶段性特殊任务，由政策性金融机构转变为以市场为导向、以效益为中心、以综合经营为特色的金融集团。这一系列重大变革来源于我们坚持解放思想、勇于开拓创新，在未来的发展当中，中国信达将充分发挥自身优势，致力于为客户提供一站式综合金融服务，做客户综合金融问题解决方案的提供商。

一是充分发挥不良资产主业优势。一方面扩大不良资产业务的外延，创新思维方式，积极拓宽资产来源渠道，大力开拓不良资产市场，尤其是非金融机构不良资产市场，促进不良资产业务可持续发展。另一方面，深化不良资产业务的内涵，从处置资产转向经营资产，充分挖掘资产的潜在价值和延伸价值，走深化经营、精细化发展之路。

二是充分发挥分工式网络优势。信达在全国有31家分公司，拥有9家控股子公司，业务遍及31个省市自治区和港澳地区。网络优势体现在分公司的平台上，特别是子公司在当地没有分支机构的情况下，分公司可以利用自身的资源和优势为子公司开拓业务，以子公司为经营产品的研发和经营平台，分公司为综合营销平台，为客户提供量身订作的金融产品和个性化服务。

三是充分发挥资源优势。今年上半年信达债转股占据了不良资产的半壁江山，公司持有的股权企业大多是国家重要行业中的骨干企业，资产规模大、关联企业多，对经营服务需求广泛，未来的股权管理将实现以下转变：被动式向主动式转变、维权向价值提升转变、实现与资本市场对接的转变、象征性股东向真正股东和金融综合服务商转变、被动向参与型转变。股权管理既要提升价值又要为债转股企业提供综合经营服务。

四是深化改革、锐意创新，推进资产管理公司持续发展。随着我国金融进一步开放，想在国际竞争中占有一席之地，中国信达必须创造出符合金融业综合经营需要的规范的组织形式，坚持科学发展观，积极稳妥发展金融集团。在这一过程当中，中国信达要继续深化改革。股份制改造这是金融改革迈出的第一步，改革是否成功关键是内部进行了持续性的改革。在今后的发展当中信达将面临如下挑战：不良资产存量萎缩、阶段协同优势有待进一步发挥、制约公司发展的体制机制问题仍然存在以及员工队伍的思想观念、知识结构、年龄结构需要优化。

面对挑战和国内外复杂多变的经济形势，中国信达要实现可持续发展，需要紧紧围绕深化改革、锐意创新、科学发展的主线，深入贯彻落实科学发展观，坚持服务社会、诚信为本、铸造品牌的经营理念，坚持为国家化解经营风险、为客户提供全能服务、为股东创造最大价值、为员工搭建发展平台、为社会承担最大责任的经营宗旨。

以不良资产经营为核心，以资产管理和经营服务为重点，把中国信达建设成为具有较强竞争力的综合化、国际化经营集团。实现上述目标当前和今后一个时期要努力实现三项任务。

一是建立现代金融企业制度，尽快完成引进战略投资和整体上市，提高公司整体水平，建立市场的激励机制，奠定可持续发展的体制机制基础。二是打造信达特色的盈利模式，继续发展不良资产经营核心业务，加快子公司发展，提高资产管理和经营服务板块的利润贡献力，充分发挥不良资产经营业务和经营服务业务在经济周期不同阶段的作用，加大财务性投资力度，培育新的增长力，打造长期稳定的盈利模式。三是创新业务组织和阶段管控模式，不断推动公司业务流程，组织架构、管理制度的完善和再造，努力提升经营管理水平，加强管控，保证公司各项业务健康、稳定发展。

金融创新是金融业永恒的主题，金融资产管理公司的发展是一部金融创新史，展望未来信达坚持以创新促改革，以改革求发展，实现中国信达二次创业新的辉煌。最后预祝第七届北京国际金融博览会取得圆满成功，谢谢大家。

本文系作者在第七届北京国际金融博览会暨2011中国金融年度论坛上的演讲。根据录音整理，未经本人审阅。

发挥金融租赁作用 助力经济转型发展

丛 林

现任工银金融租赁有限公司执行董事、总裁。中国人民银行金融研究所研究生部经济学硕士，长江商学院EMBA。

很高兴能参加第六届北京国际金融博览会2010中国国际金融年度论坛。现阶段，我国已进入经济结构调整和发展方式转变的关键时期。金融作为现代经济社会的核心，促进经济发展责无旁贷。会议主办方高瞻远瞩，把“中国经济与金融业创新发展”确定为本论坛的主题。刚才，各位领导、专家的演讲从不同的角度阐述了这一主题，非常精彩，很有意义。作为金融租赁领域的一个从业者，我愿与大家共同探讨金融租赁业创新及支持经济转型发展的相关话题，主要谈以下三点想法：

第一、后危机时代，经济发展方式转变赋予金融租赁更多责任，其意义与作用理应得到重视

危机之后，中国经济发展方式转变更加急迫。经济的发展需要大量资金的投入，投融资结构、资本资产运行效率是决定经济发展速度和质量的关键因素，这涉及到金融支持问题。这既是金融业的责任、也是要求。过去，我们更多地是依赖银行信贷，强调发展资本市场的作用也只是更多地关注资本交易市场而不是资本形成市场。金融租赁是一种资产金融，是连接金融业和实体经济的一个重要领域，是社会资金配置的一个重要渠道。其意义和作用，我以下重点说三个方面：

其一，发展金融租赁业，能有效促进产融结合。这次危机，事实上显露出了金融业发展的一个问题，就是一些金融创新工具对经济实体的疏远。如何让金融业回归与产业结合，我想金融租赁业本身就具备这样一种机制。在我国经济面对全球金融危机冲击的背景下，金融租赁业充分发挥了拉动产业投资的功能，目前租赁资产余额超过2300亿元，对保持我国经济稳定发

挥了重要的作用。以工银租赁为例，开业3年来，累计安排了各类租赁项目80余个，公司目前拥有各类主流的民用飞机56架，拥有大型的船舶62艘，以及大型的设备600余台套，为我国航空、航运、交通等行业应对金融危机提供了有力的支持。金融租赁公司直接购买租赁资产，将提高制造商的销售规模，扩大承租人的资产投资，增加社会投资。在后危机时代，理应大力提倡发展金融租赁业，为我国实现经济发展方式的转变和宏观调控提供新的渠道，为实体经济和产业发展注入新的活力。

其二，有助于完善金融结构、促进产业、地区经济平衡发展。我们知道，中国金融结构长期以来保持银行间接融资为主的格局，股权类资金供应严重不足。这次次贷危机已给我们重要警示，如融资结构不能较快得到改善的话，金融杠杆率过高势必成为我们发展的潜在的、巨大的风险（我国目前居民资产负债、企业资产负债、银行资产负债以及政府资产负债都出现了一些恶化或紧张迹象）。现在，我们还面临着局部投资资金不足和部分行业产能过剩并存的突出问题。金融租赁是以物、资产为载体的新兴资本流动的方式，具有平衡资本与投资供需矛盾、促进资本理性选择的特殊功能。从近年来的实践发展来看，把商业银行稳健经营的文化引入租赁业，形成租赁资产投资平台，发展金融租赁与其他金融市场的有效对接，应该成为完善中国金融结构、解决经济主体的负债率过高、地区资本积累及经济发展不平衡的一个重要方面，以支持经济更好更快发展。

第三，有助于解决中小企业融资难问题，可以有效地防控金融机构的融资风险。我国中小企业平均寿命一般3年左右，一项设备的回收期大约长达5年，甚至更长。在传统的信贷模式下，期限大多是1年以内，由于融资期限短，容易发生资金短借长用、负债与资产结构不匹配等财务风险。金融租赁更侧重于对项目未来现金流的考察，对承租人历史上的资产负债情况不刻意要求，这就使得未在银行建立起信用的中小企业可以获得发展过程需要的中长期设备融资。同时，利用金融租赁可以在一家企业退出市场时，将租赁物转租给其他企业，可以有效地防控金融机构的融资风险。目前，包括工银租赁在内的一些租赁公司，已在这方面做了积极探索，我们推出了适合中小企业的直租和回租式、“租赁＋保理”、厂商租赁模式等租赁产品体系。

二、当前，我国加快产业升级和经济转型步伐，为金融租赁业发展提供了难得的新机遇、新起点，发展空间广阔

现代租赁业已发展了半个多世纪，在多数领域的引入和应用已经积累了丰富的经验。目前，在一些发达国家的租赁渗透率达到 30%，而我国仅为 4%。全球租赁年交易额达 7600 亿美元，近十年来的年均增长速度达到 10%。租赁已成为与资本市场、银行信贷比肩发展的第三大融资方式。

随着中国工业化的深化和城市化的加快，以基础设施、基础产业、支柱产业为代表的传统性领域中，金融租赁覆盖面和渗透率具有很大发展空间。以飞机租赁领域为例，目前我国民用航空飞机约 60% 是以租赁方式存在的。2009 年底，中国民航机队规模达到 1417 架，较“十五”期末增长近一倍。租赁飞机 801 架，其中经营租赁 555 架，占租赁飞机的 69%。据测算，未来 5 年中国民航机队规模增长速度将达到 12%，预计交付 700 架新飞机，按照平均 60% 的租赁率，中国租赁市场总容量将达到 800 亿美元。

目前，中国已成为全球制造业中心。而以高端制造业为代表的现代产业中，金融租赁更可以在中国现行金融结构调整、融资方式多样化之中占据一席之地。我国工业增加值已经达到的 13.5 万亿元，成为全球的制造中心。但我国的制造业也存在

着进一步发展的制约瓶颈。如果仍然采取传统的对制造业一味增加信贷手段，增加企业库存和应收账款，会形成一种不良的循环。相反，更多地选择金融租赁，发挥它集金融、贸易及技术服务为一体的功能优势，发挥它在企业技术改造、设备更新、大型设备销售等方面的作用，这样可以促使经济走上良性的发展道路。从未来发展趋势看，基于中国由制造业大国向制造业强国以及高端制造业发展的战略要求，制造业应当成为融资租赁的主要目标行业。

后危机时代下，在中国面向"十二五"规划的七大战略性新兴产业中即新能源、新材料、信息产业、新医药、生物育种、节能环保、电动汽车，也完全可以期待金融租赁业在节能减排、新技术、新材料、新能源的开发融资方面获得广泛的应用与发展机遇。

根据"十二五"规划，中国经济仍将保持8%以上的经济增长速度，关系国计民生的基础领域、基础设施投资量巨大，制造业仍保持较快发展，传统工业改造和产业结构升级加快，战略性新兴产业将成为经济新增长点，这将使得固定资产投资总量仍将维持较高的水平，机器设备投融资需求十分旺盛。

从世界发达国家和新兴市场租赁业发展水平与经验来看，无论是促进产业升级、扩大内需，还是支持企业"走出去"，金融租赁都可以发挥重要作用，市场发展空间巨大，相信在不远的将来必然会有一个更大的发展和跃升。

三、我国大力发展金融租赁业已具备较好的环境条件，也面临着诸多挑战

近年来，随着商业银行和其他金融机构的介入，带来以产品、服务为核心的高起点、高层次的竞争，给金融租赁业注入新的活力。金融租赁正得到政府和监管部门积极鼓励和大力支

持，在会计、税收及监管等方面的政策完善迈出了很大步伐，为金融租赁行业发展奠定了良好基础。可以说，中国金融租赁业迎来了最好的发展时期。

作为一个新兴的"老行业"，经过三年来的试点实践，我国金融租赁行业已起好步、开好局，获得了初步发展。但与发达国家相比，差距仍然很大，存在总体规模偏小、租赁渗透率还处于很低水平、专业化、国际化水平还不高、支持租赁行业发展的相关配套政策措施也有待健全等诸多问题与挑战。这都需要在未来几年内加强创新研究，努力提高、加快改进。

作为工商银行全球市值最大的上市银行创立的租赁公司，工银租赁有责任、有义务带头研究探索，引领行业发展，做好金融租赁服务，发挥金融租赁应有的作用。也衷心希望各界领导、朋友多关心和支持金融租赁业的发展，共同推动我国金融租赁业的发展，为中国经济转型和广大企业发展助力！

今天，工银租赁公司也是本次金博会的参展企业之一，希望通过此种形式，能让更多的企业、更多朋友了解金融租赁、关心金融租赁、走近金融租赁。

谢谢大家！

本文系作者在第六届北京国际金融博览会暨2010中国金融年度论坛上的演讲

积极推动我国金融资产公开流动

熊 焰

北京产权交易所董事长，北京金融资产交易所董事长兼总裁，中国技术交易所董事长。北京股权投资基金协会副会长，全国工商联并购公会第三届轮值主席。清华大学、中央党校、哈尔滨工业大学、中央财经大学兼职教授。

过去几次参加金博会我都是以北京产权交易所董事长的身份来的，今天我还以另外的身份和视角做汇报，现在我还担任北京资产交易所董事长兼总裁。北京金融资产交易所是去年5月30日正式挂牌运营，它的使命就是推动中国金融资产的公开流动。我们大家都知道中国经济经过过去30年的高速发展，与经济伴生或者说作为重要支撑的是中国金融业快速发展，中国金融业总资产超过130万亿。但是在如此海量的金融资产中，有多少是能够流动的或者有流动性安排？根据我们的调研，目前130万亿金融资产除证券、公募基金以及部分债券之外，绝大多数（三分之二强）的金融资产不具有流动性，以占比最高的信贷为例，中国信贷资产占中国金融资产一半以上。从信贷生成到灭失整个生命周期中基本没有流动性的制度安排，也没有流动的市场机制和平台。有的同志很不以为然，觉得贷款为什么一定要流动呢？我们可以拿发达金融市场做比较。在发达的金融市场中，包括贷款在内的绝大多数金融产品都具备一定的流动性，任何金融产品都有其发行市场（一级市场）作价值互换；有二级市场，金融体系与投资人之间内部流动；有衍生品市场来对冲风险。我国距离这种程度还有很远，这种距离使得中国金融对中国实体经济的贡献率大打折扣。我国货币发行量与GDP之间的关系和美国比有很大的差距，中国的M2比美国略多，但我们的GDP还不到美国的三分之一，即单位货币的GDP贡献率是美国的三分之一。微观上，以信贷为代表的大量的金融资产不能流动，缺失了一个倒逼银行转变发展方式的巨大力量，目前中国的银行都还在比规模、比增量、比存量，谁在比收益率？现在中国银行普遍采取的还是要想扩大规模就增加核心资本，水多加面、面多加水，单纯进行规模扩张。但现在主要的银行都成为上市公司，有巴塞尔条约的制约，这种模式已经走到尽头，金融资产要考虑到合理的流动。除信贷之外，实际上还包括信托、理财、保险管理资产等在内的中国主要的金融品种，实际上都缺乏流动性的制度安排和市场平台。

北京金融资产交易所正是面临这样的社会担当应运而生，北京金融资产交易所团队在北京市政府、一行三会相关监管部门的支持下组成的，希望成为中国金融资产流动的试验田。因为中国的金融创新，任何新的市场产品和流动机制都是金融创新。我国是强金融监管国家，这有其必然性，金融具有巨大的外部性，可以配置资源，推动产业升级，但稍不谨慎就将波及广大公众的资金安全、影响社会安定。因此在巨大外部性的背景下，严格监管金融是必要的。但严格严管和创新显然构成了矛盾，发达市场经济国家的金融创新往往是自下而上的。但中国的金融往往是自上而下的，在中国政府普遍的风险厌恶的情况下，中国金融创新步履维艰，在这种情况下北京资产交易所愿意做中国金融创新的试验田，我们在可控、透明的环境下进行小规模金融产品创新、设计、推出，被各方接受后再逐步放开。因此北京金融资产交易所在启动运营的一年多时间内，分别在银行信贷、中小企业贷款、银团贷款、票据资产流动、资产证券化等等方向进行了探索。到目前为止，去年交易额 380 多亿，今年交易额有望超过 2000 亿。北京金融资产交易所希望成为中国以人民币计价的财富管理市场基础设施的建设者，希望可以成为中国资产证券化重要的导入者，希望能够成为化解中小企业融资难的重要协同力量。

昨天上午开幕式后，北京市政府和一行三会相关领导为北京金融资产交易所与社科院等机构联合建设的中国中小企业金融研究中心做了启动仪式。

我们这个研究中心实际上就是希望融合实体机构、金融机构在内的各种各样的研究开发力量，在政府的支持下，在特定区域缓解中小企业融资难题的工具与方法。北京金融资产交易所，中国技术交易所和北京股权登记管理中心等机构都是北京产权交易所搭建的平台，正在联手在中关村推出科技型中小企业投融资的中关村模式。这个模式的核心实际上是启动产权链管理。这是针对中小企业轻资产的特色。中国科技中小企业往往有一个明显特色，物业、土地、厂房、设备等资产比例偏低，技术专利等轻资产比例偏高，在中国现行金融体系下，银行与投资者很难接受轻资产作为资本品与它进行交换。因此我们考虑如何用产权管理的方法将这些存在于科技型中小企业手中的轻资产硬化、外化、显性化。这里有一个理论模型，在同一地点一百平方米的一栋房子，A 栋没有产权证、B 栋有小产权证，C 栋有大产权证，常识会告诉我们，这一栋房子各差了一倍的价格，同样的房子为什么有这么大的差异？产权证是政府公信力为私人财产排他性的增信。为什么我们去沪深股市买股票的时候没有任何人想成交时会拿不到企业的股权？因为企业股权处于登记托管状态，不在原所有者手中。这样一些理念引导着我们，我们能不能在特定的区域为科技型中小企业的股权提供产权管理，现在产权交易所下的几家交易所正在联合做这方面的试点，但试点需要工商部门、一系列中介机构的支持，需要政府对风险进行补偿，购买中介服务，这些都在稳步推进中。

由于中小科技企业高风险、高回报的特点，中国间接融资占主体的情况下，让银行收取平均回报却承担巨大的投资风险，简单教育、要求是无法改变人们理智的行为。如何把即期的风险用远期的回报平衡？因此北京产权交易所设计了私募可转债、选择权贷款等等一系列针对科技型中小企业的股权与即期投资风险挂钩的产品。北京金融资产交易所还组合了一系列的产品，作为固定化的、产品化的服务推荐给中小企业，希望我们的努力可以适度缓解中小企业特别是科技型中小企业融资难题。希望大家关注北京产权交易所的实践。谢谢大家。

本文系作者在第七届北京国际金融博览会暨2011中国金融年度论坛上的演讲

社会经济问题的信托视角

相开进

南开大学 EMBA 硕士，具有律师职业资格，曾任山东鲁信产权交易中心总经理。现任泰信基金管理有限公司董事、山东省国际信托有限公司总经理、董事。

作为本届北京国际金博会唯一受邀的信托公司，我们深感荣幸。

我发言的题目是，《社会经济问题的信托视角》。主要和大家一道探讨：在信托资产突破4万亿的背景下，信托公司如何更好地服务全国金融业大局，促进经济社会健康快速发展。我的发言分为四个部分：一是，立足供需双方，追求完整产品线，信托公司已明确市场定位和发展方向；二是，充分利用制度优势，信托公司助力解决社会经济问题；三是，依托创新机制和高端理财，信托公司不断增强核心竞争力；最后，从制度体和发展环境的角度，谈谈如何实现信托公司更好更快发展。

一、立足供需双方，追求完整产品线，信托公司已经找准了自己的定位

近年来，伴随着社会财富的增长，财富拥有者投资意识日渐觉醒。为财富投向找到恰当的出口，使之与国民经济和社会发展需要相匹配，是金融业界共同的责任。信托，作为最具创新性、最具生命力的金融平台和金融工具，最有理由、最有资格担负起这一使命。几年来，国内信托公司根据《信托法》、《信托公司管理办法》、《信托公司集合资金信托计划管理办法》，迅速找准了自己的定位，审时度势创新业务类型，满足投资者理财方案个性化的需求，积极推动金融资本在全社会的高效配置。

国内各信托公司设计了很多具有开创意义的信托产品，经过努力，已经形成了信托公司自己的特色鲜明的产品线。这包括，产业投资信托、证券投资信托、上市公司股权质押融资信托、私募股权信托、艺术品信托、基础设施建设信托和保障房信

托等等。在支持重点产业发展、稳定资本市场、引导理性投资、优化社会资源配置和推动社会事业进步等方面收到了良好实效。

产业投资信托有两个定位，一是提供有别于银行信贷的差别化服务，组合运用贷款、应收账款转让、股权投资、财产收益权、融资租赁等各种手段；二是依托业务创新，匹配项目风险和投资者风险偏好，支持民营企业、中小企业和新兴经济企业发展。

证券投资信托的发展，从整体上看，为中国证券市场注入了新鲜血液，使投资主体多元化，投资行为差异化，促使市场波动减小，估值水平趋向合理，资源配置更加有效。

上市公司股权质押融资信托的创新背景主要有两点：一是，基于物权法，合理利用流通受限股份在受限期间除所有权外的其他权益；二是，该业务实质上类似看涨期权，既能满足融资需求，又不失分享未来业绩的机会。

私募股权信托意在促进未上市公司股权流动、引导民营资本有序参与国家鼓励的社会经济产业。该类业务的投资者主要是高净值富裕人群，能够理性把握风险和收益。能够使信托公司开发针对创新产业、中小企业的高风险和高回报的信托产品，提供介于银行和证券市场的金融服务。私募股权信托受追捧，是财富拥有者投资意识觉醒的最直接表现。

艺术品信托的快速发展可以说是信托业创新的一个缩影。诚然，艺术品信托在估值、增信措施等方面仍然需要进一步完善，但信托公司在满足投资者资产保值增值需求和降低艺术品投资门槛方面做出了重要贡献。投资者的反映是最好的证明：今年前三季度发行规模为 41 亿元，比去年前三季度增加 38 亿元，增幅高达 1319%。

信托业利用在资产证券化等方面的丰富经验，引导大型机构投资者通过信托法律结构参与各类基础设施项目。既为社会投资者提供了收益稳定的长期投资机会,也为基础设施建设提供了资金和管理技术支持,有力地促进了各项社会事业的发展。

同时,信托业发挥专业理财机构在资金配置方面的优势,在推动保障房建设和促进公益事业发展等方面提供了很好的参考思路和具体解决方案。

二、发挥制度优势,信托公司助力解决社会经济问题

在这一部分,我就阳光私募、民间借贷和公益事业等时下社会大众广泛关注的话题,谈谈信托化思路和解决方案。

第一,大力发展阳光私募,增强证券市场资金流动的可预期性、平稳性和可控性,提高证券市场的资源配置效率。

受益于产品设计及客户关系管理方面的灵活性,证券信托能够满足高净值富裕人群个性化的理财需求;与此相对照,公募基金,从趋势上看,程度不同地存在指数化投资、被动投资的问题,在一定程度上难以满足这些客户的需求。

目前,一批优秀私募基金管理人以不俗的业绩逐渐在市场上树立了自己的形象和自己的品牌。就山东信托而言,公司发行的泽熙、彤源、长金、梦想、智慧、以太、尊岳稳健系列证券投资信托受到了投资者的追捧。目前,在山东信托平台上运作的私募证券信托已超过一百亿元,这相当于一家中小型公募基金管理的基金规模。2010 年 3 月,公司与第一财经合作推出了“山东信托中国阳光私募基金指数”,为中国阳光私募证券基金市场提供了投资分析的工具和可比较的业绩基准,对我国阳光私募信托发展起到了积极的推动作用。

第二,合理利用阳光私募证券投资信托的经验,将富余的民间资本通过信托机制“阳光化”, 引导民间借贷的市场需求。

温州私营企业资金链断裂的深层次原因主要是:民营企业融资难和投资方向选择不当。作为与银行、证券和保险并列的金

融支柱，信托公司致力于提供差异化的服务和产品，能够有效解决上述问题。

一是，通过创新信托产品能为民间资本提供丰厚回报。民间资本投资者具有敏锐的市场洞察力，具有一定的风险承担能力，结合信托公司优质的资产管理能力和灵活的产品模式，能够满足资本逐利的本质需要。

二是，信托公司具有更为开阔的视野，恪守信托责任，将民间资本汇集引领进入到市场前景好、符合国家长久发展规划的领域，既能保证国民经济和社会发展有充足的动力，又能避免民间资本投资无序导致经济局部过热。

三是，通过信托财产权隔离功能，第三方独立机构的参与和详尽的信息披露，信托公司能够增强民间资本投资的安全性、规范性和可控性。

在这方面，山东信托作出了自己的努力。今年 8 月，山东信托推出了国内第一支参与股权柜台交易市场的管理型信托产品，“尊岳进取 1 号”，为民间资本参与产业投资提供了良好平台，在促进我国多层次资本市场建设的方向上做出了积极探索。公司推出的矿业投资系列、绿色投资系列、船舶航运投资信托基金（国家发改委 2009 年批准设立的国内唯一一只船舶产业基金）、恒富系列、“鲁信尊享”、“恒鑫”系列股权质押信托产品、贵金属信托投资产品以及艺术品信托产品等等，对国有重点支柱骨干企业产业改造升级、发展绿色低碳经济、支持民营经济发展、弘扬中华传统文化等方面提供了大量的融资支持。

第三，积极稳妥地开展公益信托，使其成为公益事业的重要组成部分，推动科学研究、文化教育、社会福利和其他公益事业的快速发展。

众所周知，以传统的基金会形式开展公益活动存在一些不足之处，也出现了一些问题。作为信托业者，有责任为社会提供更加合理有效的“公益资金接口”，在满足公益事业现有需求的前提下，积极开发灵活多样的公益事业组织形式，通过提升整个社会的公益慈善文化水平，增强社会成员的社会责任感，最终促进和谐社会的建设。

以山东信托为例，公司目前的思路是：发挥信托作为专业理财机构在资金运用方面的优势，以资金保管、信息披露等方面为切入点，设计合理的信托架构，与各类慈善组织开展广泛持久深入的战略合作，争取尽快产生实效。此外，公司也在探讨与高校奖学金、社会组织专项奖励基金等具有保值增值需求的捐助行为合作的前景和具体措施。

三、依托创新机制和高端理财，打造信托公司核心竞争力

从 1979 年成立第一家信托公司以来，在中国人民银行、特别是银监会等监管机构的引导和规范下，中国信托业几经沧桑，终于找到了可持续发展的核心竞争力：充满想象力的创新和个性化的高端理财。

由于信托制度层面的原因，创新文化实际上已成为整个信托行业的基本元素；只有不断创新，才能不断找到适合信托开展的业务，才能在法律、政策的框架内，求得自身的发展。创新，已成为信托机构的一种本能。信托产品涵盖领域从传统的工商企业、房地产业、证券投资、股权投资到新型的金融化商品，红酒、贵金属、艺术品，产品创新速度和质量快速提高，在资产份额化、证券化方面，在鼓励实业创新和提高资产流动性的道路上，有了长足发展。

相比较于银行业和证券业，信托业宽广的经营领域和灵活的创新机制，能够给高端理财客户最好的资产配置服务和最佳的个性化产品设计。如上所述，包括山东信托在内的许多信托公

司坚持平衡风险和报酬的“产品线”理念，针对投资者的不同风险偏好，结合不同的行业、不同的企业生命阶段，审时度势地设计出各种适配的产品，最大限度地满足了市场资金的个性化需求。

应该说，得益于行业监管的远见和坚决信念，信托公司在经历了迷茫和阵痛后，终于化茧成蝶，走上了健康发展的道路，这就是，针对高端客户个性化、专业化的财富管理。

据统计，2010 年中国个人可投资资产规模达到 62 万亿，较 2009 年末同比增长约19%。其中，高净值人群数量达 50 万人，与 2009 年相比增加了 9 万人，年增长率为 22%；超高净值人群超过 2 万人，可投资资产 5千万以上人士超过 7 万人。值得注意的是，高净值人群的投资类别中，以阳光私募、私募股权为代表的其他类别投资增速最快，2008-2010 年年均复合增长率约 100%，成为高净值人群的投资热点。山东信托资产管理规模增长迅速，2010 年资产管理规模达到了 1177 亿元，在净资本管理背景下，2011 年预计仍新增 1000 多亿元，也充分证明了这一趋势。

四、对信托公司发展面临的制度制约和发展环境的看法

《信托法》、《信托公司管理办法》、《信托公司集合资金信托计划管理办法》、《信托公司净资本管理办法》和一些适时推出的具体业务指引，构成了我国信托业基本的法律法规和规章体系。我国金融业发展变化快，部分法规的制定背景与现实环境已有较大差异，需要修订或出台详细的实施细则，同时，社会各界也应对信托给予正确引导和关怀。具体来说：

第一，信托财产的登记制度缺乏实施细则，很难实现与《物权法》等法律法规的有效对接。实务操作中，信托财产的登记效力不及物权法中关于不动产和特殊动产买卖登记的效力，信托

财产登记也不能共享相关部门的登记系统信息，信托财产登记手续繁琐且法律效力有限。

第二，信托受益权转让的规定过于严格。信托产品流转关乎信托产品的结构设计和销售，符合监管部门加强信托公司自主管理能力建设的要求，法律法规不宜采取一刀切的方式，禁止具有合理经济需求、不影响信托计划本身经济效力的流转。

第三，对信托公司的业务限制过多。譬如说，信托公司证券开户的限制，保障房建设信托融资的限制，信托资产和信托公司上市的限制，等等，不利于满足不同性质主体的投融资需求，容易造成社会资源过度集中引起的配置低效，也不利于信托公司自身的规范发展。

第四，社会各界应更加注重引导信托公司面向社会提供金融服务。社会各界应该更多地鼓励信托不断加强业务创新能力建设，面向高端客户提供增值服务，切实服务好实体经济的发展和社会事业的进步，充分发挥信托面向社会的金融服务功能。彻底改变围绕股东或围绕个别地区或领域开展业务的做法。行业排名方面，对集合信托、创新型信托、面向多个委托人的大众服务信托产品等还缺乏重视和引导，不利于媒体和受众正确理解把握信托。在信托与社会充分衔接、促进信托加速融入社会方面，业内同仁应该付出更多的努力。

第五，社会各界应给予信托公司更多的宽容。对信托公司取得的成绩，应实事求是地给予肯定，对信托公司正常经营中出现的问题，应体现更多的宽容与理解，给予一定的容忍度。不能求全责备。这对于还处在发展初期的信托业来说，尤其显得重要。从历史上看，无论是银行、保险还是证券，都曾不同程度地出现过这样那样的问题，信托也不例外。当前，转型后的信托，无论是固有资产质量还是信托资产质量，都达到了前所未有的水平，信托已经展现出旺盛的生命力。照这样的趋势发展，信托业大有希望。信托到底能发展到什么程度？我想，很有可能发展到超出在座各位想像的程度。当然，这离不开在座的各位领导、各位朋友、社会各界方方面面的支持。

中国信托虽有三十多年的历史，但与银行、保险和证券相比，信托行业仍显年轻，因此也充满了活力，它应该也一定能承担更大的社会经济责任。“我们要象爱护自己的眼睛一样爱惜信托行业的声誉”。完善公司治理、抓好风险控制，提升行业的公信力，通过全行业的自律规范发展推动监管的立法建设，支持信托业的健康发展，为中国金融业的繁荣发展贡献力量。

谢谢大家！

本文系作者在第七届北京国际金融博览会暨2011中国金融年度论坛上的演讲

产业运营与金融资本有机对接的探索与实践

王 敏

北京科技大学硕士研究生，现任北京汽车股份有限公司副总裁。

非常高兴参加本次论坛。自 1987 年东风汽车工业财务公司设立以来，我国开始了产融结合的探索。经过 20 多年的发展，产融结合的程度得到加深，多样化的产融结合已经成为新一时期产业资本投资的热点，也引发了业界的热议和争论。下面，结合北汽集团这几年在产融结合方面的探索与实践，谈一谈我们的思路与体会。

一、产融结合是中国汽车产业提升核心竞争力、实现可持续发展的必然选择

汽车产业的产融结合能够有力促进我国汽车产业的可持续发展。汽车工业是资金密集、技术密集、劳动密集型产业，对资金的需求动辄数以亿计。中国汽车产业经过近 30 年的改革开放，已成为国民经济的重要支柱产业和国民经济的重要推动力量，当前，我国汽车产业正在由传统制造业向高端制造业加速转型。以“自主创新、新能源汽车、兼并重组、海外战略”为主题的中国汽车产业的转型升级离不开金融资本的有力支持。2011 年，虽然我国汽车行业业绩增幅大幅放缓，但固定资产投资依然保持了快速增长，1-7 月，全国汽车行业规模以上企业累计完成固定资产投资 3249.19 亿元，同比增长 43.69%。下一步，随着我国汽车产业自主品牌研发、技术升级、产业基地建设、大规模联合重组的加快，资金需求将进一步增加。此外，中国汽车产业正处于加速布局海外、加快“走出去”的关键阶段，不仅在海外投资、海外并购上存在的巨大资金需求，在海外销售方面更需要有效的金融支持。中国汽车产业迫切需要与我国的金融机构实现合作，共同推进“走出去”战略。然而与巨大的资金需求和

金融支持需求形成强烈对比的是，中国大部分汽车企业依旧属于生产企业及贸易企业，缺乏金融融资功能，融资手段单一，当前困扰我国汽车企业集团发展的主要因素之一是资本金不足，融资能力有限，从而使生产经营、资本运营受到很大限制，而企业的资本结构模式及我国资本市场的不完善又限制了企业直接融资能力的发展。因此，中国的汽车产业要做大做强，就必须解决资金的问题。一方面，离不开金融行业的资金支持，但更重要的措施是加快金融业改革与创新，为产融结合创造条件，使企业具有更多的融资手段，让资金能够有效进入汽车行业。

伴随着中国汽车产业发展而迅速壮大的我国大型汽车企业集团目前已经具备了发展产融结合的条件和资源。从北汽集团来讲，在过去 10 年，随着我国经济的快速增长，取得了长足的进步，特别是在"十一五"期间实现了跨越式的发展。"十一五"期间，集团整车销量由 59.7 万辆增长到 150.1 万辆，增长了 2.5 倍；年营业收入由 502 亿元增长到 1576 亿元，增长了 3.14 倍；年实现利润由 3.8 亿元增长到 108.2 亿元，增长了 28.4 倍，是建国以来北京市首个年利润总额超百亿元的企业集团，已发展成为首都高端经济产业的重要支柱和现代制造业的第一支柱。对于中国大型汽车企业集团来说，通过不断地向金融业渗透，充分利用产业资本向产融结合型企业转变，积极探索汽车产业新的商业模式成为这些企业共同的选择。截至 2010 年末，我国汽车行业龙头企业中已有 5 家成立了财务公司，这些企业通过积极探索产业运营与资本运营共同驱动、相互促进的发展模式，使企业在规模和效益上均实现了跨越式发展。

二、北汽集团产融结合的探索与实践

近年来，伴随着中国汽车产业的快速发展，北汽集团整体实力和经营效益实现了跨越式发展，集团化战略的顺利实施，为北汽集团加快产融结合创造了非常有利的条件。北汽集团始终坚持整合金融资本、发展产业运营能力、资本运营能力的企业战略，最大限度地吸纳和利用金融资本的支持，积极探索产融结合的发展道路，力争在北京市和汽车行业率先形成生产经营及资本运营共同驱动的产业发展新格局。

在利用金融资本方面，北汽集团与国内外各大商业银行、国际投资基金和银团建立了广泛而牢固的战略合作关系。“十一五”期间，北汽集团加大与各大银行等金融机构的合作，通过组织银团贷款、发债、中期票据等各种融资方式为产业发展筹集到了急需的资金，为北汽集团扩大生产规模和发展自主品牌乘用车提供了有力的资金保障。其中，2009年底北汽成功收购瑞典萨博整车、发动机、变速箱相关知识产权以及研发、质量、管理和服务一整套标准和体系，正是得益于中信银行为本次收购提供的知识产权融资。今年，北汽集团又在国家开发银行全额贷款授信的协助下，成功收购了全球领先的汽车天窗系统制造企业荷兰英钠法公司100%股权，直接拥有了独立面向市场的天窗业务，为北汽零部件板块业务的发展做出了贡献。在汽车销售及渠道建设方面，北汽集团通过与银行合作，提供信贷支持等金融服务，积极探索产、商、银三结合的模式，迅速推进产品的上市，扩大产品的市场份额。此外，北汽集团还积极吸纳金融资本入股参与产业链的建设。今年初，北汽和平安保险产融结合、强强合作，共同出资设立了北京北汽鹏龙汽车服务贸易股份有限公司，已成为整合北汽服务贸易资源的核心平台。

在积极探索产融结合的新模式，由产业运营向金融业务延伸方面，北汽集团通过成立财务公司以及对各个产业平台的资源整合、股份制改造，形成了以财务公司为纽带，以整车、零部件制造及服务贸易等产业实体为主体的架构，实现了产业运营与金融资本的有机对接。北汽财务公司已经获得银监会的正式批准，是北汽集团第一家非银行金融机构，未来将在提高北汽集团资源配置效率，提升集团公司价值；强化财务风险控制，增强集团管控能力；发挥金融服务功能，提高集团化运作水平等方面发挥重要作用。

三、关于产融结合的一些体会

在产融结合的实践中，我们主要有以下两点体会：

首先，产融结合战略必须符合集团发展的总体战略。无论是企业与金融机构的战略合作还是通过集团财务公司有效整合内部资源，都必须紧密结合企业发展战略，通过产业与金融的有机结合，实现战略协同效应。北汽作为实业经营企业，产融结合的发展必须要以主业的健康发展为基础。我们的产融结合特点是强调要坚持以汽车产业为核心业务，金融业务的定位是为汽车主业服务。对于我们来说，开展金融业务是公司主业的延伸，是强化主业的重要手段。我们坚持以强化主业为标准，开展产融结合的运作，明确了介入金融资本的目的是必须对主业能起到支撑与服务作用。

其次，必须注重产融结合的风险控制问题。在全面分析行业及市场发展趋势的基础上，运用专业的管理和控制手段来应对产融结合过程中存在的高风险，对于一个以传统实业经营为主业的企业集团来说非常重要。北汽集团在产融结合的各个环节和经营过程中严格执行风险管理流程，不断健全全面风险管理体系，包括风险管理策略、风险管理措施、风险管理的组织职能体系、风险管理信息系统和内部控制系统，从而实现全员、全过程、全方位的全面风险管理的保障措施。

处理好以上两个关键问题，实业和金融这一对驱动企业发展的“翅膀”一定能相互促进，相得益彰。

在金融危机的影响下，传统的商业模式和规则逐渐被打破，当前的中国经济呼唤具有创新能力的企业出现。创新不仅仅是产品和技术创新，更为重要的是业务模式的创新。产融结合是汽车产业业务模式创新的重要内容，仍存在更多探索和变革的空间，我们也期待金融企业能够创造更多的组合服务。北汽集团将坚定不移地推进产融结合，在商业模式创新上不断探索合作。今年是“十二五”规划的开局之年，北汽集团的“十二五”规划确立了力争实现产销突破400万辆；主营业务收入突破4000亿元，利润突破400亿元，进入世界汽车行业前十五位的发展目标。未来，我们对于资金的需求依然很大，我们也希望继续与金融机构进行多种形式的合作，提高我们的产融结合水平。在这里我代表北汽集团，热诚欢迎在座的各位金融机构的代表作客北汽集团，进行交流与合作，为共同推进北京汽车工业的发展而努力。

谢谢大家！

本文系作者在第七届北京国际金融博览会暨2011中国金融年度论坛上的演讲

改革国际评级体系，推动世界经济复苏

关建中

大公国际资信评估有限公司董事长兼总裁，享受国务院政府特殊津贴的专家，中国证券业协会证券资信评级专业委员会主任，北京交通大学兼职教授，天津财经大学兼职教授、博士生导师。中国信用评级行业的创始人之一，中国信用评级标准以及科研和教育体系的创建者。

世界经济难以复苏的根本原因是，目前采取救助危机的方式违背了信用经济发展规律。信用经济规律的表现是，债权人与债务人构成的信用关系已经社会化，信用关系加入社会再生产的全过程，现代信用关系的状况对社会再生产发展具有决定性作用；信用关系的建立与稳定高度依赖信用评级信息，信用评级的质量决定着信用关系的状态；信用关系的总和构成国际信用体系，全球信用体系是现代世界经济的基础，国际评级体系是全球信用体系得以建立的前提，世界经济与全球信用体系和国际评级体系的内在联系使信用评级日益成为世界经济的主宰。现存国际评级体系的根本错误破坏了世界经济赖以存在和发展的全球信用体系，推动世界经济复苏必须以构建新型全球信用体系为根本，以重构国际评级体系为前提。

一、现存国际评级体系导致了全球信用危机

信用危机的实质是全球债权债务关系破裂。现代国际信用关系是依赖西方评级信息构建的，错误的评级信息使全球信用体系充满违约风险，当这些机构持续向世界提供的错误评级信息突破质变的临界点时，国际信用关系就开始逐一遭受破坏，国际信用体系的资本流动功能受阻，直接导致世界经济衰退。

1、世界信用革命推动了全球信用体系的形成。

西方发达国家生产与消费的矛盾推动了一场人类信用革命。世界信用革命是指在世界范围内变革人类已有的信用模式，超越现实物质财富创造能力运用借贷方式持续扩大消费需求，把信用关系融入社会再生产的全过程，使信用关系成为现代社会的经济基础，全面影响人类经济社会活动。世界信用革命经历了四个发展阶段：

(1)世界统一货币阶段。

世界统一货币是指，人类结束了几千年来跨国经济活动没有统一计价工具的历史，选择了一种货币作为世界货币，这是改变人类信用活动的起点。

这一阶段从 1944 年布雷顿森林体系建立到 1973 年这一体系崩溃，共经历了 29 年时间。

由于这一时期信用关系形成的基础是实物资产的生产和交易，特别是美元与黄金直接挂钩，限制了信用脱离实体经济发展需要的过度扩张，这个阶段的信用关系最为稳定，不可能发生大规模的违约事件。

(2)国家创造信用需求阶段。

国家创造信用需求是指，布雷顿森林体系的缔约国不再受现实财富创造能力制约，可以自行通过货币发行量、利率、汇率等信用手段调控市场信用总规模来满足生产与消费的需要。由于国家不能脱离现实财富制约无限增加货币供应量，这个阶段的特征是对现实信用资源的利用。

国家创造信用需求提供了信用关系社会化的基础，多余货币和剩余财富需要以借贷方式实现增值，其实现途径的必然选择是债权债务关系社会化。这个阶段的社会债权债务关系是建立在现实物质财富基础上的，所以是稳定的，不会发生系统性的债务危机。

(3)市场创造信用需求阶段。

市场创造信用需求是指，不是通过货币供应量、利率、汇率等政府控制的信用工具调控信用规模，而是市场依据经济体未来可能创造的价值，通过一系列融资工具设计，由债务人向债权人募集资金创造的社会信用需求。由于市场对信用需求的创造源自于未来，这个阶段的特征是对未来信用资源的利用。

市场创造信用需求是通过不同的融资工具创造一个又一个债权债务关系实现的，信用关系快速社会化是这一时期的显著特征，债权债务关系融入社会再生产的全过程，信用关系成为社会成员间的基本经济关系，人类社会的经济基础发生了重大变革，这是世界信用革命最具里程碑意义的发展阶段。这个时期的债权债务关系已经全球化，现代国际信用体系已经形成，因其信用关系依据未来价值创造能力的预测构建，具有极大的不确定性，系统性违约的可能性增大。

(4)虚拟信用需求阶段。

虚拟信用需求是指，缺乏现实和未来价值创造能力支持的信用需求，本质上是信用泡沫。虚拟信用需求是西方发达国家通过鼓励缺乏实际偿付能力的低收入群体借债和对已形成的借贷关系进行反复开发，创新信用衍生产品，人为设计信用需求实现的。由于虚拟信用需求无任何实际财富做基础，这个阶段的特征是对完全不存在信用资源的利用。

统计数据显示，1998 年，全球公开市场交易的金融衍生产品，包括外汇衍生品、利率衍生品、信用衍生品等合同总额为 80.31 万亿美元；到 2009 年，这一数据达到 603.9 万亿美元，翻了 7 倍多，是当年世界国内生产总值的 10 倍。美国的衍生产品种类和交易规模占全球比例为 30%-40%。

世界信用革命的实质是推动了债权债务关系社会化和全球化发展，构建起了一个世界债权债务链条，这就是国际信用体系。

2、国际信用体系客观上要求有一个公正的国际评级体系。

每一个信用关系的建立是以对债务人的偿还能力判断为条件的，当影响债务人信用风险因素日益社会化时，对其违约风险识别就成为一个复杂的专业研究过程，无论债权人还是债务人都难以具备这样的持续研究能力，特别是信用交易定价更认可独立于债权债务当事人的第三方信息，于是，信用社会化选择并赋予了专业评级机构独立判断债务人信用风险的职责与权力。

作为世界经济发展基础的国际信用体系是依据评级信息建立起来的，信用体系的安全状况决定着世界经济的前途，因此，国际信用体系要求有一个能够承担起人类社会安全发展的国际评级体系。于是，国际信用评级体系可以通过对国际信用体系的影响主宰世界经济。

3、现存国际评级体系难以承担世界评级责任。

现存国际评级体系存在的主要问题包括：

（1）维护最大债务国利益的鲜明评级立场使这个体系提供的评级信息失去独立性和客观性，对整个人类社会犯下了一个巨大的道德错误；

（2）严重政治化和意识形态化的评级标准，使评级信息体现的是某些国家的政治经济理念，而不是信用风险形成因素的客观联系，这些扭曲的评级信息引导国际资本流向偿债能力低下的国家，西方发达经济体过度负债，深陷债务危机，拖累世界经济；

（3）国际社会对一个承担世界金融体系安全责任并由一个主权国家评级机构主导的国际评级体系没有监管权力，而所在国政府也未履行管理责任，监管缺失使它们拥有超级权力，不断由世界承担其道德和标准错误导致的后果；

（4）竞争体制机制使评级机构为自身利益而导致评级趋同化，揭示风险能力的弱化使现存国际评级体系难以承担起世界评级责任；

（5）违背债权债务关系原理和信用评级的基本原则，世界

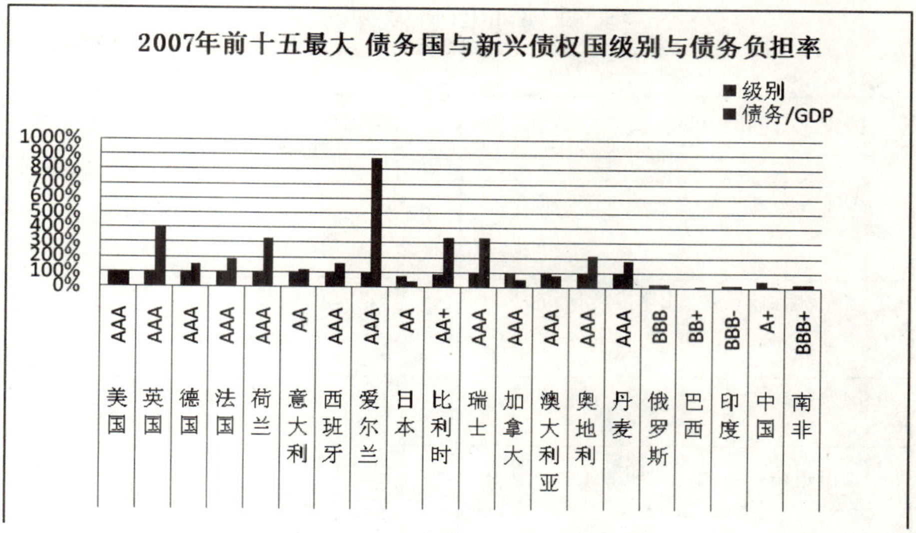

最大债务国掌握国际评级话语权，制定有利于债务国的评级标准，对实际偿债能力持续下降的国家高估信用，对具有价值创造能力的债权国家信用却严重低估，使国际信用资源分配和经济发展持续失衡；

（6）评级理念的根本错误加剧了国际信用风险信息不对称。

①用违约率检验评级结果；

②把主权级别作为一国经济体信用等级上限；

③重视借新还旧能力，忽视财富创造能力对偿债能力的根本作用；

④认为有国际储备货币发行权的国家永远不会违约，他们还不了债时可通过印钞偿债。

机构在对 14 个国家的 31 次级别或展望调整中出现了向大公所给级别跟进的现象（如表所示）。

4、全球信用危机发展趋势。

全球信用危机将按照它的内在发展逻辑经历四个阶段：

（1）债务危机。债务危机是因债务人违约导致的信用关系

大公与三家评级机构主权评级理念比较

大公	三家评级机构
1. 国家财富创造力是一国债务偿还能力的基础	1. 将是否奉行西方的政治体制作为衡量一国政治风险高低的标准
2. 国家经济增长能力依赖于国家管理能力	2. 将人均国内生产总值作为衡量一国经济实力的主要依据
3. 国家金融体系是一国财富创造的驱动力	3. 将经济和金融的自由化、市场化和开放程度作为判断一国经济前景的标准
4. 国家财政实力直接决定一国债务偿还能力	4. 把中央银行独立性和国际储备货币发行权作为最高信用等级的必备条件
5. 本币币值是影响一国债务实际偿还能力的关键要素	5. 忽视财政收入对一国偿债能力的根本作用，过分强调政府融资能力对偿债的保障

连续遭受破坏，致使信用体系不能正常运行的系统性破坏事件。

债务危机对国际信用体系的全面破坏效应传导至实体经济，信用危机由此进入了它的第二个发展阶段。

（2）经济危机。经济危机是债务危机对信用体系破坏引发的实体经济大衰退。债务危机动摇了由信用关系构成的经济基础，失去债务支撑的消费持续低迷使实体经济财富创造能力大幅下降。经济危机的综合效应集中表现为国家主权债务危机，信用危机由此进入它的第三个发展阶段。

（3）货币危机。货币危机是失去偿债能力并具有国际储备货币发行权的债务国为挽救主权债务危机而输出债务采取的货币贬值，是政府主导的一种极端经济行为。国际储备货币持续贬值必然引发世界货币战争，信用危机由此进入它的第四个发展阶段。

（4）全面危机。全面危机是国际储备货币发行国家发动的

三家评级机构主权评级结果向大公靠拢

国家和地区	大公的评级行为		美国三家机构评级的跟进调整行为		
	级别/展望	评级时间	级别/展望变化	调整时间	机构
香港	AAA	2010.10.21	从Aa2上调到Aa1	2010.11.11	穆迪
香港	AAA	2010.10.21	从AA+上调到AAA	2010.12.16	标普
中国	AA+	2010.07.11	从A1上调到Aa3	2010.12.16	标普
中国	AA+	2010.07.11	从A+上调到AA-	2011.05.11	穆迪
日本	AA -	2010.07.11	从AA下调到AA-	2011.01.26	标普
日本	AA-/负面	2010.07.11	将展望从稳定调整为负面（Aa2）	2011.02.22	穆迪
日本	AA-/负面	2010.07.11	将展望从稳定调整为负面（AA）	2011.05.27	惠誉
日本	A+/稳定	2011.06.02	从Aa2下调到Aa3	2011.08.24	穆迪
美国	A+	2010.11.9	将展望从稳定调整为负面（AAA）	2011.04.18	标普
美国	A/负面	2011.08.02	从AAA下调至AA+	2011.08.05	标普
俄罗斯	A	2010.07.11	将展望从稳定调整为正面（BBB）	2010.09.08	惠誉
爱沙尼亚	A	2010.07.11	从BBB+上调到A	2010.07.19	惠誉

持续货币贬值对国际货币体系的颠覆性破坏引发的世界经济体系危机。全面危机是此次全球信用危机的一个拐点，也是实现世界经济复苏的转折，这将考验人类社会对危机发展规律的认识水平和驾驭能力。

二、构建新型国际评级体系是世界经济复苏的前提

1、信用危机是信用体系的调整过程。

信用危机是西方发达国家长期背离信用经济发展规律，依据错误评级信息建立的国际信用体系因债务人系统性违约而使资金不能正常流通的危机，它是不合理的信用关系被淘汰和正确的信用关系确立的过程。国际信用体系的这一调整过程需要

十年以上的时间才能完成。

2、传统方式难以挽救世界经济。

(1)刺激经济增长与信用资源短缺的矛盾；

(2)增收节支与经济增长和社会稳定的矛盾；

(3)货币贬值与国家长远利益的矛盾。

3、双体系重建是世界经济复苏的必由之路。

(1)不合理的国际评级体系制造了危机四伏的国际信用体系；

(2)国际社会所有挽救危机的措施都替代不了信用体系的作用；

(3)建立新型国际信用体系才能形成推动世界经济复苏的力量；

(4)重构国际评级体系是建立新型国际信用体系的保证。

三、改革国际评级体系路线图

1、现在是改革国际评级体系的最佳时机。

首先，危机的发展及挽救危机的失败进一步唤起了国际社会的改革意识，改革思想正在汇集成改革的思潮和行动。

其次，国际评级体系改革的理论准备业已完成，国际有识之士从人类发展信用经济的实践中挖掘出其本质规律，从而确立了评级体系在信用经济社会发展阶段的历史地位，找到了评级体系与人类现代经济活动的内在联系，为确立改革的正确方向提供科学指导。债权国家评级机构联合多国机构共同建立一个新型国际评级机构的行动已经开始，改革的主体力量正在登上历史舞台。

2、新型国际信用评级体系模式。

新型国际信用评级体系模式由三大部分构成，即国际信用评级监管组织，国际信用评级机构，国际信用评级标准。

（1）国际信用评级监管组织。该组织属非主权性质，由各国评级监管机构组成，其职责是：规划国际评级体系发展，制定国际评级监管规则，指导各国评级体系建设，规范评级机构行为，推进信用评级标准升级。

（2）国际信用评级机构。该机构是非主权性质的专业信用信息服务机构，由各国信用评级机构组成，其职责是：制定统一的国际评级标准，对跨国机构进行评级，参与每个国家的评级业务，形成每个国家的双评级机制，进行评级风险的制衡与防范。

（3）国际信用评级标准。国际评级监管组织可以制定评级标准发展规划，激励评级机构落实并不断提升，国际评级机构应当把标准制定与完善作为其核心工作内容，通过体制机制保证其客观性。

3、改革现存国际信用评级体系的指导原则。

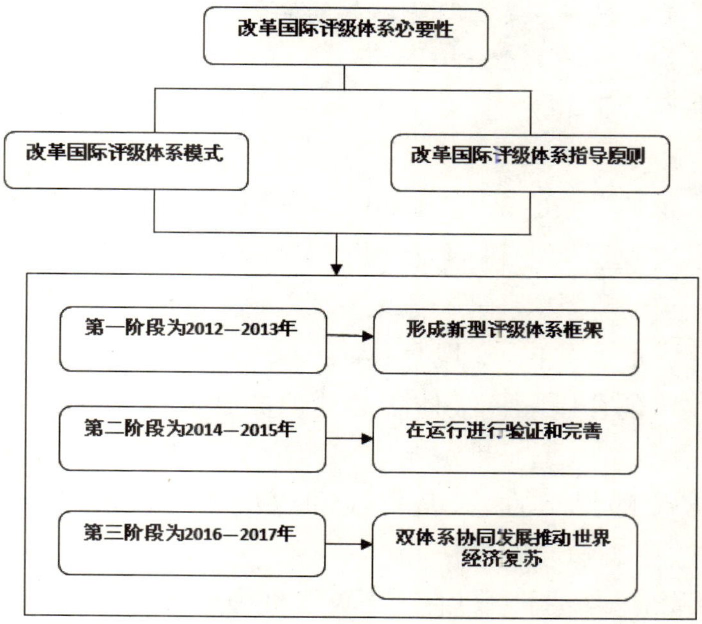

（1）全球性原则：确保用一致的标准对每一个经济体进行评级和持续风险跟踪，使每一个评级信息都可以进行比较；

（2）独立性原则：①非国家性；②非利益性；③非政治性；④非竞争性；⑤公正性；

（3）一致性原则：运用统一的评级标准衡量不同经济主体的信用风险，确保评级的客观性；

（4）国际监管原则：用一致的国际评级监管标准监督评级机构的所有评级行为。

4、改革现存国际评级体系三个阶段。

改革现存国际评级体系的目标分为三个阶段实现。总目标是，建立起一个充分揭示全球每一对债权债务关系信用风险的评级体制机制，为国际信用体系安全提供保障。用六年时间分三步实施这一目标。

第一阶段为2012—2013年，主要任务是初步形成新型国际评级体系的框架，使这个体系具备运行条件。

第二阶段为2014—2015年，主要任务是在运行过程中对新体系进行验证和完善，使其基本具备向全球提供评级信息服务的功能。

第三阶段为2016—2017年，主要任务是实现评级体系与信用体系宏观层面的协同发展机制，在新型国际评级体系支持下，全面展开新型国际信用体系建设工程，运用双体系的力量推动世界经济走出危机，实现复苏。

5、改革现存国际评级体系必须动员更多的资源。

（1）舆论要先行。世界媒体资源应当对改革国际评级体系进行全方位的报道宣传，从广度和深度上让国际社会理解改革，支持改革，参与改革；

（2）政府要支持。政府应当从危机中认识到改革现存国际评级体系与其履行管理经济社会职能是一致的，支持改革就是在改进管理；

(3)债权国家是推动改革的主要力量。债权国家更关注其债权资产安全，有推动改革的内在动力，应该站在改革的前沿，联合债务国共同参与改革；

(4)评级机构是改革的实施主体。全世界的评级机构应该联合起来，共同承担起实现改革目标的历史重任。

全球信用危机客观上要求人类改革经济社会的管理模式，提出改革现存国际评级体系的任务顺应了这一历史需要，而完成这一伟大改革使命需要人类的智慧、共识和行动。

本文系作者在第七届北京国际金融博览会暨2011中国金融年度论坛上的演讲

北京金融业和资本市场发展前景广阔

黎晓宏

工学硕士。曾任中信建投证券有限责任公司董事长。时任北京市政府秘书长，北京市政协副主席。现任中国证券监督管理委员会纪委书记、党委委员。

世界经济格局的大变革、大调整，孕育着新的发展机遇。后金融危机时期，全球经济金融多极化格局渐趋明朗，包括我国在内的新兴市场国家参与国际金融体系的深度将持续加强。据国际货币基金组织统计，今年上半年，全球经济活动增长率约为5.25%。前三季度，中国国内生产总值同比增长9.6%，经济企稳向好，运行态势良好。

首都金融业已经成为北京市经济发展的战略和支柱产业，为保持首都经济平稳较快发展和社会和谐稳定提供了有力支撑。今年1-3季度，金融业实现增加值同比增长5.8%；金融业增加值占地区生产总值的比重达到13%；金融业实现税收占全市三级税收的比重达37.52%。在首都金融业蓬勃发展的过程中，北京市委、市政府高度重视多层次资本市场建设：

一是积极推动企业上市。截至10月底，北京地区A股上市公司161家，总市值占全国A股市场总市值40%以上。创业板正式启动后，我市创业板上市开局良好，并持续保持领先地位。开板一年来，北京地区上市企业数量达22家，行业也相对集中在高科技、高附加值的行业。

二是打造具有首都特色的要素市场体系。在京注册成立的各类要素市场达到29家，中国技术交易所、中国林业产权交易所等一批“中”字头要素市场落户北京。今年，又有北京金融资产交易所、北京国际矿业权交易所、北京农村产权交易所和北京特许经营权交易所等正式设立；北京石油交易所正式运营；

北京产权交易所已构建"一托十"模式，进入集团化发展的新阶段；中关村代办股份转让系统挂牌企业共 74 家，参与试点企业 112 家，正在推动建设中国证监会统一监管下的场外交易市场。当前，市委、市政府正着手开展首都要素市场发展规划研究，着力打造一批"中"字头要素市场，提升一批战略性要素市场，新设一批具有首都特色的要素市场。

三是积极推动股权投资发展。出台了《关于促进股权投资基金业发展的意见》，切合股权投资基金业行业特点，从财政、税收、政府服务等各方面提出了专项支持政策；确定了"1+3+N"发展框架。北京股权投资发展基金于今年 7 月 30 日揭牌，并分别与凯雷集团、IDG 资本签署投资协议；支持成立北京股权投资基金协会，充分发挥行业自律职能，并为业界提供优质、无偿的服务；连续 2 年成功举办了全球 PE 北京论坛，进一步扩大了首都股权投资业的国际影响力。截至 9 月底，北京地区 VC/PE 总投资案例 154 起，投资总金额 24.3 亿美元，分别占全国投资案例的 25.6% 和投资金额 35.4%，连续多年居全国首位。

透过北京地区资本市场建设所取得的成绩，我们也能发现首都金融业具有独特的优势。北京作为国家金融决策中心、金融管理中心、金融信息中心、金融服务中心，具备功能强大、健全的金融市场环境，聚集了中国最重要的金融管理部门、银行机构、大型证券公司、大型保险公司。这为我们推动金融业发展和资本市场建设提供了强有力的支撑。同时，在金融创新服务方面，我市也正在不断推出诸如中小企业集合票据、租赁保理等金融创新产品，不断完善科技金融体系的建设，多层次、全方位地为建设具有国际影响力的金融中心城市奠定基础。

下一步，北京将继续丰富和完善推动金融业发展和资本市场建设的政策和措施，不断提升首都金融业对内开放和对外开放程度，以更宽的视野进一步加强与国际高水平金融机构的交流合作，建设全国性乃至世界性的交易市场。希望社会各界人士继续为首都金融业的发展和资本市场建设提供帮助和支持，并对我们的工作提出宝贵的意见和建议。

本文系作者在第六届北京国际金融博览会暨2010中国资本市场论坛上的致辞

成长市场与亚太区资本市场投资机会

林义相

博士、高级经济师，天相投资顾问有限公司董事长兼总经理，中国证券业协会副会长。

中国经济成功和现在碰到困难的主要原因不在外部，欧美经济对中国有影响，但中国经济状况的主因在国内。大家提到消费问题，消费只是表征消费背后是中国经济增长成果和收入分配问题。从现在的情况看，我个人感觉有几项分配关系要值得注意。第一，分配方面，政府拿得多了点，百姓拿得少了点。第二，城乡比较，城市相对多一些，乡村拿得少了一些。政府内部，中央拿得多了，地方拿得少了。从行业对比，垄断行业拿得多了，非垄断行业特别是民营行业、中小企业拿得少。少数老百姓拿得多了，多数老百姓拿得少了，我想社会主要矛盾都是与此有关。

在目前的情况下，中国政府在外汇管制方面有很大的主动权，虽然操作上有很大的压力，但总体来说还是可以有所作为的。刚才有专家提到由于美国的政策，导致了新兴市场通货膨胀的压力。如果这个假设能够成立，那理论通货膨胀是美元先行，但绝对不是人民币先行。在这个假设前提下，以人民币的政策对付通货膨胀，我认为没有特别大的效果，但会对国内人民币产生巨大的影响。中国采取稳健的货币政策，“稳健”这个词很宽泛，从紧到从宽的政策都在“稳健”二字之下。我们发现最近有松动，包括高利贷、外贸企业贷款支持、地方政府发债、政策微调等等都出现了放松征兆，但稳健这个词没有改变。国内反通货膨胀的政策我觉得应该更多的利用利率，而不是贷款规模数量控制问题。目前可以看出贷款规模控制导致了资金紧缺，这是一种不公平的紧缺。在紧缺情况下有关系、有权、有靠山的大型国有企业依然以非常便宜的价格拿到信贷，而其他的企业特别是民营中小企业就拿不到，由此造成了比较普遍的高利贷现象。大家以为高利贷都是民间的事，其实我们从银行借钱很大程度上也是高利贷，因为银行给企业贷款时会要求企业拿 20%-30% 甚至 50% 的存款作为保证金，而贷款利率上浮 9%-50%，再加上一些担保费用等等，企业付出的成本非常高，可以达到 15% 以上甚至 20% 以上。一个国家单纯依赖人民币来扛通货膨胀效果有限，而且这种方法造成的问题可能更大。

我对其他国家的情况不甚了解，就谈谈中国的情况。从操作层面看，个人感觉明年股市有机会，但房市明年没机会。再看长一点，股市机会做完了，房市的机会就来了。所以可以先炒股市，再炒房市，房市之后再看看还有没有更大的结构性调整。所谓结构性调整是指看中国国有经济是否会有结构性的变化。从基本面的情况看，我自己觉得中国经济投资机会主要来自两方面，但现在还没看到，这两方面都和制度的改革有很大的关系。中国现在无论是市场问题、经济问题跟我们进一步改革有很大的关系。投资主要涉及到垄断企业、垄断行业，如果什么时候可以把中国的垄断企业、垄断行业向老百姓开放，将现有垄断企业的利润变成更多的公司利润，非垄断企业公司的利润，这些公司就会成为很好的投资机会。这是第一个层面，让非垄断企业进入到垄断行业中去，第二对现有垄断企业进行改造，虽然垄断企业利润非常高，但其浪费肯定是非常巨大的，如果进行改造还有更大的提升空间，那时候也会有更多的投资机会。涉及到垄断企业利润的问题，我们知道今年前三季度十几家银行上市公司，中石油、中石化占了所有上市公司利润的一大半，换句话说不到 20 家公司占到 2000 多家公司利润一半以上，这些都是垄断行业，这些垄断者利润非常高，但给投资者带来了什么？投资这些股票的投资者都是赔钱的。这就表明这类企业的性质实际上不适合投资。我们有时候跟投资者聊天，他们说银行、中石油、中石化赚那么多钱跟我没关系，第一股价不涨，第二不分红或分红很少。这种调整和改编会非常重要。如果把这些利润和机会用来培育真正有投资价值的企业，我想市场会提供更多的投资机会，同时这些企业本身的改革甚至说某种意义的私有化也是机会。国有企业重大变革能不能到来现在我们不知道，股市投资也是表面现象，背后更深层次其实是制度问题。

关于政策问题大家确实都有很多考虑。在通货膨胀方面我个人有点不理解，大家提到了劳动力价格、能源、原材料、税收、准备金增加等一系列影响通货膨胀的因素，但我们每个月公布的通货膨胀指标更多的时候与猪肉有关，因此我理解，刚刚说的众多因素更多的是影响了企业的成本，导致企业日子难过。我们知道 CPI 在 5%-8%，以猪肉为代表的肉类价格影响权重可以占到 20%-30%。我们这里讲了众多的价格上涨因素到底是真是假？这些因素几乎可以肯定在未来几年不会消失甚至会加剧，那么大家基于什么预测通货膨胀会下降？

现在回过头再讲实体经济结构调整、结构优化，我记得结构优化这个词已经说了很长时间，就像中国足球要冲出亚洲，走向世界一样长，但效果很小。那么中国经济中到底多久可以实现产业调整和优化？是产生优化的产业结构还是在现有结构下进行改编？有的企业说我是造皮鞋的，把皮鞋做好了就是产业优化，造不了计算机，不能说让造皮鞋的企业都去造计算机就是产业优化了，这是误区。中国愿意讲概念，但很多东西都是唬人的，产业结构调整是否也有忽悠的意味，过去这些年到底哪些产业优化给投资者带来机会？明年、后年真的会因为产业优化带来机会吗？

我还是比较固执的认为，产业结构的优化并不是从头开始，很可能在现有产业上进行升级，最后再引出产业优化。几年前我看到一个数据，给我的冲击很大，今天依然如此，中国新产品、新技术领域，中小企业实现的创新达到了 70% 以上。我以前一直以为大企业可以有更多的创新贡献，但近几年核实下来，得到的都是这个数字。我国把很多资源配置给机制不太好的实体，而创新机制很好的企业得到的资源不够。我前几天听到了所谓“九比一和一比九的概念”。民营企业做十件事，九件失败，一件成功，就算成功，而国企十件事九件成功，一件失败就算失败，这使得国有企业的人必须求稳，所以九件成功也是平淡的成功，创新会很少。

时间到了，谢谢各位嘉宾！

本文系作者在第七届北京国际金融博览会暨 2011 中国资本市场论坛上的演讲。根据录音整理，未经本人审阅。

欧元危机和国际货币体系

马克·让

巴黎多菲内大学国际经济与金融硕士，加州大学伯克利分校经济系访问学者。新布雷顿森林体系委员会执行长官。

首先我要感谢这次会议的主办方能够邀请我来参加这个非常重要的会议。我非常高兴能够来到北京讲一讲关于国际货币体系的问题。现在 G20 会议正在进行，欧洲出现了一些问题。G20 会议也是希望能够很好地改善国际经济环境。现在大家谈论到底欧盟区会不会解体。我是法国人，我想从法国的角度讲一讲欧洲、欧元区出了什么问题。最后我还要再讲一讲关于国际金融体系改革的问题，因为这个问题非常重要。

先谈欧元区的问题。最开始是从希腊危机开始，后来欧洲很多国家都出现了主权债务危机，而且从欧洲银行业的问题，演化成为欧元区的一个政治问题。欧洲现在出现了各种各样的政治问题，如果欧元区真出了问题将会产生严重的后果。主权债务危机从雅典开始，后来到了意大利、葡萄牙、西班牙等。欧洲有很多的金融资产和各种各样的金融资源。如果欧元区真的解体，将是一场很大的灾难，会出现经济萧条。但是现在的危机是很复杂的，有很多的政治家、国家首脑和元首，他们把很多问题搅到一起了。很多人讲现在世界的发展非常快，欧洲出现的问题实际上也是有各种各样的原因的。现在希腊已经资不抵债了，很多国家有自己不同的利益，意大利、西班牙的财政压力也非常大。欧元区成员国只有出于良好的政治意愿而真正采取一些措施，才能使得欧洲具有很好的金融稳定性。卢森堡总理就讲到了这一点。大家都知道要解决欧洲所面临的问题，但具体应该怎么解决，大家众说纷纭。昨天的 G20 会议上欧洲各国充分交换了意见。实际上欧元区只是个一体化的货币区域，财政政策绝不可能是完全一致的，如果各个国家采用同样的政策肯定会出现问题。我们在 1999 年的时候就努力要打消边界之间的障碍，比如法国的资产可以变成德国的资产，德国的资产也可以变成其他国家的资产，这样就使得我们所有的风险可以消失了，这是一个非常好的做法。

意大利和西班牙具有流动性非常强的市场。这些国家过去在经济发展过程中也取得了一些很好的成就。事实上现在我们出现的问题是由于欧洲不同国家经济发展不平衡造成的，经济比较好的国家的利益可能会向周边国家溢出。然而 1999 年的时候很多国家对此并不了解，意大利加入欧元区的时候，整体经济状况还是不错的，但后来欧元区进一步发展，有很多国家都加入到欧元区，使得情况更加复杂了。因为各国在欧元区形成之前都有自己的货币，而且利率等各方面情况也不太一样，因此许多的国家就出现了利益损失。另外欧洲有很多小国举债太多，而且把利率定的非常高，这就不能不引起他国的重视，如果各国要真正实现很好的协调，就必须在国家的财政政策方面进行认真的协调。

2008 年出现了金融危机，那时不同国家受金融危机的冲击并不完全相同，出现的问题也是各种各样，经济停滞的情况也不尽相同，这种状况很难延续下去。欧元区各国在自己的国家内都有权印钞，实行欧元区之后各个国家的财政政策没有相应调整，还按照原来的做法，这肯定是不行的。一定要基于本国情况和欧元整体情况进行调整。各国在不同的经济发展过程中都应该充分考虑自己的情况。我们必须充分考虑到不同国家的特点，经济不景气的国家是要照顾到自己，但问题并不这么简单，一旦政府真正举了很多债，牵扯到的债务都会彼此相互交织在一起。德国作为战败国要还很多钱，在还款过程中债权方也是很复杂的结构。如果我们不能很好地正视这些问题，不能采取相应的措施，经济发展不是非常好的国家不采取紧缩的财政措施，肯定就会出现欧元区的动荡。

至于有些国家是否会退出欧元区，退出后会出现什么情况、带来什么样的后果？从法律的角度没有任何条款强迫任何国家必须待在或者离开欧元区。如果一个国家要想离开欧元区也没有任何办法来阻止它。离开欧元区意味着什么？它可能会出现贸易、就业等等问题。希腊自己是有最后的掌控权，对这个问题一定要充分考虑。要离开欧元区必须首先解决现有问题，然后才能解决自己本身的银行债务问题。离开欧元区是不是所有问题就迎刃而解了？事实并不是这样的。我们要真正解决欧元区现在的问题，必须有计划地进行，各国中央银行应该充分考虑采取审慎态度，同时必须充分考虑到有关的法律问题。我们要采取真正大规模的改革举措，必须要充分考虑到各方面有关的利益诉求，还有很多技术方面的问题我们也必须要充分考虑到。例如有的国家要离开欧元区，ATM 机就要重新编程、重新配置。如果希腊真正离开欧元区，必然会影响到其他国家，他们也会离开欧元区，而且这些国家一旦真正离开，可能就会衍生出其他更大的问题，比如贸易方面的问题等等，会相应产生更多的流动性问题、衍生出更多债务问题等等。整个欧元区的债务以及很多问题都会凸显出来，国际货币基金组织可能也会受到一定的牵连。真要是有一些国家离开欧元区，2008 年金融危机所产生的影响相比就不算大了。有一些成员国假如他们过去根本没有加入过欧元区，情况可能会更好，但是他们现在进入了，而他们所采取的各种各样的做法实际和欧元区总体的情况并不是非常的合拍。

我想有六种办法可以拯救欧元区，每个国家必须有自己的财政政策，能够很好地管好自己的主权债务问题，而且要确保它们采取的方法、步骤是正确的，不是治标一定要治本。如果有些国家不能实现金融的稳定，或者仍然出现很大的主权债务危机，就应该在整个欧元体系里建立一种防火墙。在巴塞尔会议上大家也同意应该在深层次解决有关问题。尽管有的国家可能并不完全同意国际货币基金组织和欧洲央行以及各个国家所采取的一些措施。比如意大利、西班牙，它们发的国债非常之多，达到千亿欧元的标准，这么大的国债要完全从欧洲央行层面上统一协调是很困难的。再比如欧洲金融稳定委员会的确也做出了各种各样的努力，通过各个国家现有的资产支撑能力帮助这些处于主权债务危机的国家从困难中走出来，也就是说欧洲央行在这个过程中能够有所作为，但是不能完全依赖它。除此之外欧洲货币稳定委员会也可以发挥重要的作用。如果不在一个国家的层面上采取相应的措施，最后欧洲央行也不可能承担起这么大的问题，欧洲稳定货币委员会也不可能真正发挥作用。这个问题的确要由欧洲人自己来解决，这就要求集体努力以及每个国家层面上的努力，才能得以实现。我们必须充分考虑到欧元区各个国家的情况，必须充分考虑到债权人和债务人两个方面的具体实际情况。

现在谈欧元问题。困难的确很大。法国在去年就提出要非常重视国际货币体系。当时法国虽然提出这样的问题，但并没有充分认识到欧元区出现问题的严重性。今年三月在南京也召开了国际金融体系改革的会议，大家也谈到了“新布雷顿森林体系”这样一个概念。这个问题以及G20谈论的各种各样的问题有很多共同之处，要充分改善、改变、改革国际金融货币体系。欧洲现在的问题折射出国际金融体系问题的一个方面。在过去这些年当中，欧洲也走过很多坎坷的路，如果出现危机就会有很大的动荡。进入新世纪之后，我们看到经济曾经一度发展非常好，后来全球出现了次贷危机。现在的金融体系缺乏一种信任，出现了各种各样不令人满意的情况。而且国际金融体系出现这样的问题，使得各国政府步履维艰，让各个国家的议会也处于非常尴尬的境地。过去是以美元作为标准的，而且美元是以黄金作为支撑的。后来美元和黄金挂钩的情况改变了。现在整个国际货币体系与过去几十年已经发生了很大的变化，现在的金融产品，比如说债券，还有各种各样的金融衍生品非常多，所有的投资人也都使用各种各样的投资工具进行投资。我们发现有的时候金融产品的投资品种、规模如此之多，使得各种各样金融资产的规模实现了非常大的增长。市场告诉我们这条路走的太远了，不管从国有部门还是私营部门，机构投资者还是个人投资者都面临这样的问题。现在金融资产的销售机构以及投资者都起到了推波助澜的作用。我们必须要充分认识到这一点，否则全球金融体系就会处于不稳定状况。在金融市场上大家也都认识到我们必须着手解决相应的问题，而且金融市场的参与者也必须要了解一点，那就是如果要真正地把投资的所有资产都变现的话，大家什么钱都拿不出来，整个金融体系就崩溃了。因此不管是债权人和债务人，大家都应该很好维护我们现在的金融体系，要想完全兑现的话自己的钱也就全没了。

市场的参与者必须要有序地进行市场上的操作，同样各国政府也必须采取有序的政策，并且要采取合理的改革措施。这些真理是不是可以被G20的领导人充分认识到以及得以实施，进行国际金融合作呢？其实G20会议的议程就是希望形成多边的金融体系，使得各个国家，也就是跨境之间的关系更加和谐、和睦。欧洲的货币稳定拯救委员会可以在这个过程当中起到非常重要的作用。再有G20会议上仍然要继续贯彻执行世贸组织有关的协定，而且G20会议也应该做出承诺，那就是说应该打造一个国际安全的金融体系。G20 形成的共识是否能在各个国家贯彻落实，我觉得不完全是这样的。然而我们如果不执行这样的共识，整个国际金融体系肯定会出现动荡，谢谢大家。

本文系作者在第七届北京国际金融博览会暨 2011 中国资本市场论坛上的演讲。根据录音整理，未经本人审阅。

美国宏观经济：货币，汇率及美联储的政策意图

亚当 · 迈尔斯

法国农业信贷银行高级外汇策略师，新南威尔士大学博士。

今天我和大家谈谈美国的宏观经济，特别是美元。现在经济学家们对美国经济有两种看法。大部分全球经济的报告都不那么乐观，认为新兴市场可以提供支持，避免全球性金融危机。而我们认为，就美元经济而言，出现了一些新趋势，特别是外币储备的分配。

总体而言，现在欧洲债务限制在欧盟内部，美国金融业也在改革，可以避免发生全球性的金融危机。但事实上欧洲危机不会仅仅局限于欧洲，接下来的经济危机对全球经济也会产生影响。美国人总是认为，美国经济比欧洲更好，主要有两点：一是消费保持强劲，但就业率并不好，美国经济并没有产生足够多的就业岗位，但还是比萧条时期提供的岗位多，因此可以避免经济萧条。考虑到能源价格等因素，投资强劲，利润上升，美国国内普遍认为未来一年股价会保持利好趋势，奥巴马政府想通过国会批准美联储提供更多的货币。美国的政策并没有低估风险，许多人需要认识到美元具有以下重要的特征，第一美元长期趋势会走弱，美国经济也会走弱。第二，未来三、五年美元波动幅度达到峰值，每年大概有 4% 的波动，这也是由于金融危机造成的，上下波动幅度在 15%，但是作为一揽子货币上下浮动 15%，在全球资产波动的大背景下，并不算很大的波动。

1999 年欧元诞生，当时德国马克很强劲，而美国大量印钞，瑞士国家银行、日本政府对市场都进行干预，避免货币市场对国内经济发生重大的影响，很多人预言会有货币战争。现在全球市场在加速增长，如果这个趋势保持下去，外国投资者会丧失信心，解决这个问题可以考虑采用金本位、一揽子储备策略。

人民币逐渐得到更大范围的使用，亚洲很多货币也考虑和日元挂钩。美元储备没有受到太大的挑战，而新兴市场则是外汇储备增长的主要参与者。即便在金融危机期间，美元储备增长的幅度也是最大的，但这并不意味着欧元和其他货币不会对美元构成竞争。通过研究我们发现，美元和其他货币作为外汇储备的份额趋向一致，欧元在未来十到十五年将达到甚至超过美元作为储备货币的角色。主权投资管理也有这样的趋势，中东国家也有所行动，积极购买美元之外的资产作用储备，从而分散转移风险。从全球金融市场的角度看，他们这样的做法很有道理。央行和主权财富基金并未公布各自外汇储备构成，这意味着主权财富基金彼此间竞争加剧。新兴货币作为外币储备的数额也在增加，这也是各国采用自主货币的结果。

观察流入美国的FDI，可以发现美国和中国是共生关系，欧洲在未来仍是美国长期的资金来源国，中国近年也有大量资金进入美国，未来也会成为市场主导力量之一。投资者和美国财政部一样存在托管问题，很多投资者把资金放到离岸中心，如开曼群岛，美元占流动资金的50%。美元作为外汇储备的调整是漫长、逐步的过程。目前发达经济体采取的政策，其长期趋势对美元的影响比较大。外国投资者购买美国国债是因为就流动性、市场覆盖面而言，其他国家没有可以和美国国债竞争的产品，美国国债的流动性和覆盖广度目前是无法匹敌的。目前外国购买美国国债的积极性在下降，美国国债份额在下降，但这并不影响美国国债的地位。个人投资者也大量购买美国证券，私人投资者的增长非常强劲。无论是长期国债还是短期票据或是其他托管资产都显示出同样的趋势。

从美国资金流的情况来看，美国确实是资金的安全港。外国主权财富基金很大程度上得到美元的大力支持。金融危机时期，很多外国机构投资者购买美国短期债券转手出售后就获得了很大的利益。一年半到十二个月之前，这些投资者把资金投到欧州，现在又投回美国，因为欧债危机，美国又成为很好的避险区，美元长期稳定性收益还是非常可观的，8月份的数字就明确显示出了这种趋势。主权财富基金很愿意把美元作为资产，美元在国际市场上有非常重要的作用，这点毋庸置疑。

分析美元短期债券流出流入美国的状况可以发现，美元虽然在不断贬值，但并未动摇其作为国际货币的地位，美元作为投资者避风港的地位并未被撼动。各国财富主权基金依然增持美元资产，这意味着美元仍然具有强劲的增长势头。当其他国家主权财富基金如果出现问题的时候，美元的走势会更加强劲。谢谢大家。

本文系作者在第七届北京国际金融博览会暨2011中国资本市场论坛上的演讲。根据录音整理，未经本人审阅。

衰退趋势下的世界经济增长中心

布赖恩·贝克

太平洋投资管理公司董事总经理

非常感谢组委会邀请太平洋投资管理公司(PIMCO)来参加这个会议。PIMCO在进行市场分析时更多地注重市场的总体结构,因此我想从宏观的角度进行分析,使大家明白我们是怎样得到如此结论的。我想指出自2008年至今经济形势的发展进程,以及目前的形势对投资者意味着什么。

全球性的金融危机是由一系列问题造成的,比如资产负债问题。现在我们都知道有越来越多的消费者在2008年金融危机以后已经不能够利用现在的杠杆借钱了,现在市场的消费者也不可能再进行大量的消费了。实际上全球范围内采取的财政政策以及货币政策能够使得私营企业去杠杆化,各国政府又努力采用各种办法抵消去杠杆化后私营企业不能更好投资的问题。在政府开支方面,赤字相对较大了,这将使发达国家面临着巨大的风险。

2008年之前有三个主要的特点:第一是私营企业可以充分利用杠杆,用各种金融创新产品来融资。第二是在八十年代里根和撒切尔夫人给予私营企业很多的自由度。第三是柏林墙被推倒后,全球范围内的生产能力在世界上具有比较优势的地方建立起来了。新兴市场国家的纷纷崛起,出现了很好的经济增长趋势,也造成经济结构在某些方面的不合理。2008年金融危机之后PIMCO更多地关注于其他的一些领域,比如说我们把目光聚焦在世界上最具发展潜力,有很高储蓄率,并且经济发展并不是很快的国家。通过考察我们发现,世界上很多地方的经济增长速度并不完全一致,有些地方是处于去杠杆化的状态,也有些地方进行重新的监管。我们观察到世界上有些国家过去本来处于比较自由的竞争环境当中，经过金融危机之后也努力加强自己的监管，除此之外我们还尽量发掘各个国家更具资产价值的东西。在此基础上我们为投资者提供咨询，其原因是过去看似非常有用的实际操作做法，在新的市场格局里面并不完全适用了。例如在爱尔兰以及其他的一些国家，其资产都是垃圾级的，而在欧洲其他发达国家、非边缘性国家的经济增长却是非常好的。原因何在呢？这些问题都需要我们充分考虑，加强风险管理与甄别。过去我们认为有效的一些判断机制以及模型如今已经不再有用了。

在G20的资产负债表中，有一些国家处于走下坡路的状态，有些国家则处于上升状态。我们知道现在中国的经济增长是非常快的，而美国经济目前却并不完全鼓励创新企业。美国现在的失业也是个大问题，十几岁的孩子也要进入劳动力大军，并且占到总体的25%。美国有些企业的竞争力也不如过去强了，造成一些社会不稳定的因素，在华尔街就出现了静坐的局面。在欧洲，有些国家的财政管理不善，希腊就出现了主权债务危机，德国还有其他发达国家给希腊提供了很多资金援助。竞争能力比较差的国家出现了很多资不抵债的状况，即所谓主权债务危机。欧元区面临很大的挑战，内部有可能出现欧元本身的贬值，还可能出现欧元危机，因为欧元区的经济发展并不平衡。欧盟以及国际货币基金组织要求边缘国家采取紧缩的财政政策，节减财政，实际造成了很大的问题，债权国感到非常的疲劳，债权人非常担心他们的债权会不会也被稀释。欧洲经济货币联盟内部的观点也并不是一致的，有些国家采取的措施并不充分。

美国也面临着各种各样的问题，比如房地产泡沫破灭的问题还没有解决，中小企业想获得信贷并不容易，增加公共财政以及提高就业、改善基础设施等方面都不理想。我们知道美国现在采用了 QE2 政策，它的目的就是增加投资，这些会影响到美国总体经济发展走势，当然它也会有负面的影响。比如 QE2 会造成通货膨胀，而且流动性会进一步向发展中国家、新兴市场国家流动，会造成新一轮的泡沫。美国房地产业出现资不抵债问题，还有许多结构性问题也是不容乐观的。

欧洲出现了主权债务危机，必须在整个欧元区内改革它的银行体系，并且要很好地平衡非公有和私营部门的资产负债表。欧洲有些国家如爱尔兰、葡萄牙、意大利、西班牙、希腊所出现的问题都令人担忧。爱尔兰和葡萄牙如果不能偿还上债务，欧元肯定会进一步贬值。欧元区必须充分帮助这些国家解决上述问题，因此欧盟必须在财政政策方面进行全欧洲的协调，这才可以解决问题、促进增长。上星期萨科奇对法国民众讲到，我们应该采用像德国那样的办法。26 号欧盟峰会已经谈论了关于流动性的问题，并且最后做出了决定，在欧元区的一些国家，无论如何必须要解决他们的资不抵债问题。10 月 26 号的会议指出，一定要采取综合性的措施才能解决欧元区的问题，但是在实施有关措施的时候，可能还会出现这样那样的一些问题。比如政策制定者虽然表明在欧盟层面上愿意接受这样的共识，但是在实施的过程中会遇到困难，而且有些国家并不愿意这样做。欧洲需要解决两个问题，一是竞争力问题，二是必须紧缩自己的财政，而且必须在财政政策方面采取大的举措。欧盟各个成员国的政策制定者必须充分考虑到各自银行的资产，以及怎样不是通过赤字来实施他们的政策。现在整个世界处于一个去杠杆化的大趋势当中，也遇到各种各样政治上和经济上的挑战。各个国家、各个企业资产的类别都要去杠杆化。想要管理这个过程，投资者必须认识到资产负债表是非常重要的。金融改革有不同的做法，可以使存储利率和政府的收益保持在低水平，政府可以从投资者的口袋里拿到更多的资金，可以迫使投资者购买政府债券等等。

综上所述，投资者必须要切记以下五个方面的问题：要对全球局势有清醒的认识；要采取合理的行动解决一些问题；要保持灵活性；要对增长回报的预期进行管理；要保护自己的资产不受政策的影响。

感谢各位的聆听。

本文系作者在第七届北京国际金融博览会暨2011中国资本市场论坛上的演讲。根据录音整理，未经本人审阅。

日本股票的投资价值——日本企业先进技术对新兴国家高速成长的重要性

坂田俊一

日本中央三井资产信托银行常务执行董事

非常荣幸受邀在中国国际资本市场论坛发言，感谢主办方及相关机构给我这样的机会。中央三井资产公司当前管理资产3000亿美元，其中包括600亿是日本资产。今天我主要讲两点，第一日本经济已迈上复苏轨道，第二无论日本市场有什么样的波动，我们都有很多的机会获得高收益率。

首先跟大家谈谈日本经济如何进入恢复的轨道。尽管面临着欧债危机、美国经济增速放缓和福岛地震的影响，今年二季度日本GDP增长负0.3%，但预计明年GDP增长2.9%，IMF预测GDP增长为2.3%。虽然2011年第二季度出现负增长，但三季度就出现了正增长。主要产业复苏在大地震后有所下降，但比预期快。汽车厂商由于供应链中断导致产量大幅下降，但这些生产在6月份就恢复到了正常的水平。由于限电，导致很多企业产量下降，日本企业由于核危机导致用电供应减少，6月份用电量下降6.4%，9月份用电限制解除了，消费复苏的速度也比预期快。我们都知道，消费对经济复苏的拉动非常大，雷曼兄弟破产时遭受的冲击跟我们这次面临的冲击有很大的差别，雷曼兄弟破产后导致很多人失业，而福岛地震后日本经济受到的冲击并没有那么大。比较上市公司预期收益，在地震前是11%，后来调低到8%，地震后再次调低了1.8%，这主要是考虑到消费因素。

再来看一下其他不稳定因素，泰国水灾导致硬盘供应产生问题，日本企业在泰国设备制造、运输等领域也有很多投资，受水灾影响，很多企业停工。如果停产一个月可以使九大汽车厂商收入减少49亿美元，如果停产不到一个月，可以减少企业损失，因为他们可以暂时用库存零部件来补充。10月份日本外汇汇率比较高，如果日元进一步升值，很多企业都会面临困境。

下面谈谈日本股市展望。日本股市在地震后大幅下调，生产率、消费恢复后，有所反弹，但由于对美国、欧洲经济的担忧，股市又出现了疲软。这个过程中出现了波动，外国投资者出售日本股票，主要是因为金融市场出现很多不确定因素。外国人账户占日本市场 60% 的交易量。东正 500 指数，50% 的企业市净率低于一倍，6 成以上日本企业市净率低于一倍，日本企业的市净率比欧美企业低，日本企业净资产达到了历史最高水平。而且通过积极增发红利、回购股票、扩大回馈股东等措施，会进一步限制日本股市下跌。

另一方面日本确实存在很多问题，包括老龄化、通货紧缩、财政赤字等等，如果这些结构性问题不能立刻得到解决，就会成为限制日本经济增长的因素。由于日本经济低速增长，也不指望股票市场出现全面飘红的局面。东正指数过去 5 年收益情况，虽然整体处于负值，但也有高回报企业，其收益率甚至高于新兴国家企业。与亚洲新兴国家相比，日本经济还将维持低速增长的局面。然而我们也应该认识到，日本也有很多保持利润高速增长的企业，他们能够提供很多新兴国家无法提供的可持续发展的技术和服务。如果选择投资于这一类企业，就可以获得可观的投资回报。

日本企业 2001 年面向外国企业的销售占销售总额的 39%，亚洲占了 11.8%，美国占 11.2%，欧洲占 16.1%。2001 年之后，美国的比例上升到 15%，但 2007 年之后这个数字开始下滑。与此相反亚洲区域的销售则持续增长，2010 年超过美国，亚洲区域经济动向将越来越影响日本企业。比较日美欧企业对亚洲销售额的比例，尽管三个地区都呈上升趋势，但日本企业比其他两个地区的比例高出很多。今后欧美经济增长将变得缓慢，对亚洲销售比例高的日本企业将分享到亚洲经济高增长带来的好处。很多日本企业的亚洲销售比例还会增加，所以投资这样的企业可以获得很好的收益。日本企业在科技水平上有优势，这主要得益于大规模研发投资，可以通过日本企业申请专利的情况来考察其研发的成果。根据世界知识产权组织划分的36个技术领域，日本在26个领域拥有世界排名第一的专利申请数。

最近核电站事故影响了日本发电站，日本核电供电比例会下降，节能产业会进一步发展。日本能源效率位居世界前列，中国“十二五”规划也非常重视经济对环境的影响，节能环保、新能源、新材料、新能源汽车都是与新兴能源相关的行业。日本依赖于能源进口，上世纪七、八十年代遇到过石油危机，99年石油价格每桶10美元，随后增长到每桶100美元，尽管如此日本企业仍然维持了很强的国际竞争力，因为日本企业对节能非常关注，能耗效率居于世界前列。由于这次福岛核电站事故，日本企业也开始采取双机方式，智能电网就是很好的实例，通过太阳能和核能结合稳定输电量，这是很好的投资范例。现在通过智能电网可以把家庭电量消耗及时反馈到电力公司，还根据天气阴晴切换电力供给来源，晴天时用太阳能发电，阴天时由电力公司供电，现在很多家庭都可以储存电力。

有些公司提供高技术产品，广泛在中国以及亚洲市场销售，这些产品之所以受欢迎是因为它节能，可以为使用者带来效益，降低成本，大幅度提高劳动生产率。因此在新兴国家，可以很好地利用这样的设备，日本具有这样的能力。日本公司具有良好的先进技术，能够维持经济增长，通过不同的投资策略，可以使新兴市场国家受益。我们愿意为中国投资者提供更多的设备，能够使他们在市场竞争中取得更大的优势。如果大家能到东京来的话，请大家来造访我们公司，我们在北京也有办事机构，非常愿意给大家展示我们的设备以及我们的理念。

本文系作者在第七届北京国际金融博览会暨2011中国资本市场论坛上的演讲。根据录音整理，未经本人审阅。

复杂多变世界的新兴市场前景

马里奥·尼葛瑞尼斯

经济学硕士，西班牙对外银行副首席经济学家

首先非常感谢大会邀请我来参加这个特别重要的会议。

我今天要讲的是与我们银行相关的市场展望方面的两个问题。一是当前世界经济的不断恶化对新兴市场国家的影响；二是近十年新兴市场国家的发展对世界的重要意义。当今世界面临着很多地缘政治方面的问题，发达国家的经济增长处于疲软状况，我们遇到了各种各样的挑战。

首先，世界经济发展总体处于低迷状态，欧洲债务危机没有得到解决，但也有积极的一面，就是可以不用担心陷入美国金融危机造成的二次探底的不利影响。银行应该改革，资本充足率应该得到加强，这是毫无疑问的。但是我们在银行的再资本化过程中，应该充分考虑一些问题，尽可能避免再次造成危险和危机。我们应该解决这个问题，在去杠杆化的大环境中必须充分考虑到给企业融资的具体需要。

我们处在这样一个时代，金融领域充满了各种各样的风险，出现了流动性紧缩的问题，在金融及其他各个领域里人们都感到了这样的一种痛楚，而流动性紧缩的直接影响就是信贷规模的减少，到底新兴市场国家在全球经济动荡的时候应该怎样做？现在大家都在充分考虑如何解决欧元区债务危机问题，如果这些债务危机得不到很好的解决，对整个世界经济都会产生不良的影响。我们在解决欧债危机的时候面临的问题都是相同的，很多国家都在不同程度上受到了世界经济危机的影响。在这样的趋势下必须对世界经济形势有很好的了解。在发达国家因为欧债危机和后次贷时代的影响，整个经济处于低迷的时候，新兴市场国家却能够拉动全球经济发展。中国第三季度 GDP 增长数字公布之后，有人担忧中国经济增长是不是就会走下坡路，很多人都在想中国的经济发展是不是过热。事实上中国在努力实现经济稳定发展，中国在第三季度的经济发展指标调控收到了效果，使得有些国家觉得中国经济发展可能会往下走。事实上我们对中国的经济发展是非常乐观的，中国现在是处于一种调整阶段，也就是说它的潜在的 GDP 增长还是具有非常强大的势头、有很好的潜力。中国 GDP 能够保持在 8% 的水平就已经很好了，对于新兴市场国家我们做出了这样的预测，那就是他们更多地是希望在金融危机之后能够软着陆，他们是可以通过努力避免经济过热问题的。当然我们也进行了一些通货膨胀的预测，从总体来讲我们觉得新兴市场国家明年通胀率不会很高，之所以出现这项情况，就是因为新兴市场国家都采取了各种抑制通货膨胀的货币政策。

所谓新兴市场国家是一个非常宽泛的概念，必须按不同的区域进行分析。例如拉美、墨西哥和美国之间的关系就是非常密切的，墨西哥和美国的经济密不可分，墨西哥现在出现了证券价格下滑，财政政策必须进一步加强，要进行调整。虽然他们的财政赤字非常小，但是必须要拿出一整套方案使得周期性发展不利的状况得到遏制。说到中国我们觉得有两个挑战，第一个挑战是房地产市场的问题，现在房地产市场在价格上已经有了一些调整；另外一个挑战我们本次论坛也在反复讨论，就是中国的金融领域、金融业的问题。因为中国的地方政府举债太多了，有 11% 的贷款大概是属于高风险的贷款，但在中国财政的环境里，实际上仍是相对比较稳健的，中国政府有余地解决政府贷款的问题，当然一定要很好地解决这个问题。解决这个问题之后中国的经济增长将不再是个问题。

除此之外就是一些结构性的挑战。例如阿根廷等国家，他们的政治体制、政府机构就面临各种各样的挑战，如通货膨胀、经济发展的政策协调等等，必须协调各种各样的政策。智利也是如此，必须面对总统换届等问题。巴西、秘鲁同样存在着一些政治方面的问题。这些拉美国家面临政治方面的挑战，也面临一些经济政策方面的挑战。现在那里的政治局势是趋紧的，在墨西哥和哥伦比亚这两个国家，证券和股市方面有问题，而哥伦比亚的情况就更特殊一点。他们也是愿意加入到世界经济大潮中，他们之间存在一些结构性的问题。

我们知道尽管在亚洲、拉美还有其他的一些国家都面临着各种各样的挑战，但是还有一点应该提出的就是关于基础设施方面的，例如拉美地区的基础设施从数量上讲相对较少，从质量上说也相对较差，如果能够使得亚洲的这些新市场国家和拉美国家建立起密切的合作关系，帮助拉美国家建立基础设施，就可以成为世界大的供应链体系中非常重要的一个节点。

再有讲到地缘政治的问题，中国现在崛起了，在国际政坛上具有非常重要的影响力，这在过去几年还是不可想象的。当今世界正在发生快速的变化，新兴经济体仍然还有一些经济领域的脆弱性。这些经济体必须要改善自己宏观经济。这是非常重要的十年，不仅仅是因为现在面临的经济危机问题，还因为这些新兴经济体将对世界局势所产生的影响。

感谢大家的聆听，谢谢。

本文系作者在第七届北京国际金融博览会暨2011中国资本市场论坛上的演讲。根据录音整理，未经本人审阅。

流动性泛滥与新兴市场泡沫

艾万斯

道富环球市场副总裁，宏观策略师。威尔士大学卡迪夫商学院国际经济、银行与金融学硕士，发展经济学博士。

道富有自己独特的研究活动。我们是托管银行，可以长时间跟踪不同资产的系列投资，特别是真实货币的流动，有关股权市场、固定收益市场以及外汇市场的流动。所以今天从道富的角度分析一下流动性，以及新兴市场的利率，还有不同的资产类别。

首先是大的背景。长期投资者已经减少了新兴市场股票持有量，当然有可能出现另一轮的量化宽松，导致大家对于风险看法的不同。在过去的一两年中可以看到有很多人卖出股权，进入到债券市场，这是一个新趋势，我们预期这个趋势还会保持下去，特别是考虑到新兴市场的高收益率，以及在很多新兴市场上通货膨胀会得到控制。就投资人来讲，在新兴市场资产的估值和定位都是比较有吸引力的，特别是新兴市场货币的持有，可以说是他们在增持，并且是长期持有。

回顾历史可以说明新兴市场与三四年前是不一样的。例如，标准普尔、十年期美国国债，以及新兴经济体的债券指数，从 2008 年 6 月到 2009 年 3 月，在雷曼兄弟破产前后的时间里波动超过了一个标准差的波幅，在所有的资产类别中都超过 85；从 2011 年 6 月份到 2011 年 9 月份，全球市场又变得波幅非常大，在发达国家超过了一个标准差，和雷曼兄弟破产前后的情况是差不多的。但在新兴市场，资产价格波幅是非常小的。9 月之后的情况发生了变化，但在头几个月，新兴市场的资产估值和发达经济体的波动有很大的区别。就流动的分析来看一个特定的货币在过去每 20 天的变化，如果是 0% 的向外流动，它的流动性是最低的，如果是 100% 就是最强的流动，50% 是中性的流动。发展中国家在过去五天、十天、二十天的流动是非常薄弱的，在过去的六个月都很弱，价格的波动也能够说明这一点。亚洲市场资金流入和流出可以说比任何新兴市场速度、强度都更大。

再从时间序列来看，流入到新兴市场的股票市场，从 2009 年 3 月到现在，它的波峰、波谷的波动是比较强的。这些资金投资人，比如说养老金和基金，他们在过去的两年都在出售资产，特别是在第一轮、第二轮量化宽松公布的时候，新兴市场股权资产在大量出售。必须注意的是，卖出了股权的资产，同时进入了固定收益的资产。在过去的一两年中最大的一个变化，就是股权市场的资产大幅出售，但是很多资金进入了新兴市场的债券产品市场。

前面分析了新兴市场股权资产的流动，在 2011 年还有一个重要的趋势就是很多资金正在出售新兴市场的股权，但是外国投资人增加持有了固定收益产品，持有亚洲固定收益的外国投资人也在上升，投资者把股权的资产出售投入到债券市场，为什么会出现这样的转变？在新兴市场发生了什么变化才能导致这样的转化？墨西哥在资产重新配置方面是非常明显的例子，大量资金进入到债券市场，购买了更多的墨西哥政府债券。过去几年里一个重要问题是新兴市场货币和财政政策的改善，我们知道全球经济增长放缓了，在新兴市场上也可以得到体现。在亚洲新兴市场增长速度在减缓，政府在强有力支持新兴市场的债券。

下面分析外汇流动，还是要把重点放在新兴市场，可以看到资金的流动非常强劲，外汇流动比较弱，说明对新兴市场货币的持有转向了中立。另外一种转变，是在过去几个月中，新兴市场的货币处于更有可能赢利的定位和估值。

在过去几个月最大的变化就是原来亚洲的货币被认为非常

昂贵，而现在变得非常廉价，因为投资者撤出了很多亚洲经济体货币的投资，很多投资者在持有政策方面转向中立，而且持续地卖出新兴市场股权的资产，而买进债券资产。

最后的结论是，最初向新兴市场蔓延的经济危机实际上被避免了，但是考虑到9月份新兴市场的股权资产也受到波及，对于新兴市场股权资产的需求比较薄弱，所以对于新兴市场的货币大家不想去做空，如果我们转向对于未来更加乐观的展望，还是有机会可以增加新兴市场货币的头寸，谢谢各位。

本文系作者在第七届北京国际金融博览会暨2011中国资本市场论坛上的演讲。根据录音整理，未经本人审阅。

危机下的发达经济体资本市场的投资前景

特雷弗·威廉姆斯

博士，劳埃德银行 TSB 集团首席经济师

非常感谢邀请我来参加这个论坛。我想和大家讨论一下最新的全球增长情况和近期资本市场的发展趋势，特别是对发达经济体的影响。我们会谈到一些重大的问题，它将影响到在座各位的企业。

首先探讨最新的全球增长情况。英国一位经济学家说过，如果把经济学家放在一起，他们很难达成共识。我们先看一下背景，缓慢的增长对所有发达经济体来讲都是一个挑战，他们的GDP都还没有恢复到2007-2008年全球经济危机之前的水平，原因在于高负债。高负债有两个方面，一方面增长放缓意味着债务会更高，更难管理；另一方面高负债也会导致增长放缓，因为企业家及政府必须缩减支出，所以二者是互为因果的。

高负债目前是发达经济体的一个特征，但是新兴经济体并没有这样的状况，有些国家现金有盈余，所以发达经济体的经济复苏非常脆弱。我们希望这些经济体从下滑的经济趋势中反弹，降低利率、扩大财政支出，这样才能促使经济反弹。

如果我们把五年来的收益和最近三个月收益做比较，可以看到发达经济体能够避免二次探底，这是个好消息。这样的收益曲线坡度并不意味着会有大的经济萧条，但它意味着经济的增长速度将放缓，所以我们需要采取措施以防止经济的萧条，而不希望有更多的量化宽松。在这样的环境下，发达国家有很高的负债，增长速度将放慢，而更多的现金流动性存在于新兴经济体中。我们可以看到在过去的几十年里，这个趋势一直在保持着，即新兴国家的发展速度比发达国家的发展速度更高，未来这个趋势就更加明显了。

欧洲的主权债务危机是一个很大的风险，而在美国却有很多的不确定性，他们借债的限额在11月份是不是会达成协议？

而且很多国家的高通胀是一个大问题，商品价格比较高，加上财政和货币政策的限制，因此现有政策方面的激励措施没有发挥足够的效力。中国是全球最大的经济体之一，原来的发展速度非常快。如果中国的经济减速的话，就会对全球经济复苏产生重大的影响。

现在我们对负债严重国家的问题进行分析。在两次世界大战之间，的确出现了很多资不抵债和不能偿债的情况。包括欧洲在内的一些国家遇到了巨大的主权债务危机，这是非常严重的问题，但最终并没有真正出现拖欠还款的情况。在此之后还出现高通胀等问题，二战之后的很多欧洲国家也都出现了这样的问题，当然这些问题最后都以不同方式解决了。现在有一些小的欧洲国家的确出现了资不抵债的情况，对此我们必须给予很好的解决。但是我们必须正确认识这些问题，不管出现了什么样的情况，还要进行正常的投资。资本市场要应对这些挑战，就必须实施这样的应对策略。

从总量上讲世界经济仍然在发展，财富仍在不断积累。我们看到下面这些工具：私募股权、对冲基金、养老金等等仍在发挥着重要的作用。可以发现，现在财富总体增长趋势还是在不断叠加，这是解决主权债务危机的基础。

在新兴的市场国家，我们可以看到其总体经济发展是非常快的，在 2005-2010 五年的时间里资产迅速增长，而且各类资产总量增长也很快，这为我们应对国际金融危机的挑战提供了非常好的环境。在此期间，股票市场也是不断增长。大家可以看看上海的股票市场增长多快，其他股票市场也有类似的情况。

其次，我们对最近资本市场的发展趋势进行分析。尽管出现了一些经济发展不景气的情况，但是如果回顾一下总体经济发展趋势，比较 2007 年头几个月的低迷状态，近几年总的情况是不断增长的。

我们可以看看政府债券、企业债券，他们的利润区间相对变窄。五年期的政府债券，总体情况是并没有很大的呆坏帐可能。资不抵债的债券之所以今后坏掉的可能性比较小，是因为企业运作趋势非常好。比较美国公司真正的资金拥有量，从50年代到现在，目前情况是最好的，所以不需过多担心。

我们还可以看到，在过去五年中股票市场市盈率不断改善。今后2-3年我们可能仍然处于经济调整阶段，利率和其他财政政策方面不会出现大的波动。我们之所以采取各种各样的措施，其目的就是为了使经济能够很好地回暖。我们现在还可以看到另外一点，就是现在十年期的债券的收益率是比较低的。

通货膨胀将不会成为非常大的问题。这些问题都是在恢复过程中出现的我们必须面对的挑战。现在全球经济增长的确比较缓慢，但是我们确实是在经济回暖的过程当中，可以看到很多良好的迹象。通过认真研究，从不同的资产类别、国别来分析，我们可以看看资产收益总体的情况。总体来说股票市场收益率相对还是低一些，比如说美国、欧元区还有日本等等。应该说不管一个月、三个月还是六个月的总体投资收益，都是相对比较低的。但从长远的角度看，股市的收益率还是正面的，我们讲的是三年或者三年以上的。此外，从货币供应、汇率和外汇比率的情况看，不同国家之间的情况则大不相同。债券也是如此，不同资产类别的情况存在很大的差异。如果逐年分析，每一年的具体情况也各自不同。

大宗商品方面，比如说布伦特的原油还有黄金、基础金属，如果总体上从短期来看，收益率是呈负面的，但是从长远角度讲还是会有很好的收益。另外比如地产等等也出现了一些停滞的状态。当然如果有了非常好的流动性之后，像商业地产这些资产类别肯定会进一步提升它的价值。

根据我以十年为一个周期进行的研究，追溯到1920年，我们可以看到在英国，从股票、政府债券以及其他各种各样投资产品的总体收益率来看，都是平均5%的增长水平。

在今后的20年当中我们会看到非常好的状况，尽管现在并不非常令人满意。我们可以看到现在有些国家出现了主权债务危机，发了很多债，这些也从某种程度上稀释了收益率。再看2007年的时候，那时总体情况处于低迷状态，现在的状况已经得到很大的改善，而且有些资产类别还是非常好的。

我们看看新兴市场的债券，现在新兴市场政府的债券还是高于面值的，而2007年时有一些债券是低于面值的。在不同的资产类别方面，2007年之后情况也有所改变，到现在情况则有了进一步变化。而且在短期之内我们是可以把风险降低到我们可控的范围之内，而从长远角度看，经济的确是趋好的。

现在我来做一个总结，发达国家的证券市场估值并没有被进一步拉升。从长远看，发达国家的股市还是会趋好的。公司的利润在短期内还会保持稳定的增长，在2-3年的过程中，总体经济会得到很好的加强，因为现在的基本面还是不错的。此外在政府债券层面上，目前的收益率的确是比较低的，而公司债券和政府债券之间的利差仍然比较少。大宗商品的价格今后仍然会是趋高的走势，但是不一定会象原来那样达到非常高的顶点，从总体来说我们还是感到非常乐观的，美元现在仍然是非常好的避险工具，欧元和英镑的币值可能会进一步下降，日元会进一步坚挺。

谢谢大家。

本文系作者在第七届北京国际金融博览会暨2011中国资本市场论坛上的演讲。根据录音整理，未经本人审阅。

碳的未来

张懋麒

北京大学毕业，高盛中国固定收益、商品及货币部董事总经理。

我们今天讨论的内容是展望碳的未来。无论做什么行业，对未来的预测都很困难，关于未来的预测大多数都失败。今天我们也是抛砖引玉，跟大家一起讨论一下碳以及碳的业务，在今后几年大概会有什么样的发展轨迹。

回想 2005 年 -2008 年，无论是关于国际间政府谈判还是关于国际、国内碳市场的发展，基本上可以用两个字概括，即“乐观”。而现在各位同仁、媒体或政府的代表将要出发去德班谈判的代表团都“不乐观”。在 05-08 年乐观的时候，我们观察到碳市场蓬勃发展，交易量急速上升，资金大量流入，各个共同参与方积极、热情地参与。那时我们可能比较忽略碳市场的艰难性、复杂性以及政治谈判、政治博弈的困难。现在不乐观，虽然碳交易量在放缓，大家参与的热情在减低，但我们看到新能源产业、低碳发展的行业、参与低碳经济的主观意愿都达到了前所未有的程度。所以无论乐观或不乐观，碳产业都不以人的意志为转移地向前发展。

碳就象人类历史上任何著名的发明一样，有一个渐渐被学习、被适应和被认知、使用的过程。电、火车、IT 技术都有与其相关的科学家名字。碳和它们不同，没有如雷贯耳的科学家名字与其相联系，但碳也会不断深入人心，不断向前发展。讲到碳的时候，想让大家暂时忘记交易量有多少、清洁发展机制有多么难做、强制减排还是自愿减排，而是谈谈碳出现的初衷。联合国《气候变化公约》提到每个公民都要为今后子孙生活环境考虑自己现在生活和消费的模式。现有全球能源储量是有限的，我们希望通过碳概念，对每个机构、个人、企业能源消费的行为有新的定义，新的交换模式，使得大家都能够逐步走向低碳，走向能效高、环境破坏小的工作和生活方式。按现在不计增长的发展水平和消费机制，天然气、煤炭、原油的开发年限都非常短，原油 50 年、煤炭 120 年、天然气 60 年。日常科学讨论中我们总是反复强调强大科研能力，可以找到同等的化学类能源、更多的储量、更先进的使用方式，更多其他可替代能源。这种愿望是良好的，远景也有可能部分被实现，但可以改变的只是有限可开采探明储量的年份，而不能解决频繁的能源危机。

2010 年能源消费增幅达到 70 年代以来最高的水平，我国近两年也成为全球最大的能源消费国和最大的二氧化碳排放国。煤炭占全球消费能源也达到了 70 年代以来最高的水平，煤炭消费水平在“十一五”期间有所下降之后，“十二五”期间又有了更严峻、更困难的挑战。在高耗能发展的时候，更艰巨的形势摆在面前，而现有能源利用中，可再生能源占比只有 1.8%。2050 年电量的需求量会有现在百分之三百的增幅，原油只有不到 50 年的开采量。提到碳不可能不提到可再生能源。2020 年是国际碳谈判有重要里程碑的时刻，中国、印度、巴西这样的发展中国家和日本、欧洲、美国这样的发达国家，关于 2020 年都有目标，2050 年有立法目标，目标包括全球的能源需求急速增长，全球可再生能源的比例不断扩大，全球碳排放的强度不断减小。

关于碳排放对环境的影响，在科学上一直有争论。我们列出了现在为止联合国气候变化公约及其专家关于碳排放对气候变化影响的观点。温室效应导致海平面上升，导致沙化，更多的灾害、疾病，更多的农产品减产。国家环保部也颁布了关于 2012 年 1 月 1 日要实施的火电、大气污染物的排放标准，尤其是增加了大气污染物排放的限值。与此同时，关于这点也有科学争论，不同的气象学家做了不同的数学模型来争论，碳可能不会对气候变化和环境造成如此大的破坏。我们的观点是即使搁置碳对环境影响的争论，仅就中国以及世界各国对能源的巨大需求，我们依然要考虑碳减排是解决人类能源危机，生存危机的重要手段。

我国减排能力最大，碳排量最大的行业基本在石化、钢铁、水泥、氯氟烃化工行业。未来的减排也会更多地在这些行业中产生。2013-2015年资源减排，都会发生在这几个行业之内。我们知道，2005年-2008年实现了碳排放交易爆炸式增长，而近两年无论是碳排放权的交易量还是交易价格都出现了较大的停滞，尤其是碳排放权交易价格在德班会议之前还出现了较大的下降。虽然现在大家有非常审慎的负面态度，虽然德班未见得有重大的突破导致现有成熟的碳市场有较大的变化，但我们相信碳的概念是不会消失的，与此相反，碳会蓬勃发展。

目前国内有很多碳交易所，比较成熟的有北京、上海、天津交易所，深圳、昆明也建立了交易所。大家还会看到有越来越多的资源减排和未来强制减排的计划和相关的法规。我们不能在德班前对各国谈判立场做更多的发言，但妥协是一定会产生的。纵观人类发展的历史，都是在妥协的行动中向前发展，所以无论发展中国家还是发达国家都会为人类社会的生存，为了解决能源危机达成妥协，使得碳排放交易能够顺畅地继续进行下去。

国内很多同仁已经在这方面走在前列。根据我们的统计，现有几家投资银行在碳金融方面有超过一千亿人民币的信贷规模。所以我们的结论是：碳一定会存在下去，会象人类历史上任何一次发明那样对人类带来深远的影响。每个人可以做减排的行动，每个机构也可以做减排的行动，每个人和每个机构还可以为自身在减排的环保行动中带来资本收益。谢谢大家！

本文系作者在第七届北京国际金融博览会暨2011中国资本市场论坛上的演讲。根据录音整理，未经本人审阅。

独特的危机形式与远见的国际格局

谭雅玲

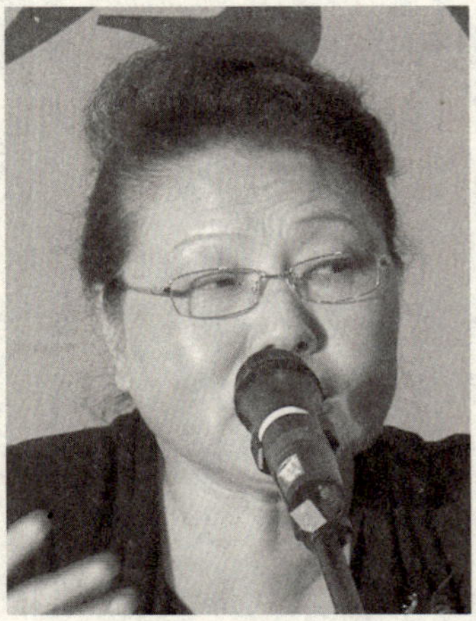

中国银行高级研究员、中国外汇投资研究院院长。北京大学、清华大学、河北大学、中央财经大学兼职教授。

非常高兴来到金融名家讲堂，跟大家交流。我今天的演讲题目为《独特的危机形式与远见的国际格局》。

世界经济全球化已经明显延展到国际金融全球化，而经济全球化则是金融财富再分配的过程。西方发达国家在产业优势基础上继续形成金融优势，尤其是美国，其利用金融危机的混乱和复杂继续实施金融全球化财富垄断新时代。具有特殊地位的美国不仅有掠夺财富的能力和力量以及国家战略，并且具有驾驭和转嫁金融危机的能力与水平，是目前世界上独一无二的经济大国和货币主宰国家。因而讨论当前以及未来的问题需要面对现实和具有远见。

鉴于美国经济发展中出现的新问题、新矛盾，美国经济发展前景将影响国际金融趋势，主要原因是美元效应。围绕美元这条主线，各国和国际金融市场都难以脱离美元。一方面各国的经济统计均以美元为主，另一方面国际金融市场主要交易品种也是美元份额比重占多数。无论外汇交易、国际储备、贸易结算或资本流动，美元占到比重的60%-80%不等。而国际市场初级商品或资源产品，如石油和黄金也是与美元相挂钩、以美元报价，因此美元影响力受经济规模和市场份额、市场数量与效应、国际主导等影响，它主宰了全球经济、金融、贸易和投资等多领域、多市场，因此没有竞争对手和替代方式。所以美国经济结构或经济政策的问题并非影响一国，而直接涉及全球经济生活。美元贬值或升值直接影响各国乃至世界经济金融的稳定。因此，根据上述对美国经济结构和政策的剖析，预期国际金融前景，首先需判断美国经济和美元汇率前景。

短期看，未来3-5年——美国经济主导和影响依然存在，美元作为国际货币具有的影响和牵动作用不可改变；欧元区潜在竞争力与危机风险并存，信心脆弱性加大欧元压力；日本经济改观具有不确定性，货币地位难有提升，局限性依然明显；英镑货币以及英国经济将可能是未来世界经济的新一极力量，既挤压欧元，又抬高自己。但最终美国经济与美元汇率依然是世界经济和国际金融的核心因素。

中长期看，未来5-10年——过去与现在美元、欧元和亚元所依托的货币区域"三元地区"（北美、欧洲和亚洲）呈现雏形。美国经济实力逐渐削弱，经济规律和自然规律必然将会减少美国经济主导和重要份额比重，进而影响美元强势货币的地位与作用，全球货币价格与比重调整以及价格合理性将使美元的绝对优势面临修正，但美元也在规划和改变。欧元区经济统一的实力效益和竞争优势有所减弱，甚至有可能失去欧元，美欧平分天下将难以实现，欧元已经推脱竞争说辞。日本经济将最终难以与美欧竞争，日元处于美元需求保护之下。与此同时，随着亚洲地区各国经济、贸易、金融合作的深入和扩大，尤其是日本和美国的渗入，亚元或准亚元的汇率安排将从可能浮出水面到有所消亡。因此，未来的国际货币格局将是全新调整后的新三极，亚元不是新生货币，英镑是崛起货币。

起源于美国的一场震惊全球乃至波及全球的金融风暴发展至今，全球得到的结果是美国好于别国——欧元区先于美国步入经济衰退，日本坏于美国处于经济衰退边缘，中国从幸免到严重恐慌以及严重动荡，似乎美国不仅没有严重伤及自我，相反全球受伤都严重于美国。而回顾历史，眼前的许多现象与状况表面看似简单重复，但经过透彻的思考和分析却发现未来的经济前景更加严重，甚至将发生我们难以想象的结果。新型金融危机尚未论证清楚，理论传统与创新现实之间存在巨大差异、混乱，进而全球金融市场的关注点往往停留在短期价格风险上，严重忽略了不同阶段的势力和实力的巨大距离。透过新型金融危机的进展，我们看到的现象与事实是：美国以价格保护价值，美国收益性明显；全世界以价格伤害价值，各国在不断受伤和受损；美国以价值调节价格，实现自我需求；全世界以价格评估价值，不断被动与价格冲击。尤其是全球对于美元危机的临近处于紧张和敏感状态。然而，透过上述状况、背景和原因的分析，美元危机离我们还有距离，短期或中期发生的可能性并不大，主要理由在于三点。

首先当前的所谓金融危机并没有改变美国经济的根基，并没有削弱美元根基的基础。其中包括美国经济全球竞争力一直维持首位，美国经济总量数据并没有随同经济指标下降而减少，相反美国经济总量200年以来始终处于增长之中。美元货币地位并没有因为美元价格变动丧失价值魅力，相反更多的资产比重依然依托美元市场份额，尤其是美元危机预期中的美国国债规模不断增加，表明了美元全球依存度的支持性。一组数据支持性在于美元市场比重占据多数。据国际货币基金组织最新的2011年第一季度的统计显示，美元在全球外汇储备中的比重有所上升，尽管全球外汇储备的数量有所减少，显示美元世界霸主地位难以替代和改变。国际货币基金组织报告指出，2009年第一季度尽管包括美元在内的各类外汇储备数量出现下降，其中美元储备量减少2.3%，欧元储备量下滑5.9%，英镑储备量削减4.8%，日元和瑞郎的储备量也呈现下降；但是美元所占的比重较之前季度出现上升，在4.06万亿美元可分辨币种储备中，美元占据了2.6万亿，从之前一个季度的64%上升为64.9%，为2007年第二季度以来最高，远低于2001年第二季度的73%，但美元所占比重上升，资金撤出风险资产转入美元避险，增加了对美元和美国国债的需求。另一组数据支持性在于美元国际主导作用依旧。目前全球金融市场具有重要影响力的市场都在美国，无论外汇、股票、石油、黄金、商品或劳务市场美国价格影响乃主导突出。一方面美国直接运用自己的能量主宰市场，另一方面则巧妙的运用组合带动或改变价格走向，实施自己需求的价格目标与对应策略。所有这些都源于美国经济基础的强大力量，汇率、货币的基础来源于经济这个依据并未改变，美元的维稳和强势及主宰势力的回归与其经济实力密切关联，这也是美国金融战略的根基。

其次当前所谓金融危机显示美国具有极强的风险控制力和把握度，并没有改变美国金融力量。包括美国金融机构未来的世界作用依然是不可替代的，短期的金融机构损失之中潜藏深远

2000 年以来美国经济总量不断增长

年份	经济总量
2000年	9.95万亿美元
2001年	10.22万亿美元
2002年	10.59万亿美元
2003年	11.22万亿美元
2004年	11.95万亿美元
2005年	12.70万亿美元
2006年	13.37万亿美元
2007年	14.03万亿美元
2008年	14.26万亿美元
2009年	14.33万亿美元
2010年	14.62万亿美元

和长期的收益规划。哪一个国家金融危机之后的机构盈利可以短期转变？美国金融机构盈利现象的出现不是价格因素，而是战略规划，包括美元金融资产价格两种参数——汇率和股票价格组合，都具有美国整体金融收益和心理的考虑，并非简单或短期的组合搭配。美元的地位和作用难以震撼和改变。

最后当前所谓金融危机将带来美国新经济新金融的更强组合和更快进展，美国主导世界经济的格局将难以替代。尤其是美国式金融危机将带来单极或单边世界力量的推进，而非区域化或合作模式的扩大，美国力图显示自己和带动、推进单极强势国家扩大单极世界的强势发展。面对美国强势政策和战略，全球区域合作和多极世界需要周密规划、长期考虑、有效合作和巧妙周旋，促进和强化合作式多极世界的发展和强大。

目前国际金融的一些简单现象具有复杂的未来，2001-2003 年美国引起的全球现象不仅将续演相同的剧情，并且将可能发生更严重的问题。回想 2001-2003 年美国经济衰退的争论，经济衰退的模型有 L 型、V 型与 W 型三种，但最终美国经济却没有真正出现衰退，美国商务部在 2004 年 7 月底的经济数据修正显示美国经济 2001 年只有一个季度负增长，美国经济消除了美国全国经济研究局在 2002 年所宣布的 2001 年美国经济有 10 个月的经济衰退。但是在此期间，美联储连续采取下降利率的对策，美元利率水平从 6% 下降到 1%，连续 13 次的下降利率结果导致全球流动性过剩，甚至制造次贷隐患根基。然而，在此阶段一个历史背景是美国 9.11 事件，一个历史结果是美国在 2003 年 3 月 20 日发动了伊拉克战争，随后美元上涨，美国经济开始进入较好的经济增长周期。而当前从 2007-2009 年美国相似的历史情景再现全球。2007-2009 年全球关注与争论的是美国经济衰退，尤其是在美国经济指标尚没有显示经济衰退前提下，全球都认定美国经济已经衰退，美国经济衰退的预期是U型。2008年下半年美国经济出现连续两个季度的负增长，但是2007年并没有达到连续负增长。美联储连续采取了10次货币下降利率的对策，美元利率水平从5.25%下降到目前的0-0.25%，已经为零利率甚至负利率，全球已经面临严重的流动性过剩，而并非美国或西方所渲染的流动性不足，因为美国纽约市场石油和黄金价格水平一夜之间可以达到34-200美元的暴涨与暴跌幅度，两者价格浮动区间从过去的10%-20%，已经上升到40%-60%；主要汇率的波动幅度从年度的1500点波动幅度，上升到短期一周或两周的1500点甚至更大的波动，这些显示是严重流动性过剩，而不是流动性不足，是金融市场太有钱，而不是太没钱。此时全球的历史背景是美国次贷风暴，未来将可能继续续演2003年战争的范本，虽然美国还没有发动对伊朗的战争，但是美国对伊朗的金融战已经开始，并且美国已经获胜。众所周知，伊朗已经将其所有美元储备变为欧元，欧元3个月来已经下跌最多为24%；伊朗是全球第二大石油生产国，而石油价格下跌已经达到60%，伊朗无论金融财富或资源收益都严重受到打击。

特别是透过国际黄金价格变幻莫测的走势更能判断出与之对应的国家利益长远战略。回想2006-2007年前后国际金融市场对未来几年国际黄金价格预期上涨到3500美元的舆论，现在看来是有可能的。市场所担心的美元崩溃一旦来临，拥有大量黄金储备的美国将有“退路”防止自我信用和势力的维持与稳定。美国不能做到美国辉煌时期的一荣俱荣，但是美国却在有效地防止未来的一损俱损，保存实力是美国金融战略中产生黄金价格的观察角度。在当前黄金和石油价格回落中，美国不断扩充的是黄金和石油储备的数量，黄金价格回落的原因与效果具有深刻的战略设想和防范。从2000年开始，黄金从低位一路高涨近4倍，特别是在2008年国际金融风暴的冲击下，几乎所有的金融商品和资源商品都没有逃脱价格崩溃式的打击，惟有黄金一支独秀，没有跌到不可承受，黄金依然是美元最佳的信用替代品，是美元自我替代的选择。美国黄金储备不断上升之中国际市场弥漫美元信用崩溃的连接带来的思考是值得认真对待和长远规划的。

美国长远具有战略应对，经济焦点变为金融，金融转为货币，货币竞争是为了维护美元霸权和强化美元地位。欧元挑战了美元，美元针对主方就是欧元，价格表现背后的战略是货币竞争胜输的关键，现在高涨不代表永远高涨，现在调整不代表长远趋势。欧元不消失，美元就不会改变贬值策略，因为货币升值将严重伤害与打击经济竞争力，欧洲已经受到伤害，美国不是削弱势力，反之是强化了势力。美国货币政策是前瞻、防范与远见的，美国金融更具有长远的设想、应对与筹谋。回顾过去的金融历程，美国金融远见使美国规避了经济衰退，有效避免了金融风险，即使当前这场金融风暴由美国而起，但美国受到的冲击最轻。此轮金融风暴美国长远的设想在于；一是考验自我承受和调节程度，深度调整之后，未来美国将可能采取更大的调整节奏与幅度；二是美国在关注与验证全球金融市场的承受和控制力，未来将针对性采取差别性对策，区别对待和处理价格与价值趋势；三是美国在重新选择与确定战略合作伙伴与竞争对手，考验自己需求的合作目标以及打击的对象和竞争的目标；四是更有针对性地确定未来的金融战略目标以及长远竞争的战略。

国际金融市场的新动向和新特点耐人寻味，值得深入观察、总结和论证，并非简单的舆论炒作，或短期的价格观望，或局部的资质定位而就。过于表面化的议论容易迷失方向和错觉本质，市场需要充分论证全部和整体，包括短期、综合以及真实，使得市场对舆论背后的东西有所了解，对价格长期的体制有所解析，对国家定义的本质有所比较，得出全面的论证，找出真实的政策方略，求得有效的改善和改变。依据我长期对国际金融跟踪研究的观察和分析，我认为未来的国际金融相对稳定和逐渐利好将较为突出，差异性风险将有所扩大，全球金融焦点将出现转移和替换，金融危机将有新的爆发点和新的表现形式，最终传统金融危机将继续循环上演，金融风险不可低估。

首先，长期看的风险焦点将从美国向欧洲和亚洲转移。新型金融危机独特性将逐渐带来美国稳定和全球相对稳定，但是欧洲的问题将值得关注与跟踪。欧洲的不稳定和不协调将扩大，欧元可能将在 2-3 年或 3-5 年呈现传统金融危机的风险，欧元区自身内部压力难以协调和消化，经济差异扩大、政治分歧加剧、价格和价值裂痕分化，未来欧元面临一种模式的瓦解可能。

其一是多重货币组合模式将欧元推至死亡边缘。目前欧元区合作在逐渐分化和分离状态明显。包括英镑不加入欧元，欧元区成员国公众不愿持有欧元人数增多，排斥欧元潮流逐渐扩大，尤其是德国明显的不愿意救助弱势成员国的政策意向，甚至主张将欧元区分化为两类资质成员，这都预示出欧元区分裂的可能基础条件和风险囤积焦点。

其二是强势货币再度生成对欧元模式的挑战。其中最大的风险在于英国将会使英镑回归大英帝国时代的风采，美国正在极力帮助和推进英镑地位的回归。英镑已经超越日元成为第三极货币，英国伦敦国际金融中心的影响仅次于美国纽约，甚至有时还超越纽约，这些是国际战略合作和组合的关键点。虽然这并非是英国自身能量所为，但却是英国自己目标所需，背后则是美元利益所为，是美国全球化战略应对区域化竞争规划所纵。

其三是全球和区域化格局竞争结局而为。美元份额、美元地位和美元制度在回归一支独霸时代，其最为重要的战略基点在于全球化，进而美元全球化力图挤压、打击和最终消除区域化的力量和货币竞争性的对策，以美元价值垄断的有效性，直接用价格手段杀伤和削弱货币竞争对手的力量、地位和风头。国际舆论所说的货币战争或汇率大战早已开始，并且已经临近收尾阶段。美元战略布局并非是新型金融危机结束之选，相反是新型金融危机刚刚开始的设计和规划之路。欧洲之后将是亚洲，这些新的格局和趋势是需要跟踪研究和深入论证的。

其次，短期看价格趋势，将以美元为主从快速调整向整体推进。美元影响和牵动全球市场的态势将难以避免和无法避免。一方面是美国规划性强，且主动掌握技术引领和趋势、结构组合；另一方面是全球依存性难以摆脱美元，价值体系优势垄断是关键价格决定因素，份额和比重决定方向和趋势，无法阻挡和改变。正如美国前国防部长，现任哈佛大学教授坎布里奇日前提醒所言，首先美国不会就此衰落。有关美国衰落论一直不绝于耳：当1957年苏联首次发送人造卫星之时；当尼克松在1971年关闭"黄金兑换窗口"之时；当1980年美国中西部制造业基地被日本赶超之时。但实际上，按照国家核心竞争力，世界经济论坛依旧将美国排名第二(仅次于瑞士)。第二，市场拥有大量美元不能看做一种真正制约力，世界经济是相互依赖，相互对应的关系。当然，如果世界抛售美元，美国经济将受到重创，但世界经济也同样不好过，这种相互依赖的关系是一种平衡，而不是一种单方面的制约力。第三，美元很可能依旧是世界主要储备货币，美国资本市场的广度和深度是无法与之抗衡的。

总之，未来全球金融格局重组与变数较大，最终结果更大可能是向美元垄断和控制强化发展，而非脱离美元，或美元崩溃论出现。这是需要各国金融战略和政策谨慎论证的，而非简单理想化的建议或对策可以替代和改变的。国际金融是经济核心，汇率博弈是金融焦点，国家利益需要落脚具体，有效规划、长期论证，进而达到有效配置和组合，实现经济利益需求和金融诉求，保障自我经济和全球经济稳定发展和协调。

本文系作者在第七届北京国际金融博览会暨2011中国金融名家讲坛上的演讲。根据录音整理，未经本人审阅。

2012 年中国宏观经济展望

宋 宇

北京高华证券执行董事、中国经济学家，爱丁堡大学学士、牛津大学硕士。

我今天要讲的是，中国政府在过去半年里经过一段时间强有力的政策紧缩以后，已经出现了一些调整，这个调整是在上个月 25 号以总理的讲话为标志开始的。

总理刚开始是在和地方官员座谈的时候表示政策需要进行微调，之后的国务院常务会议也再一次重申了一样的信息。政策语调的转变本身很重要，但是更重要的还是实际政策的转变。在政策的执行上我们看到央行在公开市场操作方面已经开始有一个净注入资金，银行间的市场利率也有比较明显的下降，最近商业银行方面也有一些信息显示，对信贷额度的控制和前一段相比也有所减弱，9 月份对信贷额度的控制其实是相当严格的。在财政政策方面上个月也宣布了减税，从这个月开始对增值税、营业税起征点的提高，这两方面看起来不管是财政政策还是货币政策，都已经朝着更宽松的方向发展。

10 月的数据本身可能对这个变化的表现还不是特别的明显，主要原因是因为这个政策转变发生在 10 月比较晚的时候。在这种情况下政策对数据的影响需要更长一段时间才能反映出来，但是 11、12 月的经济数据就应该会有比较明显的影响。政策变化的大背景是，在过去这段时间，政策紧缩的主要原因是通胀比较高。通货膨胀在过去一段时间内已发生了明显的下降趋势，比市场乐观的估计还要快一些，那么紧缩的重要原因就没有了。

通胀下降有两个原因，一是国内政策调整，压制总需求，国内需求下降比较快，二是外需下降得比较快，9 月份出口同比下降了七个百分点。在此之前的几个月，出口环比增长已有比较明显的下降。除了这两个根本因素，猪肉价格回归正常的趋势也带来了正面的贡献，从 4 月到 7 月这段时间，猪肉上升幅度非常大，我们认为也有其宏观和基础货币方面的原因。但宏观和基础货币并不能支撑其上涨到同比 70% 的高位，猪肉一旦发生快速上涨，养猪户可能有囤猪行为，这样就降低了短期市场的需求。在整体通常预期发生变化，特别是对猪肉供给预期发生变化，囤猪户开始提前售猪。

去年末、今年初物价处于高速增长的水平，这是中国宏观调控的主要原因，如果没有通胀政府不会进行紧缩。经过半年的紧缩以后，高速增长的情况得到了显著改善，PMI 已经到了 50%，有人认为达到了临界点。我们不这样认为，中国的数据和发达国家的数据含义是不一样的，5% 的 GDP 对中国和发达国家的含义也是不一样的。去年下半年政策导致增长预期下降，今年 8 月份以及未来几个月主要经济数据同比增长都应该出现明显的下降趋势，特别是出口增长。因为前一段时间政府不担心下降是因为主动调整增长预期，而一旦发生外需实际下降，调控的空间就会小很多。而且 2008 年我们都学到一课，外需迅速下降时，对国内经济冲击很大。在这种情况下出现政策调整是非常正常的事。

我们对下一步的政策预期是贷款额度限制倾向于更为宽松。到底会变得多宽松，要根据外需以及外汇流入变化的情况而定。在全球经济比较弱的态势下，贸易下降，其他的外汇流入也下降，国内经济整体的流动性就倾向于下降。

最近准备金率是否会下调？我们的基本观点是要看外汇流入的情况，如果外汇流入保持在 9 月份 2000 多亿的水平，现在看起来还没必要下调存款准备金，如果下一步下降得比较多，如 08 年末下降到 1000 多亿的水平，就需要给银行供给更多的流动性。准备金率有很大的作用，准备金率一调整，第二天就会登到头版头条，公开市场操作即使动作很大，也不会变成单独的新闻，只能是金融性新闻。在这种情况下政府是不是希望发出一个明确的放松信号，这个影响是很大的。

如果外需下降平缓，通胀保持较高，政府发出明确的放松信号的可能性相对比较小一些。利率也应该保持在这样的水平。明年有可能下调，今年虽然有下调的倾向，通胀水平还比较高，一年期存款利率比同期CPI低，在这种情况下如果下调，负利率会变得更严重。但真实利率计算一直有很大的问题，我们一直强调真实利率计算一定要看明年这个时候的预期通胀，现在看来明年的预期通胀应该在3.5以下，从根本上讲，没有严重的负利率的问题。但从普遍思维的观点看，会有这方面的考虑。

最后我们认为汇率升值会继续，但升值的幅度要减少，主要是对出口的冲击会比较大。此外，财政政策也可能继续保持一个相对比较积极的态势。因为总体财政政策今年以来收入相对支出还是比较宽裕的，在这种情况下有能力、而且在经济下降的情况下也有意愿让它保持经济比较宽松的态势。

唯一一个重大的例外可能就是房地产的调控，我们认为会持续下去。如果有明显的放松，会发生明显的房价反弹，这是政府不希望看到的。对投资者而言，直接的影响和结论是对中国内需特别是固定资产投资相关的资产比较乐观。从宏观的角度看，可以简单想成外需和内需，特别是固定资产投资之间是翘翘板的关系，外需一旦下降，为保证总体经济的相对稳定，政府会用手中掌握的资源刺激经济。在内需里，相对于消费来说，投资的可控性应该是更好的。也就是说政府给老百姓发了钱，老百姓花不花、花多少都有不确定性，但政府肯定会花。明年GDP预期8.6%的增长和3.1%的CPI，看起来这个组合不是特别好，因为8.6%的平均增长比过去这些年的平均水平低得多。明年年初一开始就是八出头的 GDP 增长，虽然年内会逐渐恢复，但年平均水平相对比较低。我们对明年 4 季度的 GDP 环比预测还是 9.3%。3.1% 的 CPI 比市场乐观得多，这主要反映了我们的观点。

在过去这段时间内中国的 CPI 和整体通胀都偏高，但这是因为周期性的原因，我们认为不存在 CPI 中轴升高会长期存在的问题。即使中国潜在增长能力下降，中国政府能做出也会做出选择，接受更低的增长，而不是把增长的实际水平持续保持在潜在增长水平以上。那种情况下，通货膨胀不是高一点而稳定的通货膨胀，而是不断加速的通货膨胀，这种结果是政府不能接受的。

总结：我们对中国经济还是保持比较乐观的态度，过去一年低增长，高通胀让我们经历了比较痛苦的时期，但随着通胀的下降，痛苦的时间已经过去了，下一步从宏观的角度看，我们还是比较乐观的。

本文系作者在第七届北京国际金融博览会暨 2011 中国资本市场论坛上的演讲。根据录音整理，未经本人审阅。

2012 年中国股票市场之展望

王汉锋

香港大学金融学博士，北京高华证券执行董事，中国投资策略师。

我简短讲两个宏观问题，一是未来中国市场可能面临的国际环境，二是对中国近期和相对远期的资本市场做一点展望。中国未来市场和过去几年面临的环境有一个非常重要的问题，就是要明确我们从哪里来，现在处在什么地方，未来将向何处去。

80年代以来，全球处于一个相对比较好的增长环境，西方很多经济学家研究的时候，倾向于把80年代初到2000年时称为西方历史上比较长的繁荣期，持续增长比较稳定，整体上没有出现大的衰退。除90年代初有一次储贷危机，基本没有其他大的危机，另外通胀水平并不是太高，处于相对低的通胀，相对高的增长态势。这个态势有几大基石：第一大基石是80年代初开始全球金融自由化，即放松监管的趋势，这是过去中国三十年经济比较好的快速增长的制度性变革。第二大基石是新兴市场纷纷引入市场经济体系，加入到全球的分工体系，新兴市场廉价劳动力加入全球分工体系后为全球经济增长带来了比较充足的动力。第三大基石是科技和交通技术的革命带来成本的节约。这三方面是过去二、三十年来全球经济相对稳定、繁荣增长态势的基石。

现在三方面的增长带来的结果是经济人均收入水平有比较大的上升，但比较负面的结果是全球经济无论是发达国家还是发展中国家，特别是发达国家，经济体中的杠杆水平大幅提升。杠杆水平的提升体现在经济体中的私人部门、金融部门、政府部门、企业部门，这是非常大的变化，这直接导致了2007-2009年的金融危机中。全球应对金融危机手段无非是把私人负债转移到政府部门，所以2010年开始应对财政危机的问题。今年以来人们对中国地方债的怀疑都是在担心政府债历史和现有水平过高的问题。

过去三十多年,我们在三大基石增长导致的后果成为现在面临的问题。未来将面临长时间的去杠杆的过程,由于需要维持长期稳定、繁荣的增长,导致去杠杆化的过程复杂化。

过去二、三十年全球各大经济体杠杆水平提高,普通民众和老百姓对于经济怎样的期望也在提高,由于持续时间长,会影响一代甚至两代人的判断,他以为经济长期增长就是经济的常态。除了上述两点后果,政府自身对管理经济能力的信心也提高了,经济下滑的时候政府自信有能力、有手段,通过货币政策、财政政策把经济带回到正常的经济增长轨道中,因此政府会屡次做刺激、调整和纠正动作。杠杆水平提高是经济后果,民众和政府的自信就不仅仅是经济的含义,还有政府和社会其他方面的含义。

历史上出现了很多事件,其背后的逻辑与民众和政府的自信有关。所以未来经济形势不仅是经济上的去杠杆,由于普通民众对经济期望值提高,政府对经济管理能力的自信会导致意外的后果。

中国面临这样的形势怎么办呢?我认为中国是远虑大于近忧。经过 09 年的刺激也留下了后遗症,一是通胀压力,一是资产价格上涨的压力,表现为房价。过去两年,我们在持续应对两大后遗症,到目前为止,在应对这两大后遗症方面,我们都取得了阶段性的成果。一方面通胀水平同比、环比趋势都在下降,另外典型的资产价格包括房价也出现松动的迹象。中国过去两年的调控取得了阶段性的成果。但是它也带来了一些衍生结果,造成短期的问题,包括地方政府融资平台的问题,包括房价下跌,经济放缓带来未来经济增长担忧的问题。这些都是由于调控带来的额外担忧。中国的 A 股市场在这样的环境下，从 09 年 8 月份开始整体没有出现大的上涨，一直处于振荡下跌的通道。

到目前为止无论从绝对点位上看，还是从估值水平上看，都处于相对比较低的位置。我刚刚讲中国市场远虑大于近忧，盛衰相继的规律在资本市场可以体现，经过长达两年的调整一些问题逐步缓解，资本市场价格对于比较担心的问题有了比较充分的反映，因此对 2012 年的市场相对乐观。如果按沪深 300 指数看，指数从前期低点到明年年底的指数目标大概会出现 20%以上的涨幅。

我刚刚说远虑大于近忧，中国过去二、三十年长期、稳定的增长，是建立在 1978 年加快经济改革步伐，以及 2001 年来加入世贸组织带来的制度红利基础之上。但是与此同时经济中正在形成一些僵化的因素，其带来的阻力越来越大，使增长的活力越来越小。未来相对长的时间，中国如何通过改革继续保持制度红利，同时打破长期竞争带来的制度性僵化是中国政府和民众需要花智慧解决的问题。我觉得对一个社会产生根本的激励水平，这个社会就需要保持一定的垂直流动性，任何一个人都有平等的机会去改变未来，无论起点多低多有希望实现比较好的未来。如果有比较好的机制，是给中国经济增加活力的重要改革方向。

本文系作者在第七届北京国际金融博览会暨 2011 中国资本市场论坛上的演讲。根据录音整理，未经本人审阅。

未来中国经济展望

高路易

明富环球亚洲首席经济学家。伦敦经济学院经济科学硕士、阿姆斯特丹大学经济学博士。

我今天要讲的是亚洲新兴市场短期和长期总体发展趋势预测。我们知道世界经济处于非常复杂的状况之中，世界各国在经济增长预测方面出现了不同的调整。现在世界总体经济发展并不平衡，在不同的国家实际经济发展都有一些放缓，而且都有下降的趋势。但是在亚洲的新兴市场，比如中国、印度以及印度尼西亚总体的经济增长是趋好的。现在有很多经济学家都关注这些问题，但是大家可能更多地是看表面现象，我却觉得应该更多地看经济基本面。现在的新兴市场国家有很好的国内市场驱动因素，比如说他们要提高自己的劳动生产率，这将使他们能够在改革和发展的过程中更加具有竞争力。这种竞争力是这些国家非常重要的经济发展的引擎，而从总体情况看，过去这些新兴国家的劳动生产率并不是非常高。和 15 年前相比，现在新兴市场国家的宏观政策以及发展趋势比过去强多了，不论是从财政政策还有从国民的储蓄状况来说都是如此，这些国家现金账户的资金总量也是非常高的。这说明这些国家有着非常好的经济增长趋势。如果说一个国家宏观经济指数比较好、比较强劲，世界其他国家不良的情况就不会影响到这些国家。

另一方面，本国的经济实力强大就会有回旋的余地，可以办各种各样的事情、进行各种各样的调整。三年前我们知道新兴市场国家已经开始对一些发达市场进行资本注入，这是一个非常好的迹象。另外，现在中国经济增长速度非常之快，是因为中国经济的市场化程度比过去更加强劲了，而且中国经济并不完全依赖于向美国、欧洲的出口，和四五年前相比，中国现在更多地是发展国内的经济，加强自己的内需。就中国出口的整体角度来说，出口给美国和欧洲的比例也下降了，在对 GDP 增长的贡献率方面也是下降的。如果分析 GDP 增长，中国现在更多实现的是内源性 GDP 增长，这样就可以尽可能不受美国、欧洲的影响。我们看到现在欧洲整体经济发展放缓，但是如果和世界其他地方相比还是在增长的。

通货膨胀问题也是各国所重视的，但和前几个月相比，中国的通胀率是下降了，到今年年底中国通胀率应该到不了 5%，在今后 6 个月当中，中国的通胀率仍然会趋于下降。如果做宏观的预测，结合全球的情况进行分析，中国经济的发展还是非常好的，对比欧美经济，中国今年仍会保持在 9% 的增长率。今后中国面临的问题就是怎样把银行的资产负债表做好。目前中国银行业资产负债情况实际上是非常复杂的，应该很好地解决这些问题，不要让银行再负重前进。

印度经济的增长也是非常具有活力的。印度经济的基本面还不像中国这么好，原因是其经济供给层面的问题还有一些不好的趋势，通胀率比较高。核心通胀率是一个最大问题。中国尽管食品价格上升较快，但核心通胀率是比较低的。印度却不是这样，印度的总体情况还是处于正面的、积极的，但有一定的国内风险，比如通胀率较高，财政赤字也是不断攀升，还有经济发展不稳定的因素，而且没有像中国那样有应对经济不稳定的能力。印度的关键是要增加供给方面的能力。

以上介绍了世界经济的总体情况，比如说高收入国家经济增长比较慢。我们做一些倒推式的分析，三年前的经济危机造成全球贸易剧降，发达国家总体生产量大幅度下降，对国际贸易产生了不利影响。现在供给状况发生了改变，亚洲已经看到了全球贸易的不景气，这种不景气最后也传导给了亚洲国家。如果这种状况再进一步发展，也就意味着全球贸易可能会下降 12、13%。

如果换一个角度，亚洲国家不景气，给全球经济带来的就不单纯是12、13%下降的趋势了。西方国家经济发展不景气给绝大多数亚洲国家，特别是中国这样的国家带来了很多问题。如果中国不能很好地进行内需增长，实际全球总体的经济趋势或者贸易趋势还会下降，可能会下降到15%。全球经济的动荡对于小的国家和地区，比如新加坡、中国台湾地区还有韩国，它们的经济总量相对小一些，因而受到世界经济危机以及贸易不利情况的影响就会更大一些。中国同样也面临这个问题，出口问题就是如此。

现在中国的出口占GDP的贡献率比过去低了，中国开放了资本市场，但是并没有真正受到金融危机的影响。中国经济增长8-9%，和三年以前相比实际采取了更多内部刺激性的政策，如果全球经济危机再一次出现，中国可以通过自己内源性增长很好地应对这样的挑战，会比三年前更加从容地应对，仍然可以保持7-8%的经济增长水平。

如果从经济长远发展的角度进行分析，我认为中国在金融市场和资本市场方面的担忧会更严重一些。与过去十年相比，今后十年遇到的问题会更多、挑战会更大。但在总体上中国经济发展的局势还是富有活力的。中国的增长在接下来的十年仍将保持8%，这些增长的基本来源是人口、生产力提升、资本积累。这三个因素在未来都会有所下降，但相对还是保持比较有利的状态。中国政府正在重新调整经济发展模式，重新平衡，这是一个复杂的过程，在技术上是复杂的，政治上也很复杂，因为要用很长时间才能推出真正奏效的措施。增长模式及增长方式的变化对于产业和投资会产生重大的影响。中国经济发展在过去数年中承担了最大的发动机作用，现在如果中国想要成功地改变增长模式，金融市场、劳工市场、财政政策等等就都要进行调整，以改变经济结构。中国现在面临着全面的城镇化，很多人口要进入到城镇，人员的流动是自发实现的，很多人把自己的收入寄回农村。将来会出现整个家庭从农村搬到城镇，成为真正的城镇居民。他们的支出、消费也会成为城镇模式，这将意味着城市地区就业结构发生重大的改变，这样才能促进人口的转变，出现以服务业和内需为导向的增长。

中国无法完全依赖于建立福利化国家制度或者通过对税收的重新分配来实现上述目标，重新的平衡就意味着让人们手里有更多的收入，提高消费占GDP的比例可以通过有两种方式得以实现，一种是加强增长的措施、开放市场。另一种是政府更多地关注、并且投资于医疗、教育等领域，以及社会福利系统。我认为只要是加强增长的领域，平衡效果就非常好。中国如果依赖于福利制度，再平衡的质量就会降低。未来可能出现两种结局，一种可能是中国能够实现再平衡的目标，则中国的增长还是会保持比较强劲的；当然也有另一种风险，这就是公众希望提高收入水平，而政治体制的变革非常困难，从既得利益者身上拿走一些东西是非常困难的，就象在拉丁美洲发生的情况。

感谢大家。

本文系作者在第七届北京国际金融博览会暨2011中国资本市场论坛上的演讲。根据录音整理，未经本人审阅。

中国通胀加速的结构性因素及预测

苏博文

野村证券亚洲(除日本外)首席经济学家

非常高兴再次来到北京，这已经是我第四次参加本论坛，每次我都非常高兴。我叫苏博文，是野村证券负责亚太地区业务的首席经济学家。野村证券感觉到通胀增长的状况是会发生一些变化的，今后五年中，我们预测到中国会面临着更多的结构性通货膨胀压力：中国 GDP 增长大概 9-10%，但通货膨胀相对还是要高一些。过去三、四个季度中国的通货膨胀增长是非常快的，尽管它的经济增长速度很高。有五个方面的原因使我们感到中国现在是结构性的通货膨胀，特别是在过去十年积累起来的一些问题。

首先要讲一讲劳动力供给逐步趋紧。在过去十年里就业的机会非常多，找工作并不困难，经济学家经常讲刘易斯拐点，也就是说年轻的劳动力现在越来越多地涌向城市里，而城里人一方面有工作，另一方面觉得可能收入不高不愿意去做。我们知道在 1965 年的时候在日本也出现了类似的情况，也就是说当劳动力的价格不断上升的时候，尽管有很多的工作，但是如果收入不高人们也不愿意去做。到 2025 年的时候我们可以看到，农业的就业人口和工业的就业人数就有一个交差点。我们看日本的情况，15-25 岁的人口在 1965 年的时候占的比例和中国的情况就不一样，也就是说现在有很多年轻的人不在农村待着了，会到城市里来。这就会带来各种各样的问题。现在世界银行做出一个预测，中国的劳动力以及劳动力收入在不断增长着。中国还面临着另外的一个问题，从长远角度看，它具有很强的增长势头，但中国劳动力成本越来越高，实际对于整体的贡献率会下降，也不利于中国实现长期的经济增长。

第二个方面是，中国面临着环境的问题，资源比较缺乏，而且中国现在能源消耗比其他国家要高得多，当然也要征收更多的能源税或者环保税等等，这些也是很大的问题。

第三个方面是，造成中国结构性通胀比较高的是食品价格的上升。从供给方面来讲，城市化的过程是非常快的，现在农用地的面积越来越少，但这并不意味着农产品的产量一定降低。中国可以大量提高劳动生产力，增加农产品的数量，这个现实是存在的。劳动力现在已经从农村移到城市了，很难把中国的农村完全实现现代化，因为耕地都是一块一块的，而非大农场，要实现农业现代化有很大的困难。从需求方面可以看看有三种不同产品，能源、食品、金属。我们知道收入提高的过程，比如说 1000 美元人均 GDP，要花很多的钱用于食品，越是收入比较高的阶段用于食品的钱就会相对比较少。在美国人均收入越来越高时，食品的消费并不是增加很多。我们知道美国在国内生产总值达到四万亿美元时，还是要花很多钱买食品的。我们再来看中国，去年中国 GDP 差不多六万亿美元，已经比中等线要高一些了，但是看一下人均值，人均收入 4400 美元，我们有 13 亿人口，还有一半的人口是大大低于这个收入，所以说中国存在严重收入不均的情况，72% 的人口，也就是 9.8 亿人的收入没有达到 4400 美元。只有 3 亿人的收入超过了 400 多亿美元，所以中国在很长时间对食品还是有很大、很旺盛的需求。

第四个方面和全球通货膨胀有关。通货膨胀绝不仅仅是国内因素决定的，也受到国外因素的影响。利率在海外是比较低的，我们可以看到美国和中国的利率有很大的差异。与此同时美国在考虑推出第三轮量化宽松，中国的风险就在于吸引过多的资本流入，如果经济体有过多流动性就会导致通货膨胀。

最后一个方面，中国有结构性的通货膨胀，是因为政策制订者可能决定忍受比较高的通货膨胀率。我们看央行的货币政策报告，可以发现它的目标和其他发达国家的央行是不一样的，它不是控制通货膨胀，而是要实现足够的增长、就业还有外部的平衡。在接下来的几年想要避免结构性的高通胀率是比较困难的。当然中国的央行可以收紧货币政策，使通货膨胀率降低，但是挑战就在于影响经济增长的速度。很多增长性的压力都是结构性的，不管是自然资源、放松管制还是刘易斯拐点，我们很难避免这些因素。所以中国作为一个发展中国家也许可以忍受比较高的通货膨胀率，目的就是避免经济下滑的太厉害。我们看看其他国家，如印度愿意承受5%的通货膨胀率，现在中国也差不多这个水平。

以上是我认为通货膨胀在中国会有所下降的原因。如果我们展望未来的五年，通货膨胀可能还是保持在5%的水平，而过去的十年通货膨胀率是2%，感谢各位。

本文系作者在第七届北京国际金融博览会暨2011中国资本市场论坛上的演讲。根据录音整理，未经本人审阅。

对通胀趋势的判断和展望

景晓达

北京大学管理学硕士，现任安信证券高级固定收益分析师。

感谢大家的时间，我谨代表安信证券宏观研究团队汇报一下我们近期的想法。

我们一直强调对中国经济增长、未来资本市场或者说宏观经济，以及全球经济的看法，一定要有洞察力、创建性，因为从2008年以来两年多的时间里我们经历了非常多的黑天鹅事件。严格意义上讲中国经济过去一年经历的通胀情况也算是黑天鹅事件。我印象深刻的是在去年6、7月份的时候，没有资本市场的人士可以预测到中国经济将在未来一年时间经历一个相对明显的通货膨胀，我们有幸成为预见到通货膨胀将会爆发的人员之一。回头来看，中国经济已经经历了一个通货膨胀，这已经是一个事实，几乎成为另外一个事实的情况是，中国跨过刘易斯拐点，中国劳动力成本进入了一个长周期的趋势增长，而且是非常快速增长的通道中，这几乎成为了一个事实。叠加劳动力成本的因素，以及叠加中国通货膨胀在历年之中的变化情况，我们对中国通货膨胀的形势做一个总结，并对未来通货膨胀形势做一个展望。

提供大家几个有意思的数据，第一中国通货膨胀历年表现为食品价格增长，这是非常有意思的现象，但是我们考察长周期的现象，从1992年到现在在数据层面有个非常显著的变化。1992-2000年周期里中国食品价格累计涨幅和包括工业品在内的所有商品涨幅几乎一致。但是进入新世纪以后，在21世纪10年左右的时间，尤其2005年以后我们看到中国食品价格涨幅明显超过中国其他类商品涨幅，中间形成相当大程度的裂口。同时也是在这段时间里面，我们感受到见诸报端的报道是我们中国劳动力成本开始上升，中国出现了罕见用工荒，如何把这些现象应用到预测上、应用到理论中，我们提出一个假设，认为中国在2005年之后通货膨胀被打上了非常显著的劳动力烙印。这是一个判断，首先我们要验证这个判断，并且要用这个判断进行预测，我们做的预测影响非常大，因为会直接影响到投资策略、影响到几十万亿资产的盈利。这个方面如何验证？我们不太相信统计局的一些数据，不太相信单一层面的数据。只有广谱层面，只有来自各个领域、不同行业、不同部门，它们之间所报送的数据和我们看到的公开数据指向一个方向的情况下，我们才有可能相对比较确认，认为这样一个数据是真实的。

举一个简单的例子，大家广泛质疑中国投资数据，尤其是月度投资数据，我们同样也质疑这样一个数据的发生。所以我们确认一个趋势或者是结论的时候，需要广泛考察众多数据，如果这些数据所指向的方向一致，我们认为这样一个结论是相对可靠并且可以基于这样一个结论做出预测，并指导大家的投资。在此我展示一个我们所观察过的数据，如果劳动力成本是中国通货膨胀在2005年之后的重要特征，一定会在逻辑层面做出以下几个预测：

第一个预测，劳动力越密集的品种在2005年之后价格涨幅应当越大，如果我们不相信统计局的具有数据，我们可以相信它的相对数据以及趋势，这个层面应当是相对可靠的。接下来的数据展示在中国的食品领域劳动力密集程度与2005年之后的累计涨幅成明显正相关关系。但是1993-2000年的时候用同样数据判断并没有看到非常明显的趋势性，2000年之后食品领域价格上涨被打上了烙印。我们想强调这样一个预测具有排他性，只有劳动力成本的上升才能解释为什么劳动力越密集的行业涨幅越大，去年年终的时候我们认为中国进入长达一年左右的通货膨胀。还有一个数据是我们如何模拟农民工工资涨幅。统计局有一个数据，但是对这个数据我们存疑，而通过投入产出表的反推，我们倾向于认为统计局的数据具有一定的可靠性，中国农民的工资涨幅过去五年左右经历了符合年均 15% 左右的增速。还有一个数据，在这一轮通胀中大家广泛怀疑，或许原油成本上升、中间环节、土地价格、租金的上升推动了通胀的发生。我们承认在中国城市价格上升中隐含了这样的成本因素，但如果在田间地头，在广泛的农村出售的广泛的农产品价格涨幅显著高于城市的话，我们就不能认为是中间环节推动了这轮通胀的发生，不能认为是中间成本推动型。同样还有一个数据，如果说中国劳动力成本经历了五年左右的快速加速上升，那么在宏观层面就应当看到一个现象，即与低端劳动力特别是农村务工人员的消费相对应的县、乡级消费品零售增速应该高于城市。农村劳动力的收入增速也应超过城市职工。在过去 3、4 年的数据是可以验证这样一个趋势的。

通过上述事实，我们认为中国劳动力成本将在未来相当长一段时间里保持明显高增速，这样的增速在当时跨过刘易斯拐点的很多东亚经济体都出现过，这将保持 5-10 年时间。我认为这将对未来产生两点启示：第一点是中国通货膨胀中枢由于成本推动的原因出现了非常明显的抬升，如果过去多年经历的是平均 1.5% 的 CPI 中枢，未来十年我们将经历平均 4% 左右的通货膨胀中枢。基于这一点我们认为，虽然在未来 2-3 个季度里，中国通货膨胀将经历一个有效回落的短周期，但我们并不认为通货膨胀已经结束，中国已经很好地治理了通货膨胀，或许在未来不到两年的时间里面，我们将再次经历比现在更为严峻的通货膨胀，并且在未来这一轮通胀中，或许可以看到中国经济向它潜在增速靠拢。这样一个靠拢就目前判断可能不太像一个平滑的过程，断崖式的下降是存在一定概率的。

第二点是，通货膨胀中枢的抬升并不意味着通货膨胀没有周期波动，通货膨胀中枢本身对应的是成本概念，所考察的周期在3-5年。作为投资者而言，如果我们考察2-3个季度的通货膨胀，中间的波动隐含着利润的波动。在过去一年我们经历的通胀上到6%的水平，背后对应的是食品领域存在很多的高额利润行业，比如猪肉市场现在的利润非常高，意味着未来2-3个季度将会经历利润压缩带动的CPI向下有效回落。我们预盼明年6月份通货膨胀在当月可能下窜3%左右的水平，背后的宏观力量来自全球经济显著放缓，尤其是OECD工业领域显著放缓引发的工业品价格下降。这是我们对通货膨胀过去一年的解释，以及对未来的一些预判。

顺便谈一下对整个中国经济增长的看法。我们一向不太强调用既有的数据进行外延性推广。基于一些创建性的想法，我们认为年初的稳定的工业增长源于中国经济积蓄的内生投资的力量，不太由外需也不太由政府主导的需求决定。这些内生力量所具有的属性来自于产能周期的结束，以及中国制造业正向在高端产业链爬升形成的内在属性。这样一个内在属性在未来资金利率沉降下来后将有可能带动中国经济进入一个长达2-3年左右的投资周期，所以我个人相对看好中国经济增速的情况，并且在未来一段时间里相对看好中国通货膨胀的走势。

我的演讲完毕，谢谢大家。

本文系作者在第七届北京国际金融博览会暨2011中国资本市场论坛上的演讲。根据录音整理，未经本人审阅。

后刺激时期经济的新格局

彭文生

中国国际金融有限公司首席经济学家，南开大学学士、英国伯明翰大学经济学博士。

首先感谢会议组织者给我的邀请，讲讲对当前宏观形势的看法。我演讲的题目是后刺激时期经济的新格局，讲讲对当前国际、国内形势的基本观点，主要谈谈国内的情况。我总体的看法是发达国家未来几年面临低增长、宏观经济波动风险增加这样一个大环境。中国通胀下行，我们已经看到一些政策微调，通胀下行和整体经济增长放缓是相关联的。我也会谈到如何看待中国经济未来趋势。中国经济面临放缓的大趋势，但短期内硬着陆风险不大，房地产调控是关系着我国未来经济结构调整的重要因素。

首先谈谈外部环境，未来几年外需总体比较疲软，发达国家按现有状况，政府债务负担还会增加，而发展中国家债务负担进一步下降，所以我们面临一个全球政府债务负担进一步分化的趋势。当政府债务负担超过 GDP90% 以后，经济增长会大幅放缓，一是财政调整的负面影响，二是高债务引起宏观环境不稳定，这对经济增长的影响非常显著。最近欧洲债务危机的演变其根源还是不稳定的宏观环境对实体经济造成的影响，欧洲整体陷入了经济衰退状态。中国未来几年面临的外部环境是外需疲软，全球总体波动性比较大。

中国内部比较重要的变化是通胀见底，下行态势明确。搞清楚这一轮通胀主要的原因是什么才能判断未来的走势。我们看 M1M2 增长速度大幅下降，如果以前对通胀还有比较大的争议，到今天货币供应量是通胀驱动的主要因素得到比较明显的印证。这与 2008 年底到 2009 年初，大量货币供应对原有货币市场的冲击有关，但在信贷供应速度总体放缓的大环境下，国内的货币供应明显放缓，通胀也相应下行。因此我们的结论是货币环境影响准需求，准需求进而影响通胀。当然这里有时间差，先看到货币供应放缓，其次看到增长放缓，最后看到通胀放缓，而今天我们已经看到了通胀放缓的态势。

这里我想讲一个观点，如何看成本推动和通胀的关系？比如劳动力成本推动的关系。农村劳动力供应减少造成的直接价格上升是劳动力价格相当于其他生产要素上升的主要原因，因此观察到相对价格调整，工资上升，对此大家都没有争议。相对价格调整是否会导致总体物价持续增加？我们认为物价总水平的变化主要取决于政策对物价上升的容忍度。在人类历史上有两个对劳动收入上升推动通胀的正反案例。一个案例是日本六十年代农村劳动力基本得到消化时，收入上升，通胀上升。然而日本 90 年代由于老龄化同样造成劳动力供给减少，但日本当时的大环境是低增长、低通胀。为什么会产生这样的情况？我想与 90 年代全球的通胀环境有关，当时大宗商品价格迅速上升，与今天的情况不太一样。在没有政策影响的前提下，相对价格调整不应该影响总体物价水平。中国现在面临着日本六十年代农村富余劳动力减少，面临着刘易斯拐点叠加，日本六十年代人口老龄化造成劳动力减少的局面。一个逐渐老龄化的社会其通胀率都是比较低的，这也是日本九十年代和六十年代的重大差别。六十年代日本年轻人比重大，社会对通胀承受力比较强，而九十年代已经不一样了，社会对通胀容忍度、对政策的影响非常明显。

现在中国对通胀的容忍度很有限。有人提出中国会持续高通胀水平，这是不可能的。如果通胀维持每年在 5% 的水平当然可以，但政府不会放任不管。通胀基本是周期性现象，过去十年平均通胀 2%，高点是 8%，低点是 -2%、-3%。未来几年平均通胀 5%，高点可能达到 10%，这一轮的调整也显示了政府对通胀的容忍度有限。劳动力供给紧张对经济的影响主要还是体现在增长，经济增长长远取决于劳动力供给、资本面、生产效率三方面。所以劳动力供给长期影响的还是经济增长趋势，即未来五到十年中国经济增长面临放缓的趋势，在这个过程中通胀会有上下波动。

中国“十一五”期间 GDP 平均增长 11%，我们认为“十二五”期间 GDP 增长总体会在 7%-8% 的水平。伴随着经济增长放缓的大趋势，增长结构会发生转变。劳动者分配比例相对上升，资本分配比例相对下降，有利于拉动国内消费。所以经济增长放缓，但增长结构会变得更加平稳、均衡、可持续。

谈到中国的经济不能不谈房地产，房地产调控已初见成效。房地产价格和整体的通胀走势有关，中国控通胀必须控房价。物价相对价格造成成本的推动，除了工资上升之外，过去七、八年还有一个非常重要的因素就是土地价格快速上升造成的营运成本、租金成本上升的影响。最近房地产调控有一些初步的效果，对未来中国宏观经济发展，可持续增长有比较重要的影响。关键是房地产调控能不能继续下去，能否改变过去七、八年房价的持续迅速增长，这是关系未来环境的根本因素。短期内房地产市场冷却对投资可能有负面影响，但是房地产市场冷却对其他行业提供了资源空间，让其他行业增加潜能更加强一些。调整房地产对投资短期的负面影响要和中国经济长期增长的正面因素做平衡。通胀在货币政策紧缩增长的大环境下，下行态势已非常明确。由此政策基调不变，但已产生微调，货币政策倾向保障房、中小企业融资、在建项目融资，央行资金政策也有所放松。财政政策方面，结构性减税等措施非常明显。但总体的微调和定向宽松还是防止经济增长进一步大幅下滑，防止流动性环境进一步大幅紧缩，而不代表货币政策根本的转向。之所以这样讲最根本的因素还是回到货币。虽然货币的增长速度已经大幅下降，但存量还是很高，杠杆率非常高，发达国家在去杠杆化，而我们的杠杆率还在增高，这限制了未来政策调整的空间。因此这次政策调整是微调，是定向宽松，而不是大方向的根本改变。我就讲到这儿，谢谢大家！

本文系作者在第七届北京国际金融博览会暨 2011 中国资本市场论坛上的演讲。根据录音整理，未经本人审阅。

中国银行业面临的机遇与挑战

马　宁

高华研究总监。中国人民银行研究生部硕士、伦敦商学院硕士。

我在高盛公司和高华做中国金融业的研究有近十年时间。任何一个国家经济好的标志就是有一个健康的银行体系，所以对银行业的研究也涉及到经济的各个方面。今天想和大家分享一下对中国银行业近期风险和中期挑战的看法，同时提出哪方面需要进一步进行改革。

从短期来看今年下半年和明年上半年因为货币紧缩的影响，经济可能是要下行。这当然也和政府的政策目的有关系，但是我们认为从传统的货币政策来看，特别是5月份开始对影子银行的紧缩实际上造成9月份货币信贷的大幅度下降，同时在短期里的风险还是在于民间借贷和影子银行。这两块是市场化的信贷供给，也是因为市场化，所以温州中小企业破产之后也会造成地下金融或影子银行的进一步收缩，也会对目前流动性的放松起到抵消的作用。所以整体来看当前短期的风险是经济下滑以后，特别是信贷比较紧，或者影子银行开始收缩以后，不良资产存在从轻度到中度上升的情况。

同时我们看到货币市场利率非常高，特别是贴现率非常高，显示出企业融资成本非常高。我们总体认为不良资产率对银行非常重要，同时也是反映整个经济社会健康的标志。到明年2月份才能到达一个拐点，或者说是企业的亏损面可能到了最高时期，这样银行的不良资产才会从高处往下走。从中期来看对中国银行的挑战，第一是房地产政策，房地产紧缩对银行的影响是非常大的，在中国来讲确实是到了政策的十字路口，一方面要不让房价向上涨，另一方面货币供应量和劳动人民的收入每年都提高10-15%左右，所以有房价涨的内生动力，所以在房价紧缩和向上涨的中间也会产生很多磨损，在房地产紧缩期间会对银行不良资产的减少起一些作用。

第二方面，大家谈存款利率比较低，所以造成大家买理财产品，用货币做一些地下钱庄的生意，高利贷等等。但是实际上很多人没有注意造成中国现在投资非常旺盛的主要问题，或者影子银行真正产生的根源是整个贷款名义利率和实际利率都太低，所以造成中国从中长期来看还是有紧缩的压力，对企业来讲贷款利率是7%，名义GDP增速10-15%左右，任何企业都想借钱，所以从这个角度来讲如何能够把实际利率正常化，对中国的金融体系或者经济体系来讲，未来还是一个很大的挑战。同时因为实际利率低，使得银行在选择的时候，大企业、小企业都要钱，通常来讲小企业私营企业更有效力，能承担10-15%的利率，实际上银行有个选择的问题。我们现在看到的情况是银行更愿意借给大企业或者是国有企业，因为他觉得风险低，如何处理好实际利率的问题，对中小企业也有一个很大的作用。

第三方面，政府平台债务的问题中长期来讲对中国经济还是一个挑战。我们认为政府平台是行政性的问题，财政收入方面更多的是把收入归集到中央，同时地方政府平台实际上是地方政府的表外借贷，所以整体解决问题的思路还是要从财政体制改革入手。而我们国家的财政体制改革可以说是一直落后于国企改革，国企改革大概2002年就基本完成，银行改革也是2004-2005年基本完成，财政改革一直没有动，这个是需要去做的事情。我们也提出关于进一步改革的动力，在短期里面最大的风险或者是经济下滑的原因也是因为在货币紧缩中对影子银行的紧缩。分析人民银行社会融资总量，可以看到2009、2010年新增的债务占GDP40%、36%，在第一季度的时候，新增的债务，包括债券、信托等等也差不多占到36-40%的GDP，二季度差不多 34%GDP。也就是说一直到二季度货币政策还是松的，三季度社会融资总量大幅度收缩，一个比较大的原因是央行、银监会对信托贷款、表外业务做了很多举动。比如过去一些银行把票据贴现卖给信用社，这部分业务银监会 5、6 月份叫停后，这些票据在 9、10 月份就到期了，要么企业要付现金，要么从银行拿正规的贷款把过去非正规转出去的贷款冲销掉，所以我们看到 9 月份公司存款大幅度减少，贷款也增长不旺，主要原因还是贴现票据的卖出在 5、6 月份被叫停所产生的影响。但是不管怎样从 30-40% 的 GDP 降低到 20% 左右的 GDP 实际上还是一个很大的紧缩。现在货币政策稍微转向，所以四季度会比三季度稍微好一点，但是从大趋势来看，2004-2008 年社会融资总量债务比 GDP 一直在 20% 左右。过去两、三年一直是非常宽松的货币政策，所以我们觉得明年整体上还是中性偏紧，或者货币政策回归到中性的位置，社会融资总量所占的 GDP 比重可能也就在 20% 左右，这样对通胀来讲还是能够压制住的。但是同时增长比今年还是要下滑一些。我们做的整个中国金融体系杠杆比例的研究，包括消费者的杠杆，现在只占 20% 左右的 GDP，非常健康。其次是中央财政的杠杆比例，大概是占 30-35% 左右，还包括对国有银行的注资和不良资产的剥离。地方银行的杠杆在 27%，中央加地方财政目前低于 70%，我们觉得还是处在可控的比例。但是企业的杠杆比例在中国一直非常高，这也和大家都想借钱、扩充产能有关系，但也反映企业的不良营利和宏观经济周期有关，杠杆率高的情况下一旦收缩盈利下滑可能性就会大，不良资产上升的可能性也会大。

从短期来看，现在货币还是非常紧的一个量。在 9 月份的时候曾经达到历史上高点 12% 左右，这个实际上是一个无风险的利率，因为 90% 的贴现票据实际上是另外一家银行担保的，

12% 是很不正常的一个数字，但是好就好在现在来看因为货币稍微有些放松，第二需求可能也下来了，所以从企业借款的利率已经回到 8% 左右，但这还是比较高的情况，也反映出现在确实货币是比较紧的。有些中小企业的现金流，或者大企业的现金流还是有比较大的压力。就像我们说的，我们在过去预计 9、10 月份的时候企业的现金流非常差，资本市场会砸出去一个坑来，我们看到这个坑出来以后四季度的流动性会比三季度改善，一个很重要的原因就是票据不正当的交易被叫停后，一次性的影响在 9、10 月份基本就结束了，四季度的额度在 13000 亿左右。在中国，财政在前三个季度都是紧缩的财政，都在收税，现在我们看到财政收款全国比年初增长了 12000 亿，按道理说今年的财政赤字差不多在一万亿左右，所以四季度是财政大幅度放晴的时候。如果放晴就会变成企业的存款，相对来讲三季度最紧的时候已经过去了，四季度会稍微好一些，企业的前景情况会稍微好一点。

我们认为中国的资产质量周期还是相对温和的周期，不像很多竞争对手包括评级公司认为银行体系是要崩溃的周期。有几个原因，一个是中国经济还是比较好的，第二中央政府在宏观经济政策方面还是有很多灵活度，包括利率还是比较高的如果经济下滑的时候还可以再往下走。另外个人资产负债表非常健康，个人负债还是比较低的，政府可以通过刺激消费来刺激经济。同时中央政府方面比起全世界的中央政府还是比较有钱的。从历史周期来看目前企业的盈利是周期的顶点时期，通过我们做的储蓄前的利润除以利息保障系数的研究，可以看到工业企业的利息保障系数大概 5 倍左右，比 2004-2007 年很好的牛市周期还要高，当然比亚洲经济危机的时候高很多了。通过招商银行股价、企业亏损情况和 M1 的比较，可以得出的结论是银行股基本上M1到底的时候就找到底了。现在看四季度差不多M1到底了，真正牛市的开始是要等企业亏损到一个顶点之后才会开始，也就是说大家对不良资产的担心开始下降。我们预计到明年二季度，因为过去几个资产质量周期差不多都要五个季度企业才能亏损到顶点，大致要到明年2月份。货币信贷9月份是紧缩最厉害的一个季度，四季度稍微好一点，明年一季度新的信贷额度来了以后企业就有钱了，整个系统就稳定住了，企业的盈利在慢慢恢复。所以我们觉得明年二季度是一个基本面的拐点出现。关于风险，房地产市场政策是中国经济很大的风险点。我们并不同意很多人说房价跌50%中国银行还能受得了。实际上房价跌50%和房地产有关的公司都会出问题，GDP也会出问题。上半年我们做了一个上市房地产公司的调研，发现现在房地产公司的存货上升很快，现金流很差，如果房地产紧缩持续很长时间，到明年上半年还没有什么改变，房地产公司就会有比较大的不良资产风险和破产的风险，对经济也会有损害。

从改革的角度分析，财政体制改革一直落后于银行改革和企业改革，实际上应该做进一步改革。就政府平台贷款而言，我们觉得最重要的一条改革就是要把地方平台的债务纳入到地方政府的预算，国家审计署的审计结果也认为平台债务是地方政府的债务。把它加入地方政府预算好处是两个，一是地方政府现在其实有钱想干新项目，纳入预算后对新项目投资冲动还是有一些好处。第二是现在很多人对平台贷款的担心，主要是把它当做一个没有现金流的项目来看，如果纳入到地方政府预算，实际上应该当成一个地方政府债券来看，这样它的信用等级就会大幅度提高，同时也要给地方政府更多的税收，因为中央现在拿走50%的地方税收，造成地方事权和财权非常不对应的关系。我们也看到一个可喜的变化，房地产税和资源税也给了地方，当然这个是很小的一个部分。

对中小企业贷款我们也做了一些研究，民间借贷是中小企业很大的资金来源，不能去掉。但从银行体系的角度对中小企业是可以进一步改革的，因为银行改革从2003年开始之后，是非常害怕不良资产的。中小企业需要一个以风险回报为标准的考察体系，因为中小企业的利率是10%左右，不良资产3%左右，还是能赚很多钱的。现在不光是银行还有监管当局对不良资产的发生还是非常关注的，这样也对银行服务中小企业没有好的动力服务。第二监管政策目前要求银行对任何一个不良资产都要提150%的拨备，我们认为也不利于银行服务中小企业，如果一块钱的不良资产最多损失7毛钱，为什么提150%。至于中小企业，从各国历史看基本都有3-4%的不良资产率，如果用150的覆盖率提，银行差不多100块钱贷款要提6%的信贷成本，这样成本很高，所以对中小企业至少要收13-15%的利率，可能中小企业做不了，所以我们觉得也是有必要对150%的不良资产覆盖率标准重新进行研究。

整体上看，我们并不是认为中国的金融体系会到一个非常糟糕的境地，但是短期里经济下滑会对不良资产有一些影响。从中长期看还要继续做财政体制和金融体制改革，才能使得银行在分配资本方面更加有效率。我的演讲到此结束，谢谢大家。

本文系作者在第七届北京国际金融博览会暨2011中国资本市场论坛上的演讲。根据录音整理，未经本人审阅。

中国金融发展和宏观经济分析

陈昌华

现任瑞信中国研究部董事总经理

中国很多金融制度已不适合现有经济发展的要求，已开始对经济发展产生了制约。央行今年一季度公布全社会借贷数据，在此之前我们是用银行贷款数据来衡量中国经济增长的数据。但根据央行发布的数据，如果考虑到非银行渠道的贷款，中国过去几年的信贷增长非常迅速。我们参考了巴塞尔委员会对银行体系的研究方法，如果把非银行渠道借贷考虑在内，中国近几年的信贷增长已经超过了世界很多国家，情况已经比较危险。但如果说中国会出现比较大的金融危机，以目前中央政府的财力和各方面资源的调动能力来讲，可能性还不太大。中央政府如果放松银根会对银行体系外借贷的高速发展产生制约因素，但目前宽松货币政策远低于预期。

如何看待明年的经济增长预期？我觉得中国不大可能产生经济崩溃，过去两、三年投资过度增长、地方政府债务等等问题已经对未来两、三年中国经济增长的速度造成很大的制约。因此我们认为未来两、三年中国经济可以达成8%的增长程度，但考虑过去十年中国平均经济增长10.5%，增速明显下降。有人说如果美国经济有8%的增长，全美国失业率就不会存在。中国调低增长速度会产生什么后果？任何一个国家的企业都以经济增长速度作为资本预算的基础。钢厂、水泥厂等行业说如果GDP增长在9%以上，企业日子会非常好过，如果增速在8.5%以下，很多产品就会出现供过于求的问题，企业会打价格战，利润迅速下降。今年跟很多中国企业谈明年预期，几乎所有的企业都提出明年销售收入增长在15%以上，如果中国GDP增长8%，就会产生过剩。中国GDP在10%左右，中国企业日子好过，如果在8%左右，利润就开始下降。未来中国一直处于8%的增长，企业也会相应调整，但刚刚由 10% 调整到 8% 的大转变，会对中国企业产生很大的影响。

过去一年中国政府的金融政策在某种程度上已经告诉我们，利率市场化是不得不走的一步。2010 年初开始，中央政府把存款准备金率从 15% 调到 21%，控制贷款规模，同时利率上升。中国出现了两个利率市场，国营企业从银行贷款，一年期贷款利率 6.5%，而中小型企业特别是房地产企业要从银行或其他途径贷款，利率在 13%-15%。目前存款准备金率是 80 年代以来最高的时期，但基准利率没有明显的上升。银行利率和票据贴现利率都出现了很大的波动。如果不能同时管住货币增长的速度和利率增长的速度，那就挑一个管，但现在我们两个都要管，提高存款准备金率的同时利率又定得很高，这就使得现在市场上产生了两种利率。

央行公布全球融资总额的数据是增量变化的概念。2010 年以前，全社会债务融资等于贷款规模，之后把央行的数据加进去分析，2008 年底，中央政府新政策出台后，不到三年的时间，信贷占 GDP 的比例上升了 50%，这是非常大的数据。去年 10 月巴塞尔委员会的数据研究机构出了一篇文章，提出当地信贷和 GDP 比例高于长期曲线两个百分点，应该要求银行增加准备金充足率，如果超过 10%，金融系统的风险相当大，而中国现在远超过这个数字。巴塞尔认为，GDP 增长的快慢才是关键的问题，他担心的是如果地方经济体系信贷和 GDP 比例上升很快，那当地出现不良金融资产从而导致金融危机的因素就会增加。历史经验也证明了这个问题。但中国出现金融危机的可能性不高，因为政府手上有钱，而且所有中国人都相信中央政府有钱。这样中央政府说话就算数，所以出现了什么问题，中央政府摆得平，而且绝大多数金融机构都是中央政府的，资金只是左右手的关系，所以政府有足够的调整能力。

GDP和信贷比例在不到三年的时间里升了50%，是非常大的数字。中国会不会像美国那样产生资产泡沫，导致银行破产？我觉得不会，最主要的原因有两点。比较一下中美两国银行业资产负债表，金融危机之前美国银行出问题也不是因为贷款，而是过度发展衍生品。而中国银行不允许卖信贷衍生产品，所以资产负债表相对简单，放在央行的钱大部分是买央票、债券，这部分问题不大。但如果把房地产贷款、地方政府融资的钱都拉出去，还有29万亿贷给其他企业，关键是经济下滑后，是否出现企业整体还贷能力下降从而导致呆坏帐率上升。

10月份开始香港股市上升了30%-40%，就是因为中央政府出台了放松政策。报纸每天都报道中央政府放松政策，对此我有几个观点。第一我觉得中央政府要放松有很大的政策限制，通胀已经见底，但通胀下降得很慢，这一轮通胀到明年CPI还会增长3%-5%，贷款比例已经增加到这么多了，中央政府是否会允许贷款占GDP比例进一步上升？这就意味着贷款不能放开，这与宽松政策正好是相反的，从这个角度说中国没有条件采用宽松政策，最多只是在中小企业贷款放松一点，表外业务收紧一点。

中国实际GDP最差的时候在7%，最高在10%，而名义GDP增长波动比实际GDP高很多。因为经济增长一旦下降到临界点，企业的波动非常大。所以我们认为明年上市公司企业（不含银行）盈利可能会是个位数的增长。预期15%的盈利增长可能只是希望。

本文系作者在第七届北京国际金融博览会暨2011中国资本市场论坛上的演讲。根据录音整理，未经本人审阅。

中国股市投资机会展望

朱 平

广发基金管理有限公司副总经理，上海财经大学世界经济系硕士。

非常高兴能有这个机会和大家交流。我是基金管理公司的，是买方，所以我会从买方的角度分析中国股市的问题。

中国处于转型期，今年上半年股市有个“周期复辟”。到了下半年，尤其是欧债危机之后这个机会就烟消云散了。主要是过去的传统基础产业没有太多空间了。比如中国的房地产，我们不认为中国的房地产到头了，因为我们现在总的存量套数可能还不到2亿套，中国应该需要3-4亿套。但是我们去年一年的供应量已经达到1500多万套。如果保持这样的套数，再加上保障房，每年的增长基数已经很难增长了。至于高速公路、高铁每年的建设量已经非常大。无论市场上怎么改变，资金必须有个去处，但是现在看来是找不到了。第二个刘易斯拐点已经到了，全世界都认为中国的工资增长是一个长期趋势，这实际上也包括全球在过去十几年所享受到的中国的红利，可能也是要结束了。我们的人均GDP比较低，大约只有4000多美金，在这样一个基础上我们要想进一步增长，只能寄希望于人均附加值的提升。如果我们能够成功地在这条道路上前进，科技在经济中的比重应该处于非常快的上升期，当然这能不能成功我们并不知道。

在这样一个转型期，中国会是什么情况，可能中国的投资者并不清晰。美国70年代之后新经济在孕育当中，到了90年代以后网络快速发展，这段时间美国人本身也是经历了一些过程。在美国保健、医疗行业已经比炼油、航空、汽油、汽车零部件的总量还要大。中国也有这样的例子，当初腾讯的市值超过宝钢的时候很多投资者觉得不可思议，又过了大概三年，现在腾讯的市值比中国前三大钢铁厂市值总值还要大。很多人对卖房子有一种很奇怪的概念，只要盖出房子就一定可以卖掉，只要买房子就一定会涨价。这两个现象其实是短期的，不是长期的，也是相辅相成的。一旦房地产盖出的房子不能马上卖掉，它的利润率会急剧下降，因为资金成本会大量上升。另外会有存货，存货对房地产就是尾房了。如果一个房地产项目盖出的房子百分之十几卖不掉，利润基本就没有了。

从 1997 年往后延续十年，零售的增长是比较好的，相当于从 50 又回到了 400。但是这段时间我们认为它并不是特别有优势。软饮料的相对价格表现是相对优秀的，这是相对于标普而言。我们的烟酒有点特殊情况，和政府消费有关，但是烟草 1997 年之后相对标普又涨了大概 3、4 倍。钢材的价格下跌最大，从 100 下到 20。我们预期，如果中国这一轮经济增长周期结束，对于像钢铁这样行业的压力是非常大的。这种公司如果给投资者分红，仍然是可以持有的。现在中国的股市确实也有一些除了经济基本面分析之外的一些问题，比如说分红，中国经济高增长的时候分红可能并不很重要，但如果中国经济处在下降阶段，投资回报处在下降阶段的时候，分红就显得很重要了。

除了分红之外还有第二个很重要的就是投资。中国的企业都习惯于快速增长，所以投资都是非常大的。到了现在的阶段，比如中国的一些工程机械公司，他们也知道中国的工程机械发展到了一个瓶颈期，他们的一个想法或是进入一个新的工程机械领域，如装载机，其实装载机已经有一个很大的公司了，或者又想进入重卡，其实中国的重卡从买方来看，增长期已经过去了。去年是中国重卡销售额最大的一年，可能以后一百年也达不到那个量了，这样会把投资回报急剧拉下去，这些改变对中国股市的回报可能比我们经济分析的影响要大一些。

从 70 年代到 80 年代，美国的股市没有什么太多表现，是不是意味着我们将来有很长一段时间也会是这样的表现？因为我们并不知道中国的转型能不能成功。大概一百多年前，美国和阿根廷人均 GDP5000 美金，据说当时的经济界讨论美国能够涨上去还是阿根廷能够涨上去，现在一百年过去了，阿根廷大概还在那个位置晃荡，因为我们知道他还在放牛，他不像美国那样进入了工业化时代，又进入了信息化时代。中国也同样存在这样的问题，如果中国仍然在盖房子、做衬衫、做全球产业链的末端，中国的人均 GDP 就不可能增长。美国的科技股的表现就比标普优秀很多。

我们再回来看看中国。我们可以得出以下结论：

第一，上个周期已经彻底结束了，也许大家在今年年初的时候还有一些幻想，信贷能不能放松一点，放松一点我们就上去了，现在整个的投资界对周期的结束基本上已经比较接受了。

第二，由于劳动力供给下降，整体的资本回报会进入下降周期。

第三，中国上市公司 ROE 水平非常高，但是在 03 年之前我们是很低的。我们的上市公司 ROE 水平从 8% 一直上升到 16-17%，今年虽然很差，但上市公司的 ROE 水平还是很高。这个虽然和银行关系很大，但是总体 ROE 水平还是很高的，所以上市公司会有下调压力。这个下降最终的数据很难知道，假如中国的经济增长会下降一个台阶到 6%-8% 的水平，可能 ROE 的水平降到 10% 是完全有可能的。

第四，投资的增速应该要低于 GDP 的增速，因为现在的投资占 GDP 的比重已经超过 50%。我们的消费只占了百分之三十几，如果我们把消费的比重像国外一个均衡的经济体一样提升上去，我们投资占 GDP 的比重就一定要下降，投资的比重一定要低于 GDP 的比重。

第五，得出一个结论：结构转型是唯一的出路，高端制造是基础，提高人均附加值是基础。当然消费是另外一个支柱，只有这两个轮子都好才能跑起来。

第六，中国在装备制造、金属、化工材料、制药、新能源、汽车材料、高铁等新领域的技术能力还是不断提升的，因为我们不断接触一些公司，我们发现中国的民营企业它们在各自的领域都有着非常好的提升机制。

明年股市由于投资回报下降，只有能够保持毛利率的行业和企业才能跑赢大盘，有壁垒的制造业龙头企业和品牌消费企业可能会明显优于同行，这是从企业的角度看的。从行业的角度可能也只有一些新兴的行业，倒不是说国家"十二五"规划的一些行业，而是说在现阶段销售额处于比较好的上升期的行业，例如装修、娱乐、互联网。这些领域销售额已经非常好的增长了，这些公司可能还是能够保持毛利率的。

企业的趋势也是必须要关注的，因为我们过去的ROE水平非常高，所以鱼龙混杂，很多企业没有很好的竞争优势。今后企业的分化就很重要了，分化主要是三种类型：产业集中、专业分工、技术创新和模式的创新。

谢谢大家。

本文系作者在第七届北京国际金融博览会暨2011中国资本市场论坛上的演讲。根据录音整理，未经本人审阅。

图书在版编目(CIP)数据

2011 中国金融年度论坛研究报告 / 北京国际金融博览会组委会编 .
——郑州 : 河南人民出版社，2012.2

ISBN 978-7-215-07636-5

Ⅰ.①2... Ⅱ.①北... Ⅲ.①国际金融-文集 Ⅳ.①F831-53

中国版本图书馆 CIP 数据核字(2012)第 013874 号

2011 中国金融年度论坛研究报告

北京国际金融博览会组委会编

责任编辑　李小龙　谷文雨
编　　辑　雷凌霞
美术编辑　王　翠　朱　林
封面设计　程小鹏
版式设计　王　翠
编务助理　谢　璐　辛盼盼

出版发行　河南人民出版社
　　　　　地址：河南省郑州市经五路 66 号(450002)
统筹运作　北京金博会投资有限公司
排版制作　河南东元文化创意有限公司
经　　销　全国新华书店
印　　刷　北京时捷印刷有限公司
版　　次　2012 年 2 月第 1 版
印　　次　2012 年 2 月第 1 次印刷
开　　本　787mm×1092mm　1/16
印　　张　23.5
字　　数　280 千字
定　　价　56.00 元